HONDA
Press Information

Honda to Participate in the FIA Formula One World Championship

May 16, 2013
ref.# C13-033

TOKYO, Japan, May 16, 2013 - Honda Motor Co., Ltd. today announced its decision to participate in the FIA[*1] Formula One (F1) World Championship from the 2015 season under a joint project with McLaren, the UK-based F1 corporation.

Honda will be in charge of the development, manufacture and supply of the power unit, including the engine and energy recovery system, while McLaren will be in charge of the development and manufacture of the chassis, as well as the management of the new team, McLaren Honda.

From 2014, new F1 regulations require the introduction of a 1.6 litre direct injection turbocharged V6 engine with energy recovery systems. The opportunity to further develop these powertrain technologies through the challenge of racing is central to Honda's decision to participate in F1. Throughout its history, Honda has passionately pursued improvements in the efficiency of the internal combustion engine and in more recent years, the development of pioneering energy management technologies such as hybrid systems. Participation in F1 under these new regulations will encourage even further technological progress in both these areas. Furthermore, a new generation of Honda engineers can learn the challenges and the thrills of operating at the pinnacle of motorsport.

Commenting on this exciting development, Takanobu Ito, President and CEO of Honda Motor Co., Ltd. said:

"Ever since its establishment, Honda has been a company which grows by taking on challenges in racing. Honda has a long history of advancing our technologies and nurturing our people by participating in the world's most prestigious automobile racing series. The new regulations with their significant environmental focus will inspire even greater development of our own advanced technologies and this is central to our participation in F1. We have the highest respect for the FIA's decision to introduce these new regulations that are both highly challenging but also attractive to manufacturers that pursue environmental technologies and to Formula One Group[*2], which has developed F1 into a high value, top car racing category loved by enthusiastic fans. We would like to express our sincere gratitude to Mr. Jean Todt, President of FIA and to Mr. Bernie Ecclestone, the CEO of Formula One Group who has great understanding and cooperation to help realize our participation in F1 racing. The slogan of Honda is "The Power of Dreams". This slogan represents our strong desire to realize our dreams together with our customers and fans. Together with McLaren, the most distinguished F1 constructors, Honda will mark a new beginning in our F1."

Martin Whitmarsh, CEO of McLaren Group Limited said;

"McLaren and Honda are synonymous with success..."

F1

FORMULA 1
WORLD CHAMPIONSHIP

2011—2015 全史

[一強時代到来と]
[ホンダF1復帰]

かつて2万回転という最高回転数を誇ったパワーウォーズは影を潜め、エンジンよりもシャシーへの依存度が高まった自然吸気V8レギュレーション終盤。その恩恵を最大限に生かしたのが「空力の魔術師」エイドリアン・ニューウェイ設計のレッドブル。若きエースのセバスチャン・ベッテルは、"ニューウェイ・マジック"で得たダウンフォースを武器に、4年連続でタイトルを奪取した

「これまでの日本人ドライバーとは違う」と高い評価を受け第一線で戦い続けた小林可夢偉。その頂点は2012年に訪れた。日本GPで1990年鈴木亜久里以来の母国3位表彰台、ベルギーGPでは佐藤琢磨以来8年ぶりのフロントロウも獲得。しかし移籍に失敗しWEC-GTEに転身しながらF1浪人。14年にケータハムでカムバックを果たすも資金難で活動は難航、F1キャリアも同年で幕を閉じた

メルセデスの熱烈ラブコールで現役復帰を果たした帝王ミハエル・シューマッハー。しかし41歳でのカムバックはさすがに厳しく、若きチームメイト、ニコ・ロズベルグの後塵を浴び続けた。それでも3年目の2012年はモナコGP予選でメルセデス時代唯一のトップタイム、ヨーロッパGPで3位表彰台、母国ドイツGPではファステストラップを記録。そして日本GPで2度目の引退宣言。その年末にスキー事故で頭部を負傷し、18年現在も闘病生活を送っている

メルセデスの独自参戦により、ワークスエンジンを失ったマクラーレン。当時の名将ロン・デニスによる次の一手は、かつての名コンビ、マクラーレン・ホンダの復活だった。要請を受け2013年にF1復帰宣言をしたホンダは、15年開幕に向け新世代パワーユニットの開発に乗り出した。しかし時代はシャシー偏重から再びパワー重視主義へ。マクラーレンの提示した「サイズゼロ」はそれを完全に見誤っていた。無理な設計が祟ったホンダはトラブルを頻発。かつての栄光のコンビは、地獄からの再出発を強いられた

戦いの世界において、栄枯盛衰は付きものである。
とはいえこの5年間はその光と影が、かつてないほどにくっきりと映し出された。
F1復帰を果たしたミハエル・シューマッハーに、もはや帝王の面影はなく、
2012年に獲得した予選1位と3位表彰台を最初で最後の置き土産に、
表舞台から永遠に去っていった。
そんな彼と入れ替わるかのように、輝いたのがセバスチャン・ベッテル。
シューマッハーと同胞ドイツ出身の若者は、かつての帝王の
復帰シーズンに最初のタイトルを獲得。
そこからフアン・マヌエル・ファンジオが築いた伝説に並ぶ、
ワールドチャンピオンシップ4連覇を成し遂げる。
名実ともにシューマッハーの後継者となったのだ。

しかし、その栄光の時代は突然終わりを告げた。
シューマッハーと同じ5連覇を目指した14年、
F1は新たにパワーユニットの時代を迎え、
ベッテルが属するレッドブルの戦闘力はメルセデスにまったく及ばない。
それどころかステップアップしてきたばかりの新しいチームメイト
ダニエル・リカルドが先に優勝を挙げ、
年間3勝でドライバーズ選手権で堂々の3位となったのに対し、
エースのはずのベッテルはよもやの未勝利に終わった。

メルセデス製パワーユニットを得て復活したウイリアムズの新鋭
バルテリ・ボッタスにすら遅れを取っての選手権5位。
世界チャンピオンのプライドは打ち砕かれ、
ベッテルはシーズン終了を待たずに、
逃げるようにフェラーリへの電撃移籍を決断した。

しかし彼が頼ったフェラーリは、この時点では
レッドブル以上に疲弊していた。
毎年のようにタイトルを争っていた面影はもはやなく、
頂点に復帰できないフェルナンド・アロンソの苛立ちは
最高潮に達していた。
フェラーリのお家芸である内部確執の勃発は、
時間の問題でしかなかった。
チーム上層部とアロンソが互いに政治闘争に明け暮れ、
両者の仲が修復不可能になったところへ、
ベッテルがうまく滑り込んだのだ。
とはいえその新天地でベッテルは初年度から
予想以上の活躍を見せ、
14年から最強の存在となったメルセデスと
ルイス・ハミルトンの対抗馬として存在感を増していく。
対照的にフェラーリを離れたアロンソは、
ホンダの復帰とともに大きな期待を胸に
マクラーレンへの移籍を果たしたものの、
かつて、あれほどあこがれていた
"マクラーレン・ホンダ"の現実に失望する。
レッドブル、フェラーリ、マクラーレンに代わり
新時代の盟主となったのはメルセデス。
パワーユニット導入でF1勢力図が
激変することを見越し、他のどのメーカーよりも早くから、
着々と準備を進めてライバルたちに対し
圧倒的な差を見せつけることになった。
2年目の15年にはフェラーリが健闘するが、
レッドブルに代わって2位に上がっただけで、
メルセデスの優位はみじんも揺るがなかったのである。

この時期はまた、深刻な財政難がF1界に忍び寄り、
ケータハムやマルシャが消滅。
かつての名門ロータスも身売りを余儀なくされ、
常勝チームだったウイリアムズ、マクラーレンも
長期的な凋落期に入っていく。
また日本の希望の星として、孤軍奮闘状態だった
小林可夢偉もシートを失い
この時代で最後の日本人ドライバーが姿を消した。
パワーユニットサプライヤーとして復帰を果たしたホンダも、
予想外の大不振。そしてあれほど隆盛を極めた
日本GPの観客数が
年々低下していくなど、
「日本」の存在感が、
限りなく薄くなっていった
5年間でもあった。

2011年から15年までの5年間で、タイトルホルダーはわずかに2名&2チーム。NA時代終盤はベッテル&レッドブル、パワーユニット時代開幕2年はハミルトン&メルセデス。最強マシンを得た最速の韋駄天ドライバーだけが栄華を極めた。そういった意味ではタイトルのチャンスがすさまじく限られた時代であり、勝つファクターを持つ者がすべてを手に入れる「強者必勝」の時代でもあった。エンジニアリングが臨界点を迎えた今、一強時代は今度も続くのか?

Drivers' Champion——Sebastian Vettel

2 0

Constructors' Champion——Red Bull Renault

1   1

ベッテルと多くのレースでフロントロウを分け合ったレッドブルのウェーバー。コンストラクターズ・タイトル獲得にも大いに貢献したが、彼自身の勝利は最終戦ブラジルGPだけにとどまった

マクラーレンのハミルトンはこの年、レッドブル以外のドライバーで唯一ポールポジションを獲得。しかし、ポールスタートの第16戦韓国GPではベッテルに抜かれ、最終的には2位に終わる

"最年少チャンプ"、ベッテルが圧倒的強さで連覇
ピレリ参入も戦局に大きく影響

セバスチャン・ベッテルは前年、F1参戦4年目、史上最年少でタイトルを獲得
ディフェンディングチャンピオンとして迎えたこの年も他を圧倒したが
その陰には新たにタイヤサプライヤーとなったピレリを
徹底的に研究するなど、連覇に向けての並々ならぬ執念があった

第15戦日本GPで3位に入賞し、早々にタイトルを決めたベッテル。レッドブルは、マシンの優位性を武器にシーズン前半を突っ走ったが、ライバルとの差が縮まった後半も勢いが衰えなかったのが、ベッテルの「強さ」だと言える

セバスチャン・ベッテルが19戦中15ポールポジション、11勝という圧倒的成績を収め、前年の初戴冠に続いてドライバーズ選手権2連覇を達成した。コンストラクターズ選手権でもレッドブルは、2位マクラーレンに150ポイント以上の差をつけて2冠を達成。

最後まで5人のチャンピオン候補が争った前年に比べれば、4戦を残してタイトルを確定したこの年は、レッドブルとベッテルが圧勝したシーズンだったことは間違いない。

しかし、ベッテル自身はシーズン終了後のインタビューで「1戦1戦いつもキツかったし、安心していたらあっという間にライバルたちに抜き去られてしまう不安にずっとつきまとわれていた」と述懐している。

レッドブルはシーズン前半、ブロウンディフューザーを始めとした車体の優位性で突っ走った。しかし、中盤以降は一転してライバルたち、特にマクラーレンとの差は確実に縮まっていた。

それでも確実に勝利をモノにしてタイトル争いを勝ち抜いたことで、2011年はベッテルがさらにひとまわり成長したシーズンだったと言えるだろう。

ベッテル、2年目の成熟

　開幕直前にレッドブルと新たに2014年までの契約延長を締結したベッテルは、開幕戦オーストラリアGP、続くマレーシアGPとポール・トゥ・ウインで連勝を果たす。その後も勢いは止まらず、ヨーロッパGPまでの8戦で7ポールポジション6勝を挙げ、早くも独走態勢を築いた。

　この圧倒的な強さの源が、レッドブルがルノーと共同開発したブロウンディフューザーだった。超高速の排気ガスをディフューザーに噴きつけダウンフォースを増加させるこの技術は、前年2010年のレッドブル圧勝の原動力でもあった。しかし、ライバルチームも昨シーズン中に追随し、性能差は縮まりつつあった。

　するとレッドブルとルノーは、この年からオフスロットルブローイングという新技術を投入した。これはアクセルペダルから完全に足をあげた状態でもスロッ

波乱の展開となった第7戦カナダGPで、シーズン初勝利をマークしたマクラーレンのバトン。シーズン後半は9戦中8戦で表彰台に上る（うち2回は優勝）など、安定した成績でドライバーズ・ランキング2位となった

シーズン開幕前、フェラーリのアロンソはチャンピオン最有力候補に挙げられていた。第5戦スペインGPでは序盤トップを快走し、地元ファンを湧かせたが、結局この年の勝利は第9戦イギリスGPのみだった

メルセデスからF1に復帰し、2年目のシーズンを迎えたシューマッハー。5人のチャンピオン経験者がいたこの年の最高位は4位、表彰台には届かなかった

2008年のチャンピオン、ハミルトンにとって、11年は他車との接触やペナルティなどによって散々なシーズンに。それでも年間3勝を挙げ、チャンピオン経験者としての意地を見せた

トル開度を自由に設定でき、排ガスをディフューザーに噴きつけるものだった。そのおかげで、レッドブルRB7は本来ならダウンフォースが抜けるブレーキング時でさえリヤが安定し、とんでもない速さでコーナーを駆け抜けることができるようになった。

ライバルチームもこの新技術を開発していたが、コーナリング中に終始奇妙な爆発音が聞こえるマシンがレッドブルだけだったことからも、依然として実戦投入のレベルに達していないのは明らかだった。

そこで彼らは、オフスロットルブローイングを「レギュレーション違反だ」とFIA（国際自動車連盟）に訴え、全面禁止を要求した。

技術部会での激論の末、まず第8戦ヨーロッパGPから、「予選後はエンジン設定を変更できない」ことが決められた。

モナコGPを初制覇したベッテル。ポールポジションからスタートしたが、タイヤ交換のためのピットストップで2番手に後退、それを自らの走りでリカバーして栄冠を勝ち獲った

この年ルノーが採用したのは、排気ガスをダウンフォース獲得のために積極的に利用する前方排気システム。しかし、第11戦ハンガリーGPでは、サイドポンツーン内のオーバーヒートが原因と思われる爆発事故を起こしている

排気ガスを常に排出し続けるこのシステムは、エンジンへの負荷が非常に大きい。そこで長丁場のレースでエンジンが壊れないよう、予選後に保守的な設定に変更していたわけだが、それをできないようにしたのだ。

さらに次戦イギリスGPからはオフスロットルブローイング自体を禁止しようとした。しかしライバルチームの意見対立もあり、1戦だけの措置にとどまった。

とはいえ、エンジン設定の変更禁止だけでもレッドブルにとっては大きな痛手になったはず。マシン戦闘力が相対的に低下したのは、ベッテルのチームメイト、マーク・ウェーバーの予選結果を見れば明らかだった。

第9戦イギリスGPまでのレッドブルのフロントロウ独占は4回。うち2回はウェーバーがポールポジションを獲っており、さらに第10戦ドイツGPでもウェーバーはポールポジションを獲得した(ベッテルは3番グリッド)。それがシーズン後半の9戦では、レッドブル1-2は2回に半減。ウェーバーは一度もポールポジションを獲得できなかった。

さらに決勝レースでは、予選以上にベッテルに差をつけられていった。最終戦こそこのシーズン唯一の勝ち星を挙げて気を吐いたが、それ以外の後半レースはすべてベッテルにかなわず。最終的にはマクラーレンのジェンソン・バトンにも逆転され、選手権3位に終わっている。

ウェーバーの速さがレッドブルのスタンダードな戦闘力を示していたと仮定すれば、シーズン後半は確実にライバルたちが差を詰めていったことになる。そんな状況にもかかわらずベッテルは第11戦以降の9戦で、第16戦韓国GP以外のすべてのグランプリでポールポジションを獲得した。

そして決勝レースでの強さも、まったく衰えなかった。ハンガリーGP以降の後半9戦で、ベッテルは油圧トラブルでリタイアしたアブダビGP以外のレースすべてで表彰台に上がり、そのうち5戦で優勝。第15戦日本GPで早々に2連覇を決めたのだった。

バトンの健闘を見ても分かるように、シーズン後半のレッドブルとマクラーレンは、純粋なマシン戦闘力の点ではほぼ互角と言ってよかったのではないか。冒頭で紹介したコメントのように、ベッテルは決して楽な戦いをしてきたわけではなかったのである。それでも2連覇を達成できた最大の要因は、まさにベッテルの"2年目の成熟"にあったと言える。

この当時のベッテルには「ポールポジションからしか勝てない」「抜かれたら抜き返せないドライバー」という批判がずっとつきまとっていた。しかし、この年のイタリアGPでは、フェルナンド・アロンソとの息詰まるサイド・バイ・サイドの戦いの末に勝利をもぎ獲った。オフスロットルブローイングが禁止され、大きく戦闘力を削がれたイギリスGPでは、ピット作業ミスで順位を落としながら2位に食い込むしぶとさも見せた。

さらに初戴冠の10年に見せたベッテルの貪欲さは、2年目もまったく衰えることはなかった。典型的なのがこの年からワンメイク化されたピレリタイヤを知り尽くす執念だった。

前年までのブリヂストン時代からすでに、タイヤ性能をとことん追求する姿勢は誰にも負けなかったが、この年は開幕

この年から導入された可変式のリヤフラップ=ドラッグリダクションシステム(DRS)は、レース中のオーバーテイクを増加させるのに効果的だった。これにより、従来よりもレースのエンターテインメント性は高まった

前にピレリのファクトリーを訪れ製造工程をつぶさに観察することさえした。後述するようにライバルたちがブリヂストンとはあまりに違うピレリタイヤの特性に苦労するなか、ベッテルが安定した結果を出し続けた一因は、この執念だったと言えるだろう。

ベッテル唯一のライバルとなり得たのはバトン

ベッテルがシーズン序盤から独走態勢で突っ走る一方で、終盤までタイトル争いにとどまりおおいに存在感を見せつけたのがバトンだった。

前年マクラーレンに移籍したバトンは序盤にいきなり2勝を挙げ、チームの信頼感を勝ち獲った。その後もルイス・ハミルトンに負けない速さを見せたが、シーズン後半に成績は下降線をたどっていき、最終的には選手権5位に終わった。

この年も序盤は、完全にハミルトンの陰に隠れる存在だった。しかしスペイン、モナコと連続表彰台に上がると、続く第7戦カナダGPで、歴史に残る逆転劇を披露した。

レースは大雨。7番グリッドからスタートしたバトンは序盤にハミルトンと接触。セーフティカー導入中の速度違反、さらにはウエットタイヤの交換タイミングを誤るなどして、中盤37周目には最下位22番手まで脱落してしまう。

ところが路面が乾き始めてからは、尋常でない速さを発揮。次々に先行車をかわし、10周あまりで10番手まで順位を上げ、55周目には4番手に。64周目にウェーバー、次の周にはミハエル・シューマッハーを抜いて、ついに2番手に上がる。そして最終ラップ。5回のセーフティカー出動、2時間の赤旗中断、ペナルティを含む6回のピットインの末に、バトンは猛烈にプッシュ。首位ベッテルはたまらずハーフスピンを喫し、劇的な勝利を勝ち獲ったのだった。

真夏の第11戦ハンガリーGPも、いかにもバトンらしい勝ち方だった。この時期のハンガリーには珍しい雨模様の週末。ウエットコンディションで始まった序盤は、フロントロウのベッテル、ハミルトンに徐々に引き離されていく。しかし、ハーフウエットの状態になってからは俄然ペースが上がり、中盤以降はハミルトンと抜きつ抜かれつの激しいトップ争いを繰り広げた。

終盤、再び雨が降り出し、ウエットタイヤに履き替えたハミルトンに対し、バトンはドライのまま周回を続ける。すぐに雨は止み、バトンは悠々とトップチェッカーを受けた。ちなみに1986年に始まったハンガリーGPにおいて、雨のレースは06年と11年の2回のみ。そして両方のレースを制したのが、このバトンだったのである。

その後もバトンの好調は続き、最終戦まで9戦連続表彰台を獲得。第14戦シンガポールGPの2位表彰台で、フェラーリのアロンソを抜いて選手権単独2位に上がる。次戦日本GPでは、ポールポジションを獲得したベッテルから0.009秒差の2番グリッドから、愛して止まない鈴鹿の初制覇に成功した。

ベッテルが独走し、比較的早い段階でタイトルが確定したシーズンだったにもかかわらず、最終戦まで人々が興味を失わなかったのは、バトンの充実した走りが大きく貢献していたことは間違いない。

ピレリのワンメイク参入とアロンソ、ハミルトンの乱調

そんなバトンの活躍に比べると、前年最終戦までベッテルとタイトルを争ったアロンソ、ハミルトン、そしてウェーバ

ピレリの参入により、レース戦略におけるタイヤマネージメントの重要性がより高まることに。「クリフ」や「アンダーカット」といった、タイヤに関するキーワードも生まれた

開幕直前の3月11日、日本で東日本大震災が発生。開幕戦恒例のドライバー記念撮影では、悲しみに沈む日本の人々を励ますメッセージが掲げられた。また、FOM代表のバーニー・エクレストンは、震災の被災者3000名を日本GPに招待した

ーは、何度か光るレースもあったとはいえ、全般的には精彩を欠く1年となった。その原因のひとつが、ピレリタイヤへの対応の失敗だったと言えるだろう。

前年限りで撤退したブリヂストンの後継タイヤサプライヤーについては、韓国のクムホやフランスのミシュランの名前が早くから挙がっていた。しかしクムホは技術レベルを不安視され、ミシュランはあくまで他メーカーとの競合にこだわった。こうしてイタリアのピレリが91年の撤退以来、20年ぶりにF1に復帰。初めての単独供給を担うことになった。

ピレリはバーニー・エクレストンの要求を受け入れ、「ピットストップの回数を増やして、レースの戦略性、エンターテインメント性を高める」ことを主眼としたタイヤを投入した。

具体的には意図的に耐久性を落とした設計のタイヤだったのだが、レース中に急激にグリップ力が落ちるクリフ（崖）と呼ばれる現象に、チームもドライバーもおおいに苦労させられた。

前年までのブリヂストンもワンメイク供給になってからは、速さ、グリップ重視から方向転換し、コーナリングスピードはかなり遅くなっていた。それがピレリになるとさらに速度が低下しただけでなく、耐久性もなくなった。ドライバーはいかにタイヤを保たせながら、チェッカーまでたどり着くか、我慢の走りを強いられるようになったのである。

もちろんF1ドライバーほどの技量があれば、まったく違う特性のタイヤへの適応も十分に可能だ。できるだけブレーキングを遅らせ、ブレーキペダルに足を乗せたままターンインしていく走り方では、ピレリタイヤがすぐに劣化してしまうのは誰もが承知していた。とはいえ激烈な競争を戦うなかでは、ほんのわずかなドライビングの違いが大きな結果の差

となって現れる。

ハミルトンが典型的な例だが、予選に限れば多くのグランプリでバトンより前のグリッドを獲得。レッドブル以外で、この年ポールポジションを獲得した唯一のドライバーでもあった。

ところがレースでは、ドライビングミスや接触事故を繰り返したこともさることながら、タイヤが保たずに最後までペースが維持できないことが何度もあった。その結果、優勝回数はバトンと同じ3回ながら、表彰台はバトンの12回に対し6回に留まり、選手権5位に終わった。

ウェーバーも前年までは、アグレッシブなブレーキングを身上とするドライバーだった。ピレリタイヤの特性に合わせたドライビングスタイルの修正は、「それほど困難ではなかった」と本人は語っている。とは言え「別のカテゴリーのクルマのようだった」と嘆くほどベッテルとの適応力の差は大きく、優勝できたのは最終戦ブラジルGPのみ。ベッテルに130ポイント以上の差をつけられ、選手権3位が精一杯だった。

一方、前年4ポイント差で惜しくもタイトルを逃したアロンソは、イタリア共和国150周年を記念して150°イタリアと名付けられたフェラーリの新車がウインターテストから好調。ピレリタイヤでのロングランペースも安定していたことから、チャンピオン最有力候補と推す声も多かった。しかしいざ開幕すると、表彰台にも上がれないレースが続いた。

第4戦トルコGPでようやく3位入賞。第9戦イギリスGPでシーズン初勝利を挙げ、その後はコンスタントに表彰台に上がり続けたが、優勝1回、選手権4位と不本意な結果に終わった。

序盤の不振は風洞やシミュレーションで得られたデータと、実走の結果に誤差があったからだと言われている。また、マシンはタイヤに優しい半面、ウォームアップが難しく、予選や低温のレースコンディションでは苦戦を強いられた。レッドブルやマクラーレンに比べ、ブロウンディフューザーの開発に出遅れたことも大きかった。フェラーリは否定しているが、唯一の勝利となったイギリスGPは、オフスロットルブローイングが禁止されたことと無関係ではあるまい。

第5戦スペインGPでアロンソがベッテルに周回遅れにされる屈辱の惨敗を喫すると、チームはテクニカルディレクターのアルド・コスタを更迭。7月には早々に150°イタリアの改良に見切りをつけ、

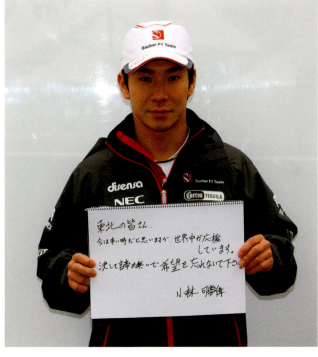

震災後、被災者を励ますメッセージを発信した小林可夢偉。"ニッポン代表"としてザウバーで2年目のF1シーズンを迎えた彼は、ウエットコンディションとなったカナダGPでは一時2番手にポジションアップし、多くの日本人ファンを歓喜させた

開幕戦オーストラリアGPで3位に入り、初めて表彰台にロシア国旗を掲げたルノーのビタリー・ペトロフ。前年にロシア人初のF1ドライバーとしてフルシーズンを戦った彼は、この年ランキング10位でシーズンを終えている

前年、F1デビューを果たした故アイルトン・セナの甥、ブルーノ・セナはシーズン後半にレギュラードライバーに昇格。第13戦イタリアGPで初入賞（9位）した

当初、開幕戦に予定されていたバーレーンGPは、反政府デモの影響により国王が中止を発表。一時は日程を変更することも検討されたが、それも叶わなかった

この年、フォース・インディアからF1デビューした2010年DTMチャンピオンのポール・ディ・レスタは、デビューから2戦連続で入賞を果たす。最終的には全19戦で8回入賞し、ランキングは13位。リタイアは1回だけだった

この年初めて開催されたインドGP。ニューデリーに完成したブッダ・サーキットは、近年多くのサーキットを手がけるヘルマン・ティルケの設計だ。埃舞い上がるグリッド後方では、数台のマシンがクラッシュに巻き込まれた

可夢偉快進撃
ひたひたと迫る新人ペレス

F1フル参戦1年目の10年、小林可夢偉は非力なマシンを駆りながらコンスタントにポイントを獲得。ペドロ・デ・ラ・ロサやニック・ハイドフェルドといったベテランチームメイト相手に予選でもレースでも一歩も引かず、ルーキー最高位の選手権12位につけた。

翌11年、可夢偉はエースドライバーとしてザウバーに残留し、チームメイトに新人セルジオ・ペレスを迎えた。

新車C30は前年序盤にフォース・インディアから移籍し、テクニカルディレクターに就任したジェームス・キーが、最初から開発の指揮を執ったマシンだった。開幕戦オーストラリアGPではペレス7位＆可夢偉8位と、いきなりダブル入賞。しかしリヤウイングの規定違反でともに失格処分を科されてしまう。

だが可夢偉は第2戦以降もトップ10内で完走し続け、第6戦モナコGPではこの市街地サーキットで日本人歴代最高位となる5位入賞。そして大荒れの次戦カナダGPでは、ウエット路面で一時2番手を快走した。最終的には7位に後退したが、これで6戦連続完走を果たす。日本人離れした速さとレース運びの巧さに、可夢偉の評価は一気に上がった。

しかしシーズン後半は、ザウバーC30の戦闘力が相対的に落ちたことに加え、チームの戦略ミスなどもあって入賞圏外の完走が続いた。それでも終盤2戦連続入賞で有終の美を飾り、前年と同じ選手権12位。チームメイトのペレスには倍以上のポイント差をつけた。

ペレスも可夢偉の力量を素直に賞賛し、「本当に多くのことを可夢偉から学んだ」とのちに語っている。その言葉を裏づけるかのように、シーズン後半はしぶとい走りで可夢偉以上の好成績を挙げていったのだった──。

① ② レッドブルRB7
ルノーRS27-2011 V8

③ ④ マクラーレンMP4-26A
メルセデス・ベンツFO108Y V8

⑨ ⑩ ルノーR31
ルノーRS27-2011 V8

⑪ ⑫ ウイリアムズFW33
コスワースCA2011 V8

⑱ ⑲ トロロッソSTR6
フェラーリ・ティーポ056 V8

⑳ ㉑ ロータスT128
ルノーRS27-2011 V8

⑤ ⑥ フェラーリ150° Italia
フェラーリ・ティーポ056 V8

⑦ ⑧ メルセデスGP W02
メルセデス・ベンツFO108Y V8

⑭ ⑮ フォース・インディアVJM04
メルセデス・ベンツFO108Y V8

⑯ ⑰ ザウバーC30
フェラーリ・ティーポ056 V8

㉒ ㉓ HRT F111
コスワースCA2011 V8

㉔ ㉕ ヴァージンMVR02
コスワースCA2011 V8

Red Bull Racing ［レッドブル・ルノー］

① セバスチャン・ベッテル
Sebastian Vettel・GER・23歳

② マーク・ウェーバー
Mark Webber・AUS・34歳

ドライバー ── セバスチャン・ベッテル
　　　　　　　　マーク・ウェーバー
2009年から3年連続で同じドライバーラインアップとなったが、前年初戴冠となったベッテルは速さに加え、自信を手に入れた一年となった。予選では1992年にナイジェル・マンセルが記録した年間14回ポールポジションを更新する15回を樹立し、19戦中18入賞17表彰台で選手権を大勝。前年から採り入れた排気を空力に利用するエキゾーストブローイングは、ルノーとの共同開発によってさらに進化。ルノーとレッドブルが共同開発したマニエッティ・マレッリ製KERS搭載。エンジンはルノーRS27-2011。レッドブル製7速セミオートマチックギヤボックス。スポンサーはレッドブル／インフィニティ／トタル／他。

Vodafone McLaren Mercedes ［マクラーレン・メルセデス］

③ ルイス・ハミルトン
Lewis Hamilton・GBR・26歳

④ ジェンソン・バトン
Jenson Button・GBR・31歳

ドライバー ── ルイス・ハミルトン
　　　　　　　　ジェンソン・バトン
ドライバーの顔ぶれは前年と同じ。チーム代表は2年目のマーティン・ウィットマーシュだが、エンジニアリングディレクターだったパディ・ロウがテクニカルディレクターに就任した。しかし、エンジニアリングディレクターのティム・ゴスとともに開発したMP4-26Aは複雑な排気システムが足かせとなり、開幕前にコンセプト変更を強いられた。これにうまく対応したバトンが3勝を挙げてランキング2位を獲得したのに対して、ハミルトンはクラッシュやアクシデントなどが多く不調で5位に終わった。エンジンはメルセデス・ベンツFO108Y。メルセデス・ベンツ製KERS搭載。マクラーレン製7速セミオートマチックギヤボックス。スポンサーはボーダフォン／エクソン・モービル／ボス／他。

Scuderia Ferrari ［フェラーリ］

⑤ フェルナンド・アロンソ
Fernando Alonso・ESP・29歳

⑥ フェリペ・マッサ
Felipe Massa・BRA・29歳

ドライバー ── フェルナンド・アロンソ
　　　　　　　　フェリペ・マッサ
アロンソとマッサのコンビは継続。母国イタリアが統一（1861年）されてから150周年を記念して命名されたフェラーリ150°Italiaに競争力がなく、その責任を取ってテクニカルディレクターのアルド・コスタがシーズン中に解雇。アシスタント・テクニカルディレクターだったパット・フライがシャシー部門のディレクターとして後を継いだ。だが、多くのチームがリヤサスペンションにプルロッドを採用するなか、プッシュロッドを継続した車体の進化には限界があり、優勝はアロンソ1勝のみ。エンジンはフェラーリ・ティーポ056。マニエッティ・マレッリと共同開発したフェラーリ製KERSを使用。フェラーリ製7速セミオートマチックギヤボックス。スポンサーはサンタンデール／シェル／エイサー／他。

Mercedes GP Petronas Formula One Team ［メルセデス］

ドライバー ── ミハエル・シューマッハー
　　　　　　　ニコ・ロズベルグ

ワークス2年目もドイツ人コンビを継続。前年3回表彰台を獲得したロズベルグは最高位が5位にとどまり、4位を獲得したシューマッハーがその差を一気に縮めた。ロス・ブラウン体制は継続されたが、技術陣はルノーからボブ・ベル、フェラーリからアルド・コスタ、HRTからジェフ・ウィリスを獲得し強化を図った。コンストラクターズ選手権は前年と同じ4位を守ったものの、ポイントは激減。トップ3との差は広がった。エンジンはメルセデス・ベンツFO108Y。メルセデス・ベンツ製KERS搭載。メルセデス・ベンツ製7速セミオートマチックギヤボックス。スポンサーはペトロナス／aabar／MIG銀行／他。

⑦ ミハエル・シューマッハー
Michael Schumacher・GER・42歳

⑧ ニコ・ロズベルグ
Nico Rosberg・GER・25歳

Lotus Renault GP ［ルノー］

ドライバー ── ニック・ハイドフェルド
　　　　　　　ビタリー・ペトロフ
　　　　　　　ブルーノ・セナ

ルノーがF1の株式をグループ・ロータスに売却し、チーム運営や車体開発は2010年限りで休止。このためコンストラクター登録は「ルノー」のままだったが、チーム名は「チーム・ロータス」と区別するため、「ロータス・ルノーGP」として再出発した。カラーリングはかつてのJPSロータスを彷彿させる「漆黒色ボディに金文字」に変更。ドライバーはペトロフが残留するも、ロバート・クビカが開幕前のラリーで事故に遭い、急遽ハイドフェルドに変更。しかし、成績不振が続いたため、ベルギーGPからセナに交代となった。エンジンはルノーRS27-2011。ルノー製7速セミオートマチックギヤボックス。ルノー製KERS搭載。スポンサーはトタル／TWスチール／他。

⑨ ニック・ハイドフェルド
Nick Heidfeld・GER・33歳

⑩ ビタリー・ペトロフ
Vitaly Petrov・RUS・26歳

⑨ ブルーノ・セナ
Bruno Senna・BRA・27歳

⑨⑩ ロマン・グロージャン
Roman Grosjean
FRA・24歳

AT&T Williams ［ウイリアムズ・コスワース］

ドライバー ── ルーベンス・バリチェロ
　　　　　　　パストール・マルドナド

財政的な問題からニコ・ヒュルケンベルグを放出し、ベネズエラ政府から多大な支援を受けているマルドナドを起用、2年目のバリチェロと新コンビを組ませた。ディフューザーの効率を高めるため、リヤエンドを非常にコンパクトな設計としたFW33だったが、コスワース・エンジンとのマッチングに苦労し、入賞わずか3回の大不振。テクニカルディレクターのサム・マイケルがこの年限りで離脱。この年、チームは初めて株式公開したが、株価も下落した。エンジンはコスワースCA2011。ウイリアムズ製7速セミオートマチックギヤボックス。ウイリアムズ製KERS搭載。スポンサーはPDVSA／ランスタッド／at&t／ORIS／他。

⑪ ルーベンス・バリチェロ
Rubens Barrichello・BRA・38歳

⑫ パストール・マルドナド
Pastor Maldonado・VEN・26歳

Sahara Force India Formula One Team ［フォース・インディア・メルセデス］

⑭ エイドリアン・スーティル
Adrian Sutil・GER・28歳

⑮ ポール・ディ・レスタ
Paul Di Resta・GBR・24歳

⑭⑮ ニコ・ヒュルケンベルグ
Nico Hülkenberg
GER・23歳

ドライバー ── エイドリアン・スーティル
　　　　　　　　ポール・ディ・レスタ

チーム創設時からステアリングを握るスーティルが残留し、もう１席はメルセデスの育成ドライバーとして前年サードドライバーを務めながら、DTM王者にも輝いたディ・レスタが加入。インドの複合企業のサハラグループが42.5％の株式を買収してチーム名はサハラ・フォース・インディアに。エンジンはメルセデス・ベンツFO108Y。マクラーレン製７速セミオートマチックギヤボックスの採用にともなって、リヤサスペンションをプルロッドに変更。メルセデス・ベンツ製KERS。スポンサーはホワイト＆マッカイ／キングフィッシャー／メディオン／他。

Sauber F1 Team ［ザウバー・フェラーリ］

⑯ 小林可夢偉
Kamui Kobayashi・JPN・24歳

⑰ セルジオ・ペレス
Sergio Perez・MEX・21歳

⑱ ペドロ・デ・ラ・ロサ
Pedro de la Rosa・ESP・40歳

ドライバー ── 小林可夢偉
　　　　　　　　セルジオ・ペレス
　　　　　　　　ペドロ・デ・ラ・ロサ

２年目の小林とルーキーのペレスのペア。モナコGPの予選でペレスがクラッシュした後遺症から、次のカナダGPでは前年同チームに所属し、マクラーレンのリザーブドライバーを務めていたデ・ラ・ロサを急遽レンタルした。前年加入したジェームス・キーによるザウバー初のマシンは、しかしエキゾーストブローイングの開発で後れをとった。エンジンはフェラーリ・ティーポ056。フェラーリ製７速セミオートマチックギヤボックスの採用にともなって、リヤサスペンションはプッシュロッドを継続。フェラーリ製KERS。スポンサーはClaro／disensa／telcel／他。

Scuderia Toro Rosso ［トロロッソ・フェラーリ］

⑱ セバスチャン・ブエミ
Sebastien Buemi・SUI・22歳

⑲ ハイミ・アルグエルスアリ
Jaime Alguersuari・ESP・21歳

⑱⑲ ダニエル・リカルド
Daniel Ricciardo
AUS・21歳

⑱⑲ ジャン・エリック・ベルニュ
Jean-Eric Vergne
FRA・20歳

ドライバー ── セバスチャン・ブエミ
　　　　　　　　ハイミ・アルグエルスアリ

ブエミ＆アルグエルスアリが残留。サイドポンツーンの下側を大きく絞り込んでフロアとの間に空気を通すサイドポンツーンエアロコンセプトを活かすため、リヤサスペンションはプルロッドを採用。さらにエキゾーストブローイングをシーズン通して進化させ、入賞は前年の７回から14回に倍増。コンストラクターズ選手権で８位にアップした。エンジンはフェラーリ・ティーポ056。フェラーリ製７速セミオートマチックギヤボックス。フェラーリ製KERS。スポンサーはセプサ／FALCON／NOVAケミカルズ／他。

Team Lotus [ロータス・ルノー]

ドライバー ── ヘイキ・コバライネン
　　　　　　　ヤルノ・トゥルーリ

トゥルーリ&コバライネンの両ベテランを残留させるも、ドイツGPにサードドライバーのチャンドックを1戦だけ起用。エンジンはコスワースからルノー製に変更。ギヤボックスとハイドロリックシステムもX-TRACからレッドブル・テクノロジー製に一新し、競争力が向上。予選ではQ2に3回進出を果たすなど、チームは創設2年目にして大きく前進した。2年連続してコンストラクターズ・ランキング10位を獲得。エンジンはルノーRS27-2011。レッドブル製7速セミオートマチックギヤボックス。KERSは非搭載。スポンサーはGE／DELL／NAZA／他。

⑳ ヘイキ・コバライネン
Heikki Kovalainen・FIN・29歳

㉑ ヤルノ・トゥルーリ
Jarno Trulli・ITA・36歳

⑳㉑ カルン・チャンドック
Karun Chandhok・IND・27歳

⑳ ダビデ・バルセッキ
Davide Valsecchi
ITA・24歳

㉑ ルイス・ラジア
Luiz Razia
BRA・21歳

HRT F1 Team [HRT・コスワース]

ドライバー ── ナレイン・カーティケヤン
　　　　　　　ダニエル・リカルド
　　　　　　　ビタントニオ・リウッツィ

リウッツィとカーティケヤンの新ラインアップに変更。だがシーズン途中にカーティケヤンはレッドブルの育成ドライバーだったリカルドと交代。その後、カーティケヤンは母国グランプリとなるインドGPにリウッツィに代わって1戦のみ復帰した。ダラーラとの契約解除により、チームは初めての新車設計をトヨタと提携して行うとしたものの交渉が決裂。そのため、シャシーはテクニカルディレクターのジェフ・ウィリスが独自に設計した。シーズン途中にチーム名をヒスパニアからHRTに変更。エンジンはコスワースCA2011。ウイリアムズ製7速セミオートマチックギヤボックス。KERSは非搭載。スポンサーはTATA／BASE／パンダ・セキュリティ／他。

㉒ ナレイン・カーティケヤン
Narain Karthikeyan・IND・34歳

㉒ ダニエル・リカルド
Daniel Ricciardo・AUS・21歳

㉓ ビタントニオ・リウッツィ
Vitantonio Liuzzi・ITA・29歳

㉓ ヤン・チャロウズ
Jan Charouz
CZE・23歳

Marussia Virgin Racing [ヴァージン・コスワース]

ドライバー ── ティモ・グロック
　　　　　　　ジェローム・ダンブロジオ

ドライバーは2年目のグロックとルーカス・ディ・グラッシに代わって加入したダンブロジオ。ロシアの自動車企業であるマルシャがチームに資本参加し、チーム名がマルシャ・ヴァージン・レーシングに変更されたのにともない、マシン名も前年のVR-01からMVR-02へ。マシンはテクニカルディレクターのニック・ワースが前作VR-01と同様に風洞を使用せず、コンピュータ上の数値流体力学（CFD）のみで設計した意欲作だったが、結果的にコンストラクターズ選手権で2年連続最下位に終わった。エンジンはコスワースCA2011。X-TRAC製7速セミオートマチックギヤボックス。KERSは非搭載。スポンサーはマルシャ／QNET／CNBC／他。

㉔ ティモ・グロック
Timo Glock・GER・29歳

㉕ ジェローム・ダンブロジオ
Jerome D'Ambrosio・BEL・25歳

㉕ ロバート・ウィッケンズ
Robert Wickens
CAN・22歳

2011 ドライバーズ・ポイント

順位	ド　ラ　イ　バ　ー	国籍	マ　シ　ン	タイヤ	
1	セバスチャン・ベッテル	GER	レッドブルRB7・ルノー	PI	
2	ジェンソン・バトン	GBR	マクラーレンMP4-26A・メルセデス	PI	
3	マーク・ウェーバー	AUS	レッドブルRB7・ルノー	PI	
4	フェルナンド・アロンソ	ESP	フェラーリF150° Italia	PI	
5	ルイス・ハミルトン	GBR	マクラーレンMP4-26A・メルセデス	PI	
6	フェリペ・マッサ	BRA	フェラーリF150° Italia	PI	
7	ニコ・ロズベルグ	GER	メルセデス・ベンツGP W02	PI	
8	ミハエル・シューマッハー	GER	メルセデス・ベンツGP W02	PI	
9	エイドリアン・スーティル	GER	フォース・インディアVJM04・メルセデス	PI	
10	ビタリー・ペトロフ	RUS	ルノーR31	PI	
11	ニック・ハイドフェルド	GER	ルノーR31	PI	
12	小林可夢偉	JPN	ザウバーC30・フェラーリ	PI	
13	ポール・ディ・レスタ	GBR	フォース・インディアVJM04・メルセデス	PI	
14	ハイミ・アルグエルスアリ	ESP	トロロッソSTR6・フェラーリ	PI	
15	セバスチャン・ブエミ	SUI	トロロッソSTR6・フェラーリ	PI	
16	セルジオ・ペレス	MEX	ザウバーC30・フェラーリ	PI	
17	ルーベンス・バリチェロ	BRA	ウイリアムズFW33・コスワース	PI	
18	ブルーノ・セナ	BRA	ルノーR31	PI	
19	パストール・マルドナド	VEN	ウイリアムズFW33・コスワース	PI	
	ペドロ・デ・ラ・ロサ	ESP	ザウバーC30・フェラーリ	PI	
	ヤルノ・トゥルーリ	ITA	ロータスT128・ルノー	PI	
	ヘイキ・コバライネン	FIN	ロータスT128・ルノー	PI	
	ビタントニオ・リウッツィ	ITA	HRT F111・コスワース	PI	
	ジェローム・ダンブロジオ	BEL	ヴァージンMVR02・コスワース	PI	
	ティモ・グロック	GER	ヴァージンMVR02・コスワース	PI	
	ナレイン・カーティケヤン	IND	HRT F111・コスワース	PI	
	ダニエル・リカルド	AUS	トロロッソSTR6・フェラーリ/HRT F111・コスワース	PI	
	カルン・チャンドック	IND	ロータスT128・ルノー	PI	
	ニコ・ヒュルケンベルグ	GER	フォース・インディアVJM04・メルセデス	PI	
	ダビデ・バルセッキ	ITA	ロータスT128・ルノー	PI	
	ルイス・ラジア	BRA	ロータスT128・ルノー	PI	
	ジャン-エリック・ベルニュ	FRA	トロロッソSTR6・フェラーリ	PI	
	ロマン・グロージャン	FRA	ルノーR31	PI	
	ロバート・ウィッケンズ	CAN	ヴァージンMVR02・コスワース	PI	
	ヤン・チャロウズ	CZE	HRT F111・コスワース	PI	

得点は各戦上位10位までに25-18-15-12-10-8-6-4-2-1の各点
タイヤ欄の略号はPI=ピレリ。結果欄は、左より、グリッド順位・決勝順位・得点（赤い数字）の順
結果欄の略号は、R=最後まで走行していたが規定完走周回数不足により順位なし、R=リタイア、dq=失格、ns=予選通過タイムを出したが決勝出走せず、
fp=金曜最初のプラクティスのみ走行、*=予選終了後グリッドペナルティを受けた後の順位

2011 コンストラクターズ・ポイント

1	レッドブル・ルノー	V8	S.ベッテル/M.ウェーバー	PI	
2	マクラーレン・メルセデス	V8	J.バトン/L.ハミルトン	PI	
3	フェラーリ	V8	F.アロンソ/F.マッサ	PI	
4	メルセデス	V8	N.ロズベルグ/M.シューマッハー	PI	
5	ルノー	V8	V.ペトロフ/N.ハイドフェルド/B.セナ	PI	
6	フォース・インディア・メルセデス	V8	A.スーティル/P.ディ・レスタ	PI	
7	ザウバー・フェラーリ	V8	小林可夢偉/S.ペレス/P.デ・ラ・ロサ	PI	
8	トロロッソ・フェラーリ	V8	J.アルグエルスアリ/S.ブエミ	PI	
9	ウイリアムズ・コスワース	V8	R.バリチェロ/P.マルドナド	PI	
	ロータス・ルノー	V8	J.トゥルーリ/H.コバライネン/K.チャンドック	PI	
	HRT・コスワース	V8	V.リウッツィ/N.カーティケヤン/D.リカルド	PI	
	ヴァージン・コスワース	V8	J.ダンブロジオ/T.グロック	PI	

結果欄の上段は完走車の順位、下段（赤い数字）は得点

2011

Drivers

	①3/27 オーストラリア[メルボルン]	②4/10 マレーシア[セパン]	③4/17 中国[上海]	④5/8 トルコ[イスタンブール]	⑤5/22 スペイン[カタルーニャ]	⑥5/29 モナコ[モンテカルロ]	⑦6/12 カナダ[モントリオール]	⑧6/26 ヨーロッパ[バレンシア]	⑨7/10 イギリス[シルバーストン]	⑩7/24 ドイツ[ニュルブルクリンク]	⑪7/31 ハンガリー[ハンガロリンク]	⑫8/28 ベルギー[スパ・フランコルシャン]	⑬9/11 イタリア[モンツァ]	⑭9/25 シンガポール[シンガポール]	⑮10/9 日本[鈴鹿]	⑯10/16 韓国[霊岩]	⑰10/30 インド[ニューデリー]	⑱11/13 アブダビ[ヤス・マリーナ]	⑲11/27 ブラジル[インテルラゴス]	総得点	優勝回数	ポールポジション回数	最速ラップ回数	決勝出走回数	予選のみ出走回数
1 1 25	1 1 25	1 2 18	1 1 25	2 1 25	1 1 25	1 2 18	1 1 25	2 2 18	3 4 12	1 2 18	1 1 25	1 1 25	1 1 25	1 3 15	2 1 25	1 1 25	1 R	1 2 18	392	11	15	3	19	-
4 6 8	4 2 18	2 4 12	6 6 8	5 3 15	2 3 15	7 1 25	6 6 8	5 R	7 R	3 1 25	13 3 15	3 2 18	3 2 18	2 1 25	3 2 18	3 4 12	4 2 18	3 3 15	270	3	-	3	19	-
3 5 10	3 4 12	18 3 15	2 2 18	1 4 12	3 4 12	4 R	4 2 18	1 3 15	1 3 15	6 5 10	3 2 18	5 R	4 3 15	6 4 12	4 3 15	2 4 12	4 4 12	2 1 25	258	1	3	7	19	-
5 4 12	3 1 25	5 7 6	5 3 15	4 5 10	4 2 18	*9 6 8	5 R	3 4 12	10 4 12	2 1 25	2 4 12	2 R	2 R	4 5 10	3 5 10	1 2 18	*5 7 6	2 1 25 4 R	227	3	1	1	19	-
8 7 6	7 5 10	6 6 8	10 11	8 R	7 7 6	7 11	6 11	7 7 6	3 6 8	5 R	9 5 10	7 9 2	5 6 8	9 R	7 7 6	8 6 8	6 5 10	6 7 6	118	-	-	-	19	-
7 R	9 12	4 5 10	3 5 10	7 7 6	7 11	6 11	7 7 6	8 4 12	8 17	13 9 2	10 8 4	9 R	24 5 10	8 5 10	8 R	12 R	11 5 10	8 7 6	89	-	-	-	19	-
11 R	11 9 2	14 8 4	8 12	10 6 8	5 R	8 4 12	8 17	13 9 2	10 8 4	9 R	24 5 10	8 5 10	8 R	12 R	11 5 10	8 7 6	10 15	76	-	-	-	19	-
16 9 2	17 11	11 15	12 13	17 13	15 7 6	14 R	10 9 2	11 11	8 6 8	14 R	15 7 6	12 R	9 8 4	11 11	10 17	8 9 2	9 8 4	8 6 8	42	-	-	-	19	-
6 3 15	8 17	10 9 2	7 8 4	6 11	11 R	10 5 10	11 15	14 12	9 10 1	12 12	10 9 2	7 R	18 17	10 9 2	8 R	12 13	15 10 1	37	-	-	-	19	-
18 12	6 3 15	16 12	9 7 6	24 8 4	16 8 4	9 R	9 10 1	16 8 4	11 R	14 R		17 R							34	-	-	-	11	-
9 dq	10 7 6	13 10 1	24 10 1	13 5 10	13 7 6	14 16	8 R	17 9 2	13 11	17 11	11 8 4	17 10 1	7 13	14 5 10	7 12	9 10 1	10 9 2	11 8 4	30	-	-	-	19	-
14 10 1	14 11	8 R	13 R	16 12	14 12	13 16	18 8 4	18 8 4	16 12	16 10 1	6 R	18 7 6	16 21	16 15	11 7 6	10 8 4	15 15	13 11	26	-	-	-	19	-
12 11	13 14	7 R	17 16	13 16	20 R	18 8 4	18 8 4	15 10 1	17 13	19 R	*24 15	*23 8 4	11 R	16 10 1	14 12	15 R	13 9 2	9 R	15	-	-	-	19	-
10 8 4	12 13	9 14	16 9 2	11 14	17 10 1	15 10 1	17 13	19 R	*24 15	*23 8 4	11 R	16 10 1	14 12	15 R	13 9 2	9 R	13 R	14 12	15	-	-	-	19	-
13 dq	16 R	12 17	15 14	12 9 2	10 ns	fp	16 11	12 7 6	15 14	10 15	9 R	15 R	11 10 1	17 8 4	17 16	*20 10 1	11 11	7 13	14	-	-	-	17	1
17 R	15 R	15 13	11 15	19 17	12 9 2	16 9 2	12 13	15 13	14 R	15 13	14 16	13 12	12 13	13 17	18 12	15 15	*24 12	12 14	4	-	-	-	19	-
						fp	7 13	10 9 2	15 15	14 11	13 11	14 14	16 R	13 R					2	-	-	-	8	-
15 R	18 R	17 18	14 17	9 15	8 18	12 R	15 18	7 14	13 14	17 16	*21 10 1	14 11	13 11	14 14	16 R	13 R	*23 14	18 R	1	-	-	-	19	-
				17 12															0	-	-	-	1	-
20 13	20 R	20 19	19 18	18 18	19 13	19 16	20 20	21 R		19 R	18 14	19 14	20 R	19 19	20 17	19 19	20 18	20 0	0	-	-	-	19	-
19 R	19 15	19 16	18 19	15 R	18 14	20 R	19 19	17 R	18 16	18 R	16 15	20 13	19 16	18 18	19 18	17 17	19 16		0	-	-	-	19	-
23 nq	23 R	23 22	20 22	21 R	24 16	21 13	22 23	23 18	*23 R	21 20	22 19	24 R	24 20	24 23	23 21		22 20	21 R	0	-	-	-	17	1
22 14	22 R	21 20	*23 20	23 20	22 15	24 14	23 22	22 17	24 19	20 17	22 20	21 15	21 R	20 21	22 20	21 16	21 R	24 R	0	-	-	-	19	-
21 nc	21 16	22 21	21 R	20 19	21 R	22 15	21 21	20 16	19 17	20 17	21 15	21 R	21 15	22 22	21 16	22 R	19 19	24 R	0	-	-	-	19	-
24 nq	24 R	24 23	22 21	22 21	23 17	23 17	24 24	fp			23 R	23 nc	23 19	20 R	24 19	*23 18	20 R	22 20	0	-	-	-	8	1
fp	fp	fp	fp	fp	fp	fp	24 19	22 19	20 20	22 18	23 R	23 19	20 R	24 19					0	-	-	-	11	-
fp	fp	fp	fp	fp		fp	fp	fp	fp		fp	fp	fp	fp			fp		-	-	-	-	-	-
	fp															fp	fp	fp		-	-	-	-	-	-
		fp									fp	fp	fp	fp	fp	fp	fp			-	-	-	-	-	-

Constructors

	①	②	③	④	⑤	⑥	⑦	⑧	⑨	⑩	⑪	⑫	⑬	⑭	⑮	⑯	⑰	⑱	⑲	総得点	優勝回数	ポールポジション回数	最速ラップ回数	決勝出走回数	予選のみ出走回数
1+5 25+10	1+4 25+12	2+3 18+15	1+2 25+18	1+4 25+12	1+4 25+12	2+3 18+15	1+3 25+15	2+3 18+15	3+4 15+12	2+5 18+10	1+2 25+18	1 25	1+3 25+15	3+4 15+12	1+3 25+15	1+4 25+12	4 12	1+2 25+18	650	12	18	10	38	-
2+6 18+8	2+4 18+4	4+5 25+12	4+6 12+8	3+5 18+15	5+6 15+8	1 25	4+6 12+8	4 12	1 25	1+4 25+12	3 15	2+4 18+12	1+5 25+10	1+5 25+10	2+4 18+12	2+7 15+6	1+3 25+15	3 15	497	6	1	6	38	-
4+7 12+6	5+6 10+8	6+7 8+6	3+11 15	5 10	2 18	6 8	2+5 18+10	1+5 25+10	2+5 18+10	3+6 15+8	4+8 12+4	3+6 15+8	4+9 12+2	2+7 18+6	5+6 10+8	3 15	2+5 18+10	4+5 12+10	375	1	-	3	38	-
	9+12 10+4	5+8 10+4	5+12 2	6+7 8+6	11	4+11 12	7+17 6	6+9 8+2	7+8 6+4	9 2	5+6 10	5 10	7 6	6+10 8+1	8 4	5+6 10+8	6+7 8+6	7+15	165	-	-	-	38	-
3+12 15	3+17 15	9+12 2	7+8 6+4	8+11 6	8 4	5 10	10+15 1	8+12 4	10 2	12	15+17 2	9+16 2	13	11+12 4	13+16	10+17 1	73		-	-	-	38	-
9+10 2+1	10+11	11+15	13	12+13	7+12 6	18	9+14 2	11+15	6+13 8	7+14 6	7+11 6	8	6+8 4	11+12 8+4	10+11 1	9+13 2	8+9 4+2	6+8 8+4	69	-	-	-	38	-
dq+dq	7 6	10+17 1	10+14 1	9+10 2+1	5 10	7+12 6	11+16 1	7 6	9+11 2	11+15 1	10+14 1	8+13 1	15+16	10 1	11+12 2	6+8 8+4	9+13 2	44	-	-	-	37	1
8+11 4	13+14	14	9+16 2	14+16 1	10	8+10 4+1	8+13 1	10	12+15	8+10 4+1	7+10 6+2	12+21	15	7+9 6+2	12	15	12+14	11+12	41	-	-	-	38	-
		13+18	15+17	15+17	9+18 2	9	12+18	13+14	14	13+16	10+16 1	11+12	11+13	14+17	12	15	12+14	14	5	-	-	-	38	-
13	15	16+19	18+19	18	13+14	16	19+20	16	18+20	19	14+15	16	18+19	14+17	14+19	17+18	16+18	0	-	-	-	38	-
		22+23	21+22	21	16+17	13+17	23+24	18+19	19	18+20	19+20	22+23	19+21	17+18	20	20	0	-	-	-	36	2
14	16	20+21	20	19+20	15	14+15	21+22	16+17	17+18	17+19	17+18	15	18	20+21	18+20	16	19	19	0	-	-	-	38	-

Drivers' Champion———Sebastian Vettel

2 0

Constructors' Champion — Red Bull Renault

1   2

8人ものウイナーが誕生した"群雄割拠"のシーズン ベッテルが史上最年少3連覇達成!

過去2年、圧倒的な強さを誇っていたレッドブルだが、規制変更によりスタートダッシュに失敗
開幕戦から第7戦カナダGPまで異なるドライバーが勝利を挙げるという前代未聞の展開となった
シーズン終盤、タイトル争いから抜け出したのはベッテルとアロンソ。後半7戦で4勝
2位1回3位1回を記録したベッテルが僅差の戦いを制し、史上最年少で3年連続のチャンピオンに輝いた

最終戦ブラジルGPで3連覇を確定させ、チームスタッフとともに表彰台で記念撮影に興じるベッテル。選手権2位のアロンソとの差はわずか4点で、苦しみながらも自力を見せて掴んだ栄冠だった

第13戦イタリアGPまで1勝しか挙げられなかったベッテルだが、第14戦シンガポールGPから第17戦インドGPまで破竹の4連勝。韓国GPで選手権トップに立つと、そのまま最後まで逃げ切った

開幕戦から第7戦まで毎戦違う勝者が生まれ、最終的には8人が勝利を収めた非常に珍しいシーズンだった。突出した速さのマシンが存在しない各チーム横並びの状況のなかで、前年圧倒的な強さで2連覇を果たしたセバスチャン・ベッテルも大いに苦戦を強いられた。第4戦バーレーンGPでようやくシーズン初勝利を挙げるが、あとが続かない。

代わってタイトル争いを牽引したのが、フェラーリ3年目のフェルナンド・アロンソだった。マクラーレンやレッドブルに比べて明らかに戦闘力に劣るマシンを駆って、第2戦マレーシアGPを勝利。第5戦スペインGPで大幅アップデートが投入されて以降は表彰台に上がり続け、選手権首位の座を死守し続けた。しかしシーズン後半、チャンピオンチームのレッドブルが地力を発揮し、選手権4位前後に低迷していたベッテルも完全復活。第14戦シンガポールGPからの4連勝で首位を奪い返す。アロンソもしぶとく食い下がり、決着は最終戦ブラジルGPまで持ち越されたが、ベッテルが4ポイント差で3連覇を成し遂げたのだった。

バトンはオーストラリアGPを完璧なレース運びで制すと、ベルギーGPではポール・トゥ・ウイン、ブラジルGPでも逆転勝利を収めて、シーズン3勝を記録。しかし、獲得ポイントは僚友ハミルトンに2点及ばなかった

スタート直後にチームメイトのペレスに接触されてリヤウイングにダメージを負いながらも、開幕戦で6位入賞を果たした可夢偉。レース後には粘り強い走りを見せた可夢偉をペーター代表が祝福し、喜びをわかち合った

第4戦バーレーンGPで優勝したベッテルをあと一歩のところまで追いつめ、2位表彰台を獲得したライコネン。その後もベテランらしい安定感溢れる走りとレース巧者ぶりを発揮して、ポディウム争いの常連となっていく

エキゾーストブローイングが禁止
大打撃を受けたレッドブル

　開幕戦オーストラリアGPではルイス・ハミルトン、ジェンソン・バトンがフロントロウを独占。そして、レースではバトンが優勝。2010年以来、レッドブルが圧倒的な強さで勝ち続けた潮流が変わったことを強く印象づけた。第2戦マレーシアGPもマクラーレンのふたりが連続してフロントロウを占めたが、雨のレースをアロンソが制した。

　第3戦中国GPでは、ニコ・ロズベルグがポール・トゥ・ウイン。デビュー7年目、111戦目にしてキャリア初優勝を果たし、メルセデスにとっても1955年以来57年ぶりのワークス勝利となった。第4戦バーレーンGPで、ようやく本命のベッテルがポール・トゥ・ウイン。ところが、続くスペインGPではとんでもないサプライズが待っていた。

　予選Q3トップのハミルトンが、燃料規定違反で失格。2位のパストール・マルドナドがポールポジションに繰り上がった。レースではスタートでアロンソに首位を奪われたが、チームの万全のピット戦略、そして本人のタイヤを保たせる巧みな走りで、堂々のポール・トゥ・ウインを飾る。ウイリアムズにとっては、実に8年ぶりの勝利となった。しかしレース後、フランク・ウイリアムズの70歳誕生パーティを兼ねた祝賀会の真っ最

雨のセパンで8番グリッドから逆転優勝を飾ったアロンソ。抜群の勝負強さと卓越したドライビングテクニックを誇る2冠王者は、ベッテルとともに終盤戦まで選手権争いをリードしていくことになる

第3戦中国GPで初ポールポジションを獲得したロズベルグは、決勝でも完璧なレース運びで待望の初優勝を挙げた

中、すぐ後ろのガレージ内で燃料への引火による火災が発生。多数の軽傷者とパソコン類が焼ける被害をこうむった。

　第6戦モナコGPはマーク・ウェーバーのポール・トゥ・ウイン。続くカナダGPは、これまで何度も優勝争いに絡んできたハミルトンがポールシッターのベッテルをタイヤ戦略で逆転してようやくシーズン初勝利を挙げた。そしてシーズン終盤、第18戦アブダビGPで、キミ・ライコネンが8人目の勝者となった。

　ここで話はようやく、「なぜ？」に入る。この年、これほど多くのドライバーが優勝を分け合うことになったのは、何が理由なのか。ひと言で表現すれば、各チームの戦闘力が拮抗していたということになるのだが、その傾向はシーズン前半に特に顕著だった。それではなぜ、そこま

で各チームの差が縮まったのかといえば、最大の理由は前年まで開発にしのぎを削っていたエキゾーストブローイングがこの年から禁止されたこと、それに代わる決定的なアイデアをどのチームも出せなかったからである。

なかでもレッドブルはルノーと協同し

マレーシアGPで自身2度目の入賞（6位）を記録したセナは、その後も9レースでポイントを獲得するなど堅実な速さを発揮。しかし、この年限りでシートを失った

ドライバーズ・サーキットのモナコでポール・トゥ・ウィンを飾ったウェーバー。イギリスGPでは残り5周でアロンソをオーバーテイクし、シーズン2勝目を挙げた

スペインGPで初のポールポジションからスタートしたマルドナドは、ターン1でアロンソの先行を許すも2回目のピットストップで逆転。チェッカーまで駆け抜けた

モナコGPで予選トップタイムを記録したシューマッハーだが、前戦スペインGPで科せられたペナルティにより5グリッド降格。レースでも64周目に燃圧のトラブルが発生し、リタイアとなった

ベルギーGPスタート後のターン1で、グロージャンがハミルトンに追突。アロンソ、可夢偉、ペレスらを巻き込む多重事故となり、グロージャンには次戦イタリアGPの出場停止と罰金が科された

て排ガス制御や空力の最適化技術で優位に立っていただけに、その影響はひときわ大きかった。特に予選一発の速さに痛手を受けたことは明らかで、前年15回だったベッテルのポールポジション獲得回数が、この年は6回と激減している。

そして、2番目の理由がピレリタイヤの難しさだった。前年から単独供給を始めたピレリだが、ある時点で極端にグリップが落ちる、いわゆる"崖"（クリフ）症状に各チームは散々手こずらされた。ピレリは「レースを面白くすることをあくまで最優先」としつつも、急激な性能劣化への対処も約束。スクエアな輪郭とよりソフトになったスペックを投入した。

ところが、12年型タイヤは前年以上に扱いにくくなっていた。「各コンパウンドのワーキングレンジ（作動温度域）が狭過ぎた」と、バトンはシーズン終了後に語っている。「そこに何とか入れたとしても、とどめておくのは至難の業だった」というのだ。「結果的に、レースがいっそう面白くなった」とピレリは自画自賛するが、各グランプリのサーキット特性、週末のコンディション変化によ

ってウォームアップが難しかったり、逆にオーバーヒートしたりと症状は異なったが、安定したパフォーマンスを発揮できたチームはほとんどなかった。

そして、エンジン開発競争が行きつくところまでいってしまったのも、チーム間の格差が小さくなった原因のひとつだった。2.4ℓ V8自然吸気エンジンが06年に採用されてから、この年ですでに7シーズン目。最高回転数が段階的に1万8000に制限され、パワーは750馬力前後に落ち着いた。あとはトルク特性の違いと信頼性の優劣ぐらいで、各メーカーほとんど横並び状態になっていたのだった。

孤軍奮闘のアロンソだが
またしてもタイトルを逃す

第4戦バーレーンGPまで勝てなかったベッテルは、その後もコンスタントに入賞を重ねるものの、なかなか2勝目に届かない。その間にアロンソは第10戦ドイツGPまでに3勝を挙げ、序盤にベッテルに奪われた選手権トップの座を奪い返した。ベッテルはハミルトンやライコネンにも追い越され、ヨーロッパ・ラ

ウンド最終戦となる第13戦イタリアGP終了時には、4位まで後退していた。

この時点でアロンソとのポイント差は39点。とはいえ、残りまだ7戦あることを思えば、理論上はベッテルの逆転は十分に可能だ。しかし、ここまでのアロンソの安定した戦いぶりを見るかぎり、このまま逃げ切ってしまうだろうと考えるのが妥当だった。マクラーレンの戦闘力向上が著しく、ハンガリーGPからイタリアGPまでの真夏の3レースを彼らが制し、結果的にポイントが分散してしまっていることもベッテルには痛手だった。

ここまでマシンの戦闘力を上げることができず、特に予選一発の速さの改善に苦労していた開発責任者のエイドリアン・ニューウェイは、「車体の状態が正しく理解できない」と弱音を吐くありさまだった。それでも第14戦シンガポールGPで、ようやく大幅アップデート仕様を投入。するとベッテルは第17戦インドGPまで、破竹の4連勝をやってのけた。

チームは詳細を明らかにしていないが、改良の肝はメルセデスが先鞭をつけたダブルDRSの搭載だったようだ。DRSの

作動中だけ取り入れた空気をリヤウイング下段から放出して、ディフューザーの効果を消す技術。これによってレッドブルRB8の欠点だったストレートスピードが改善されたと言われている。

この4連勝でベッテルは、選手権首位の奪還に成功した。その後も第19戦アメリカGPで2位表彰台に立つが、アロンソもしぶとく3位に入り、タイトル決定は最終戦ブラジルGPに持ち越された。

この時点で首位ベッテルと、2位アロンソのポイント差は13。ベッテルは4位以内に入れば、自力で3連覇獲得。最低7位でもアロンソが優勝しなければ、チャンピオン確定という有利な立場だった。予選は4位が精一杯だったが、アロンソはさらに悪く8位に沈んだ。しかし、レースではアロンソが好スタートを切り、5番手に順位を上げる。対するベッテルは7番手まで後退したうえに、ブルーノ・セナとターン4で接触してスピン。後ろ向きになってしまった間に全車に抜かれ、最下位に転落してしまう。

他のマシンがものすごい勢いでレッドブルの両脇をすり抜けていく。最後尾で何とかレースに復帰したが、マシンはエ

2012年はオースティンでF1初開催。5年ぶりのグランプリ開催を祝い、サーキット・オブ・ジ・アメリカズには26万人もの観客が訪れた。レースはハミルトンが制している

ハンガロリンクでは圧倒的な強さを見せるハミルトン。ロータス勢の追撃を完封した2012年の勝利も含めて、これまでに通算5勝。シューマッハーやセナを抑えて堂々の歴代1位である

Q3進出率50%、入賞率55%とシーズンを通して堅実な速さを見せたヒュルケンベルグ。最高位はベルギーGPの4位で表彰台には一歩届かず

アブダビGPでは、ライコネンがF1復帰後初優勝。しかし、「飛び跳ねて喜ぶほどではない」と、ポディウムの上でもクールな姿勢を崩さない。このシーズンは表彰台7回を記録した

キゾースト周辺にダメージを受けていた。さらに、ベッテルの無線をチームが聞けないトラブルにも見舞われる。ドライタイヤに履き替えた直後に再び雨が降り出し、緊急ピットインしたが、ウエットタイヤはまだ準備されていなかった。

それでもペースは悪くなく、終盤にはこれが引退レースとなるミハエル・シューマッハーをかわし、6番手まで浮上した。しかし、アロンソも僚友のフェリペ・マッサにポジションを譲られて2番手に上がっており、首位のバトンに何かあればアロンソが逆転タイトルを獲得する。残り2周。ポール・ディ・レスタのクラッシュで、セーフティカーが再出動。そのままチェッカーとなり、6位入賞のベッテルがアロンソに3ポイント差をつけて、史上最年少の3連覇を確定した。

敗れたアロンソは、10年に次ぐ最終戦での敗戦となった。2年前は選手権で優位に立ちながら、チームの戦略ミスでベッテルに大逆転を許した。そして、今回は逆に圧倒的に不利な状況下で全力を尽くし、ベッテルの不運にも助けられて、今度こそタイトル奪還なるかと思われたが、わずかに及ばなかった。

この2シーズンのアロンソはいずれも、孤軍奮闘という言葉がふさわしい。F1ドライバーとして脂の乗り切ったこの時期、アロンソはこれらふたつのタイトルを自らの戦歴に加えていたとしても、まったく不思議ではなかった。だが、それは叶わず、アロンソのキャリアは徐々に長い下り坂を下っていくことになる。

モナコGPで予選トップタイム、ヨーロッパGPで3位表彰台など、かつての片鱗を時おり見せていたシューマッハーだが、7位入賞を果たしたブラジルGPを最後にF1から2度目の引退。レース後にはチームスタッフが記念Tシャツを着て、ラストレースを祝った。復帰後のシューマッハーは未勝利に終わり、チームメイトのロズベルグの速さの前に遅れを取ることが多かった

シューマッハーが2度目の引退
ハミルトンがメルセデス移籍へ

ベッテルは王座のかかった最終戦でセナと絡んでスピン。最後尾まで落ちるも、6位まで挽回してタイトルを決めた

ベッテル、アロンソ、ハミルトン、バトン、ライコネン、シューマッハー。この年は、新旧6人の世界チャンピオンが出場したシーズンとなった。もちろん、F1史上最多であり、今にいたるまでこの記録は破られていない。さらに言えば、彼らのうち5人は最終的に、選手権上位5位までを順当に占めた。しかし、6人のなかで唯一未勝利、選手権13位に終わったのがシューマッハーだった。チームはハミルトンと翌年の契約を結び、シューマッハーは最終戦を待たずにF1からの引退を発表した。

この年に限らず10年の現役復帰後は、優勝どころか表彰台にも上がれない苦しいシーズンが続いていた。当時のメルセデスがまだ勝てるマシンでなかったことは事実だが、僚友のニコ・ロズベルグにも完全に後れを取っており、シューマッハー本人の衰えは明らかだった。

それでもこの12年は、予選では一定の速さは見せた。開幕2戦は復帰後自己最高グリッドとなるセカンドロウ。さらに第3戦中国GPではポールシッターのロズベルグとともにフロントロウを独占し、第6戦モナコGPではついに予選でポールポジションタイムを記録した。

だが、レース結果にはつながらなかった。ロズベルグが第3戦中国GPで初勝利を挙げたのとは対照的に、第7戦カナダGPまでにリタイア5回、完走した2レースはいずれも10位という惨状だった。ただし、その多くはギヤボックスや油圧、燃圧トラブル、あるいはタイヤ交換ミスなどによるもので、唯一シューマッハー本人のミスと攻められるべきは、第5戦スペインGPでの追突事故ぐらいだろう。

バレンシア市街地コースで行われた第8戦ヨーロッパGPでは、予選12位から接触事故やトラブルの多発するサバイバルレースを冷静に走り抜き3位入賞。現役復帰後初の（そして最後となる）表彰台に立った。その後、ヨーロッパ・ラウ

3勝、表彰台13回を獲得しながらも、選手権2位に終わったアロンソ。マシンの戦闘力ではレッドブルに劣っていたがチームを鼓舞し続け、最後までタイトルを争った

マルシャとコンストラクターズ10位争いを繰り広げていたケータハムだが、最終戦ブラジルGPでペトロフが値千金の11位完走。大逆転でその座を奪い去った

奮闘するチームメイトのアロンソの影で、不振に陥っていたマッサ。未勝利に終わり、初めてポディウムに上がったのも終盤に入った日本GP。シーズンを通してもわずか2回にとどまった

母国グランプリで躍動した可夢偉は、大観衆が見守るなか3番グリッドから好スタートを切り、序盤は2番手を快走する。ピットストップでマッサにかわされたものの、バトンの猛追は抑えて3位表彰台を獲得。日本人ドライバーとして、3人目の快挙を達成した

ンド最終戦イタリアGPまで毎戦のように入賞を果たしたが、それでも最高位は6位。ロズベルグとのポイント差は、ほぼダブルスコアのままだった。

上向きつつあるマシン戦闘力が結果に反映されないことに苛立ったメルセデス上層部が、シューマッハーの更迭を決めたのはおそらくこの時期だったと思われる。ロズベルグのパフォーマンス（特に予選での速さ）にも満足していなかったようだが、将来的な伸び代を優先した。

そして、かつてシューマッハーとフェラーリ黄金時代を築いたチーム代表のロス・ブラウンが直接ハミルトンをくどき、マクラーレンからの移籍を決断させた。9月末にはハミルトンのメルセデス加入が正式に発表され、1週間後の日本GPではシューマッハーが、「今季限りで現役引退する。今回は永遠の引退になるだろう」と記者発表した。

引退レースとなった最終戦ブラジルGPでは、力強い走りを見せた。13番グリッドからスタートし、パンクによる緊急ピットインで一時は最後尾に落ちるが、雨のなか順位を上げていき、最後はベッテルに6位を譲ってチェッカーを受けた。フェラーリからの1回目の引退に続き、今回もチームの意向が優先されるかたちで引退を余儀なくされたシューマッハー。しかし7度のタイトルを始め、最多勝利、通算ポール・トゥ・ウインなどF1のほとんどの記録を更新した皇帝の偉大さは、永遠に色あせることはないだろう。

ザウバーC31が戦闘力を発揮 可夢偉が鈴鹿で3位表彰台

有力チームへの移籍を熱望し、実際にロータスなどから引き合いもあったが、最終的にザウバー残留を決断した小林可夢偉。前年に続いて、セルジオ・ペレスとコンビを組んだ。そして、この年のC31は可夢偉が開発の初期段階から助言を重ねていたこともあり、前年型C30以上の高い戦闘力を発揮した。

しかし、その果実を享受したのは、可夢偉ではなくペレスだった。第2戦マレーシアGPでは9番グリッドから、2位表彰台の大金星。ウエットからドライ路面に切り替わる難しいコンディションでの適切なタイヤ戦略と、それを可能にしたタイヤマネージメントのうまさ。まさにペレスらしい走りを披露しての初表彰台だった。

ペレスの勢いは止まらず、第6戦モナコGPではファステストラップを記録。

母国オーストラリアGPで9位に入ると、その後も5戦で入賞を果たし、レッドブル育成の期待の若手として活躍したリカルド。2014年にはレッドブルへ昇格を果たす

飛躍のシーズンとなったペレスは、マレーシアGP（2位）、カナダGP（3位）、イタリアGP（2位）で3度の表彰台を獲得。翌年のマクラーレン移籍を勝ち獲った

続くカナダGPでは1回ストップ作戦が見事に決まって、3位表彰台に上がる。さらに第13戦イタリアGPでは、12番グリッドからライコネンやアロンソらを次々に追い抜いて2位表彰台。この活躍が評価され、日本GP前にはマクラーレンへの移籍が発表された。

一方の可夢偉も、コンスタントにポイントを獲得してはいた。予選でも中国で3番グリッド、ベルギーで自己最高のフロントロウ、そして日本GPで再び3番グリッドと、ペレスをしのぐ速さを見せることが多かった。だが、不可解なピット戦略、不運、自らのミスもあって、予選の速さをレース結果に結びつけることはなかなかできなかった。

20戦中19戦で完走し、そのうちの9戦で入賞。抜群の安定感を発揮したディ・レスタだが、選手権ランキングではチームメイトのヒュルケンベルグに遅れを取った

マシンの戦闘力に劣るHRT、マルシャの両チームは苦しいシーズンとなった。HRTはこの年限りでチームが消滅し、デ・ラ・ロサもF1ラストイヤーとなった

第15戦日本GPでは、04年佐藤琢磨以来の3位表彰台を獲得。終盤6戦でマクラーレン入りの決まったペレスが0ポイントに終わって精彩を欠いたのとは対照的に、鈴鹿の表彰台を含め3回の入賞を記録した。入賞回数は可夢偉の9回に対して、ペレスは7回。ポイント差も、最終的にはわずか6だった。

しかし、ペレスの3度の表彰台のインパクトには、とうてい敵わなかった。ペレスに比べて接触事故が多く、マシンにダメージを与えることをひどく嫌うペーター・ザウバー代表の可夢偉への評価は、次第に厳しくなっていった。こうして最終戦ブラジルGPの前に、可夢偉のザウバー離脱が発表されたのだった。

3番手を快走する母国のヒーローを応援する赤いフラッグが鈴鹿のスタンドを埋め尽くす。可夢偉もその期待に応えた

① ② レッドブルRB8
ルノーRS27 V8

③ ④ マクラーレンMP4-27A
メルセデス・ベンツFO108Z V8

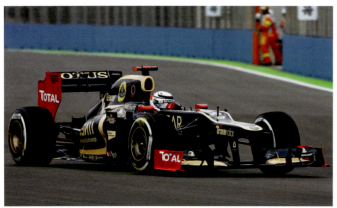
⑨ ⑩ ロータスE20
ルノーRS27-2012 V8

⑪ ⑫ フォース・インディアVJM05
メルセデス・ベンツFO108Z V8

⑱ ⑲ ウイリアムズFW34
ルノーRS27-2012 V8

⑳ ㉑ ケータハムCT01
ルノーRS27-2012 V8

⑤ ⑥ フェラーリF2012
フェラーリ・ティーポ056 V8

⑦ ⑧ メルセデスW03
メルセデス・ベンツFO108Z V8

⑭ ⑮ ザウバーC31
フェラーリ・ティーポ056 V8

⑯ ⑰ トロロッソSTR7
フェラーリ・ティーポ056 V8

㉒ ㉓ HRT F112
コスワースCA2012 V8

㉔ ㉕ マルシャMR01
コスワースCA2012 V8

Red Bull Racing ［レッドブル・ルノー］

① セバスチャン・ベッテル
Sebastian Vettel・GER・24歳

② マーク・ウェーバー
Mark Webber・AUS・35歳

ドライバー ── セバスチャン・ベッテル
　　　　　　　マーク・ウェーバー
ベッテルは契約が残っているなかでの4年目。ウェーバーはこの年が契約最終年となる6年目のシーズン。記録的な圧勝となった前年から一転、チームは苦しい戦いを強いられるなか、ウェーバーはモナコGPで優勝するなど安定した走りを披露し、シーズン半ばにもう1年残留を発表した。序盤戦でつまずいたベッテルは、後半戦に復調。シンガポールGPからインドGPまで4連勝し、フェラーリのアロンソを逆転。そのまま逃げ切って3連覇を達成した。エイドリアン・ニューウェイ作のRB8はエキゾーストブローイングの禁止によってそのアドバンテージを失ったものの、なりふり構わぬアップデートで序盤の失速を挽回した。エンジンはルノーRS27-2012。レッドブル製7速セミオートマチックギヤボックス。マニエッティ・マレッリ製KERS。スポンサーはインフィニティ／トタル／GEOX／他。

Vodafone McLaren Mercedes ［マクラーレン・メルセデス］

③ ジェンソン・バトン
Jenson Button・GBR・32歳

④ ルイス・ハミルトン
Lewis Hamilton・GBR・27歳

ドライバー ── ジェンソン・バトン
　　　　　　　ルイス・ハミルトン
ドライバーは3年連続同じラインアップだが、前年にドライバーズ選手権で上位となったバトンが2010年に続いてカーナンバーで前に立った。パディ・ロウ（テクニカルディレクター）2年目のマシンとなるMP4-27Aはコアンダエキゾーストを採用し、ポテンシャルは高く、レッドブルと並ぶ年間7勝を記録。しかし、それ以外のレースではセットアップに苦しんだり、ピットミスや信頼性の問題などによってパフォーマンスを十分に発揮することができず、コンストラクターズ選手権でフェラーリの後塵を拝した。エンジンはメルセデス・ベンツFO108Z。マクラーレン製7速セミオートマチックギヤボックス。メルセデス・ベンツ製KERS。スポンサーはボーダフォン／エクソン・モービル／SAP／他。

Scuderia Ferrari ［フェラーリ］

⑤ フェルナンド・アロンソ
Fernando Alonso・ESP・30歳

⑥ フェリペ・マッサ
Felipe Massa・BRA・30歳

ドライバー ── フェルナンド・アロンソ
　　　　　　　フェリペ・マッサ
アロンソ、マッサともに残留。F2012はパット・フライが技術部門の責任者となって初めて製作したマシンだが、フロントサスペンションにプルロッドを採用したアグレッシブなデザイン。技術陣に元ブリヂストンの浜島裕英が加わり、タイヤへの理解が深まった。アロンソは年間3勝を挙げ、タイトル争いで一時リーダーに立つも、ベルギーGPと日本GPでアクシデントに見舞われてリタイアしたのが響き、3点差でタイトルを逃す。エンジンはフェラーリ・ティーポ056。フェラーリ製7速セミオートマチックギヤボックス。フェラーリ製KERS。スポンサーはサンタンデール／シェル／AMD／他。

Mercedes AMG Petronas Formula One Team ［メルセデス］

ドライバー ── ミハエル・シューマッハー
　　　　　　　ニコ・ロズベルグ

ドイツ人コンビがともに残留。ロズベルグは中国GPで初優勝を達成。メルセデスもワークスチームとしての勝利は1955年以来、57年ぶりの快挙だった。また皇帝シューマッハーはモナコGPで復帰後、初のポールポジションタイムを記録。ヨーロッパGPでも復帰後初めて表彰台に上がる活躍を見せたが、日本GPでこの年限りでのF1引退を表明した。直前にノンエグゼクティブチェアマンに就任したニキ・ラウダがハミルトンの獲得を発表し、なかば追い出されるかたちでの引退だった。エンジンはメルセデス・ベンツFO108Z。メルセデス・ベンツ製7速セミオートマチックギヤボックス。メルセデス・ベンツ製KERS搭載。スポンサーはペトロナス／aabar／MIG銀行／他。

⑦ ミハエル・シューマッハー
Michael Schumacher・GER・43歳

⑧ ニコ・ロズベルグ
Nico Rosberg・GER・26歳

Lotus F1 Team ［ロータス・ルノー］

ドライバー ── キミ・ライコネン
　　　　　　　ロマン・グロージャン
　　　　　　　ジェローム・ダンブロジオ

ライコネンが3年ぶりにF1に復帰。GP2王者のグロージャンとコンビを組む。2年間のブランクがあったライコネンだが、開幕戦から入賞を果たし、アブダビGPでは復帰後初優勝を飾る活躍を披露。20戦中19戦で入賞という安定した走りで、ランキング3位を獲得した。対照的にグロージャンは速さはあるが、スタート直後にアクシデントを引き起こすことが多く、ベルギーGP後に出場停止処分を受けるなど不安定な1年となった。代役として、ダンブロジオがイタリアGPに出走している。エンジンはルノーRS27-2012。ロータス製7速セミオートマチックギヤボックス。ルノー製KERS搭載。スポンサーはトタル／CLEAR／マイクロソフト／他。

⑨ キミ・ライコネン
Kimi Raikkonen・FIN・32歳

⑩ ロマン・グロージャン
Romain Grosjean・FRA・25歳

⑩ ジェローム・ダンブロジオ
Jerome dambrosio・BEL・26歳

Sahara Force India Formula One Team ［フォース・インディア・メルセデス］

ドライバー ── ポール・ディ・レスタ
　　　　　　　ニコ・ヒュルケンベルグ

2年目のディ・レスタとサードドライバーから昇格したヒュルケンベルグの新コンビ。リタイアはディ・レスタが1回、ヒュルケンベルグが2回という超安定したコンビによって、着実にポイントを重ね、年間獲得ポイントはついに100点を超えた。終盤のブラジルGPではヒュルケンベルグが一時トップを走行する活躍を見せている。エンジンはメルセデス・ベンツFO108Z。マクラーレン製7速セミオートマチックギヤボックス。メルセデス・ベンツ製KERS。スポンサーはホワイト＆マッカイ／キングフィッシャー／AETHRA／他。

⑪ ポール・ディ・レスタ
Paul Di Resta・GBR・25歳

⑫ ニコ・ヒュルケンベルグ
Nico Hulkenberg・GER・24歳

⑪⑫ ジュール・ビアンキ
Jules Bianchi
FRA・22歳

Sauber F1 Team ［ザウバー・フェラーリ］

⑭ 小林可夢偉
Kamui Kobayashi・JPN・25歳

⑮ セルジオ・ペレス
Sergio Perez・MEX・22歳

⑮ エステバン・グティエレス
Esteban Gutierrez
MEX・20歳

ドライバー ── 小林可夢偉
　　　　　　　セルジオ・ペレス
可夢偉＆ペレスのコンビが2年目に突入。前年は可夢偉がエース格だったが、序盤のマレーシアGPでペレスが表彰台に上がると、ふたりの立場が微妙に変わっていく。ペレスはカナダGPとイタリアGPでも表彰台に立って、エースの座を実力で可夢偉から奪取。可夢偉はアンラッキーなレースが続いたものの、母国グランプリで見事に初表彰台を獲得。日本人として2004年アメリカGPの佐藤琢磨以来、8年ぶりの登壇となった。ジェームス・キーとチーフデザイナーのマット・モリスが手がけたC31は、コアンダ効果を利用して排気をフロアへ流すユニークなシステムを採用。元ミシュランのピエール・ワシェがタイヤを担当した。エンジンはフェラーリ・ティーポ056。フェラーリ製7速セミオートマチックギヤボックス。フェラーリ製KERS。スポンサーはClaro／NEC／telcel／他。

Scuderia Toro Rosso ［トロロッソ・フェラーリ］

⑯ ダニエル・リカルド
Daniel Ricciardo・AUS・22歳

⑰ ジャン-エリック・ベルニュ
Jean-Eric Vergne・FRA・21歳

ドライバー ── ダニエル・リカルド
　　　　　　　ジャン-エリック・ベルニュ
前年、HRTからF1にデビューしたリカルドが移籍し、ルーキーのベルニュというイギリスF3王者ペア。だが、テクニカルディレクターのジョルジョ・アスカネリが手がけたSTR7は戦闘力が低く、シーズンなかばにアスカネリは離脱。元ザウバーのジェームス・キーが加入した。エンジンはフェラーリ・ティーポ056。フェラーリ製7速セミオートマチックギヤボックス。フェラーリ製KERS。スポンサーはセプサ／SIEMENS／NOVAケミカルズ／他。

Williams F1 Team ［ウイリアムズ・ルノー］

⑱ パストール・マルドナド
Pastor Maldonado・VEN・27歳

⑲ ブルーノ・セナ
Bruno Senna・BRA・28歳

⑲ バルテリ・ボッタス
Valtteri Bottas
FIN・22歳

ドライバー ── パストール・マルドナド
　　　　　　　ブルーノ・セナ
マルドナドが残留し、引退したルーベンス・バリチェロの代わりに同胞のセナが加入。2年目のマルドナドはスペインGPでウイリアムズに8シーズンぶりの優勝をプレゼント。セナは合計10回入賞する安定した走りを披露。技術陣はチーム創設時から統率してきたパトリック・ヘッドが引退し、大きく刷新。経営陣もフランク・ウイリアムズがチーム代表として残ったが、取締役からは退き、長女のクレアが副代表に昇格するなど、変革の1年となった。エンジンはコスワースからルノーにスイッチ。15年ぶりにウイリアムズ・ルノーが復活。ウイリアムズ製7速セミオートマチックギヤボックス。ウイリアムズ製KERS搭載。スポンサーはPDVSA／ランスタッド／エンブラテル／ジレット／他。

Caterham F1 Team ［ケータハム・ルノー］

ドライバー ── ヘイキ・コバライネン
　　　　　　　ビタリー・ペトロフ

コバライネンは残留するも、ヤルノ・トゥルーリは開幕直前にシートを失い、ペトロフに変更となった。ペトロフは最終戦アブダビGPで11位完走を果たし、マルシャからコンストラクターズ選手権10位の座をもぎ獲る殊勲を挙げた。チーム体制は大きく変更され、名称はロータスからケータハム、チーム代表もトニー・フェルナンデスからルノーのシリル・アビテブルに交代。テクニカルディレクターもシーズン途中でマイク・ガスコインに代わり、マーク・スミスが就任した。エンジンはルノーRS27-2012。レッドブル製7速セミオートマチックギヤボックス。チーム初のKERSはレッドブル製。スポンサーはGE／DELL／エアバス／他。

⑳ ヘイキ・コバライネン
Heikki Kovalainen・FIN・30歳

㉑ ビタリー・ペトロフ
Vitaly Petrov・RUS・27歳

⑳ アレクサンダー・ロッシ
Alexander Rossi
USA・20歳

⑳㉑ ギド・バン・デル・ガルデ
Giedo van der Garde
NED・26歳

HRT Formula One Team ［HRT・コスワース］

ドライバー ── ペドロ・デ・ラ・ロサ
　　　　　　　ナレイン・カーティケヤン

デ・ラ・ロサが2年ぶりにレギュラーに復帰。スペインチームに、スペイン人ドライバーが乗ることとなった。チームメイトは前年途中でシートを明け渡していたカーティケヤンが復帰。コリン・コレスに代わって、ルイス・ペレス＝サラがチームの新代表に就任した。シーズン開幕直前にテクニカルディレクターのジャッキー・エッケラートが解任され、マシンの開発が進まず、一度も入賞できないまま、この年限りでF1から撤退。3年間の短い戦いに終止符を打った。エンジンはコスワースCA2012。ウイリアムズ7速セミオートマチックギヤボックス。KERSは非搭載。スポンサーはTATA／Tetley／他。

㉒ ペドロ・デ・ラ・ロサ
Pedro de la Rosa・ESP・41歳

㉓ ナレイン・カーティケヤン
Narain Karthikeyan・IND・35歳

㉓ ダニ・クロス
Dani Clos
ESP・20歳

㉓ マ・キンファ
Ma Qing Hua
CHN・25歳

Marussia F1 Team ［マルシャ・コスワース］

ドライバー ── ティモ・グロック
　　　　　　　シャルル・ピック

残留したグロックと新人ピックの組み合わせ。チーム名からヴァージンが消え、マルシャF1チームと改名。技術陣もニック・ワースとの提携を終了し、技術顧問としてパット・シモンズを招聘し、CFDだけでマシンを設計する手法を変えた。最終戦アブダビGPでケータハムに逆転され、コンストラクターズ選手権10位の座を逃したものの、3年目にして最下位からの脱出に成功している。エンジンはコスワースCA2012。X-TRAC製7速セミオートマチックギヤボックス。KERSは非搭載。スポンサーはマルシャ／QNET／CNBC／他。

㉔ ティモ・グロック
Timo Glock・GER・30歳

㉕ シャルル・ピック
Charles Pic・FRA・22歳

㉕ マックス・チルトン
Max Chilton
BRI・20歳

2012 ドライバーズ・ポイント

順位	ド ラ イ バ ー	国籍	マ シ ン	タイヤ
1	セバスチャン・ベッテル	GER	レッドブルRB8・ルノー	PI
2	フェルナンド・アロンソ	ESP	フェラーリF2012	PI
3	キミ・ライコネン	FIN	ロータスE20・ルノー	PI
4	ルイス・ハミルトン	GBR	マクラーレンMP4-27A・メルセデス	PI
5	ジェンソン・バトン	GBR	マクラーレンMP4-27A・メルセデス	PI
6	マーク・ウェーバー	AUS	レッドブルRB8・ルノー	PI
7	フェリペ・マッサ	BRA	フェラーリF2012	PI
8	ロマン・グロージャン	FRA	ロータスE20・ルノー	PI
9	ニコ・ロズベルグ	GER	メルセデスF1 W03	PI
10	セルジオ・ペレス	MEX	ザウバーC31・フェラーリ	PI
11	ニコ・ヒュルケンベルグ	GER	フォース・インディアVJM05・メルセデス	PI
12	小林可夢偉	JPN	ザウバーC31・フェラーリ	PI
13	ミハエル・シューマッハー	GER	メルセデスF1 W03	PI
14	ポール・ディ・レスタ	GBR	フォース・インディアVJM05・メルセデス	PI
15	パストール・マルドナド	VEN	ウイリアムズFW34・ルノー	PI
16	ブルーノ・セナ	BRA	ウイリアムズFW34・ルノー	PI
17	ジャン-エリック・ベルニュ	FRA	トロロッソSTR7・フェラーリ	PI
18	ダニエル・リカルド	AUS	トロロッソSTR7・フェラーリ	PI
	ビタリー・ペトロフ	RUS	ケータハムCT01・ルノー	PI
	ティモ・グロック	GER	マルシャMR01・コスワース	PI
	シャルル・ピック	FRA	マルシャMR01・コスワース	PI
	ヘイキ・コバライネン	FIN	ケータハムCT01・ルノー	PI
	ジェローム・ダンブロジオ	BEL	ロータスE20・ルノー	PI
	ナレイン・カーティケヤン	IND	HRT F112・コスワース	PI
	ペドロ・デ・ラ・ロサ	ESP	HRT F112・コスワース	PI
	バルテリ・ボッタス	FIN	ウイリアムズFW34・ルノー	PI
	ジュール・ビアンキ	FRA	フォース・インディアVJM05・メルセデス	PI
	ギド・バン・デル・ガルデ	NLD	ケータハムCT01・ルノー	PI
	ダニ・クロス	ESP	HRT F112・コスワース	PI
	アレクサンダー・ロッシ	USA	ケータハムCT01・ルノー	PI
	マ・キンファ	CHN	HRT F112・コスワース	PI
	エステバン・グティエレス	MEX	ザウバーC31・フェラーリ	PI
	マックス・チルトン	GBR	マルシャMR01・コスワース	PI

得点は各戦上位10位までに25-18-15-12-10-8-6-4-2-1の各点
タイヤ欄の略号はPI=ピレリ。結果欄は、左より、グリッド順位・決勝順位・得点(赤い数字)の順
み走行、*=予選終了後グリッドペナルティを受けた後の順位

2012 コンストラクターズ・ポイント

1	レッドブル・ルノー	V8	S.ベッテル/M.ウェーバー	PI
2	フェラーリ	V8	F.アロンソ/F.マッサ	PI
3	マクラーレン・メルセデス	V8	L.ハミルトン/J.バトン	PI
4	ロータス・ルノー	V8	K.ライコネン/R.グロージャン/J.ダンブロジオ	PI
5	メルセデス	V8	N.ロズベルグ/M.シューマッハー	PI
6	ザウバー・フェラーリ	V8	S.ペレス/小林可夢偉	PI
7	フォース・インディア・メルセデス	V8	N.ヒュルケンベルグ/P.ディ・レスタ	PI
8	ウイリアムズ・ルノー	V8	P.マルドナド/B.セナ	PI
9	トロロッソ・フェラーリ	V8	J-E.ベルニュ/D.リカルド	PI
	HRT・コスワース	V8	N.カーティケヤン/P.デ・ラ・ロサ	PI
	マルシャ・コスワース	V8	T.グロック/C.ピック	PI
	ケータハム・ルノー	V8	V.ペトロフ/H.コバライネン	PI

結果欄の上段は完走車の順位、下段（赤い数字）は得点

2012

ドライバー・ランキング

❶ 3/18 オーストラリア(メルボルン)	❷ 3/25 マレーシア(セパン)	❸ 4/15 中国(上海)	❹ 4/22 バーレーン(サクヒール)	❺ 5/13 スペイン(カタルーニャ)	❻ 5/27 モナコ(モンテカルロ)	❼ 6/10 カナダ(モントリオール)	❽ 6/24 ヨーロッパ(バレンシア)	❾ 7/8 イギリス(シルバーストン)	❿ 7/22 ドイツ(ホッケンハイム)	⓫ 7/29 ハンガリー(ハンガロリンク)	⓬ 9/2 ベルギー(スパ・フランコルシャン)	⓭ 9/9 イタリア(モンツァ)	⓮ 9/23 シンガポール(シンガポール)	⓯ 10/7 日本(鈴鹿)	⓰ 10/14 韓国(霊岩)	⓱ 10/28 インド(ニューデリー)	⓲ 11/4 アブダビ(ヤス・マリーナ)	⓳ 11/25 アメリカ合衆国(オースティン)	⓴ 11/25 ブラジル(インテルラゴス)	総得点	優勝回数	ポールポジション回数	最速ラップ回数	決勝出走回数	予選のみ出走回数
6 2 18	5 11	11 5 10	1 1 25	7 6 8	9 4 12	1 4 12	1 R	4 3 15	2 5 10	3 4 12	2 1 25	5 22	3 1 25	1 1 25	2 1 25	1 1 25	*24 3 15	1 2 18	4 6 8	281	5	6	6	20	-
12 5 10	8 1 25	9 9 2	9 7 6	2 2 18	5 3 15	3 2 18	11 1 25	1 2 18	1 1 25	1 1 25	1 2 18	6 R	10 3 15	5 3 15	6 R	4 3 15	1 2 18	7 3 15	7 2 18	278	3	2	-	20	-
17 7 6	*10 5 10	4 14	11 2 18	4 3 15	8 9 2	12 8 4	5 2 18	6 5 10	10 3 15	5 2 18	3 3 15	7 5 10	12 6 8	7 6 8	5 5 10	7 6 8	4 1 25	4 6 8	8 10 1	207	1	-	2	20	-
1 3 15	1 3 15	*7 3 15	2 8 4	*24 8 4	3 5 10	2 1 25	2 19	8 8 4	7 R	1 1 25	7 R	1 1 25	1 R	9 5 10	3 10 1	3 4 12	1 R	2 1 25	1 R	190	4	7	1	20	-
2 1 25	2 14	5 2 18	4 18	10 9 2	12 16	10 16	9 8 4	16 10 1	6 2 18	4 6 8	1 1 25	2 R	4 2 18	*8 4 12	11 R	4 5 10	5 4 12	12 5 10	2 1 25	188	3	2	2	20	-
5 4 12	4 4 12	6 4 12	3 4 12	11 11	1 1 25	4 7 6	19 4 12	2 1 25	*8 8 4	11 8 4	*12 6 8	11 20	7 9 2	1 2 18	2 3 15	2 R	3 R	3 4 12		179	2	2	1	20	-
16 R	12 15	12 13	14 9 2	16 15	7 6 8	6 10 1	13 16	5 4 12	13 12	7 9 2	14 5 10	3 4 12	13 8 4	10 2 18	4 6 8	6 6 8	8 7 6	*11 4 12	5 3 15	122	-	-	-	20	-
3 R	6 R	10 6 8	7 3 15	3 4 12	4 R	7 2 18	4 R	9 6 8	*19 18	2 3 15	8 R		8 7 6	4 19		7 R	11 9 2	9 R	18 R	96	-	-	1	19	-
7 12	7 13	1 1 25	5 5 10	6 7 6	2 2 18	5 6 8	6 6 8	11 15	*20 10 1	13 10 1	*23 11	6 7 6	10 5 10	13 R	9 R	10 11	7 R	17 13	9 15	93	1	1	2	20	-
*22 8 4	9 2 18	8 11	8 11	5 R	*23 11	15 3 15	15 9 2	15 R	*17 6 8	14 14	4 R	12 2 18	14 10 1	5 R	12 11	8 R	11 15	15 11	12 R	66	-	-	-	20	-
9 R	16 9 2	16 15	13 12	13 10 1	10 8 4	13 12	8 5 10	*14 12	4 9 2	10 11	11 4 12	24 21	11 14	*15 7 6	8 6 8	6 8 4	10 R	6 8 4	6 5 10	63	-	-	1	20	-
13 6 8	17 R	3 10 1	12 13	9 5 10	11 9 2	7 R	*17 11	12 4 12	15 18	9 10 1	13 7 6	13 R	8 9 2	17 13	3 3 15	17 14	15 6 8	16 14	14 9 2	60	-	-	-	20	-
4 R	3 10 1	2 R	*22 10 1	8 9 2	*6 R	9 R	3 7 6	3 7 6	17 R	13 7 6	6 13	14 12	13 11	14 22	10 13	13 R	12 10	13 10 1	10 19	49	-	-	-	20	-
15 10 1	14 R	10 6 8	6 14	6 12	14 7 6	8 11	10 7 6	9 11	17 R	12 R	5 15	8 13	12 8 4	15 14	9 16	3 5 10	9 9 2		*16 R	46	-	-	-	20	-
8 13	11 19	13 8 4	*21 R	24 R	*22 13	3 12	7 16	5 15	8 13	5 16	8 13	9 7 6	17 12	*6 R	*22 11	2 R	6 4 12	*16 R		45	-	-	-	20	-
14 16	13 6 8	14 7 6	15 22	17 R	13 10 1	16 17	14 10 1	13 9 2	14 17	9 7 6	7 12	13 10 1	*22 18	16 14	17 15	13 10 1	14 8 4	10 10 1	11 R	31	-	-	-	20	-
11 11	18 8 4	*24 16	17 14	14 12	16 12	19 15	18 R	*23 14	15 16	16 16	15 8 4	16 R	16 R	*19 13	16 8 4	17 12	14 R	17 8 4		16	-	-	-	20	-
10 9 2	15 12	17 17	6 15	15 R	15 R	14 14	17 11	12 13	11 13	11 13	16 9 2	15 14	16 9 2	15 9 2	*14 10 1	*21 9 2	16 10 1	18 12	15 13	10	-	-	-	20	-
19 R	19 16	19 18	18 16	18 17	18 R	18 19	20 13	18 R	18 16	20 19	19 14	18 15	18 19	22 17	18 16	19 17	20 16	21 17	19 11	0	-	-	-	20	-
20 14	20 17	20 19	23 19	21 18	19 14	21 R	ns nq	20 18	22 22	22 21	20 15	20 12	18 16	18 16	20 18	20 20	21 14	19 19	21 16	0	-	-	-	19	1
21 15	21 20	21 20	19 R	20 R	21 R	23 20	23 15	*24 19	20 20	20 20	23 21	17 17	21 18	21 R	*24 19	14 19	19 R	18 13	20 14	0	-	-	-	20	-
18 R	*24 18	18 23	16 17	19 16	17 13	17 18	16 14	14 14	16 19	19 17	18 R	17 14	19 15	17 15	19 17	20 18	18 13	22 18	20 14	0	-	-	-	1	
													15 13							0				1	
24 nq	23 22	23 22	24 21	23 R	22 15	24 R	22 18	22 21	24 23	24 R	24 R	21 19	23 R	24 R	23 20	23 21	23 R	24 22	23 18	0	-	-	-	19	1
23 nq	22 21	22 21	20 20	22 19	20 R	20 R	21 17	21 20	23 21	23 22	21 18	23 18	*24 17	20 18	22 R	22 R	22 17	23 18	24 11	0	-	-	-	19	1
	fp		fp		fp		fp	fp	fp		fp		fp	fp	fp	fp	fp		fp						
			fp		fp				fp				fp			fp									
			fp		fp											fp									
					fp		fp		fp		fp		fp				fp		fp						
													fp				fp								
																	fp								
													fp					fp							

コンストラクター・ランキング

❶ 3/18 オーストラリア(メルボルン)	❷ 3/25 マレーシア(セパン)	❸ 4/15 中国(上海)	❹ 4/22 バーレーン(サクヒール)	❺ 5/13 スペイン(カタルーニャ)	❻ 5/27 モナコ(モンテカルロ)	❼ 6/10 カナダ(モントリオール)	❽ 6/24 ヨーロッパ(バレンシア)	❾ 7/8 イギリス(シルバーストン)	❿ 7/22 ドイツ(ホッケンハイム)	⓫ 7/29 ハンガリー(ハンガロリンク)	⓬ 9/2 ベルギー(スパ・フランコルシャン)	⓭ 9/9 イタリア(モンツァ)	⓮ 9/23 シンガポール(シンガポール)	⓯ 10/7 日本(鈴鹿)	⓰ 10/14 韓国(霊岩)	⓱ 10/28 インド(ニューデリー)	⓲ 11/4 アブダビ(ヤス・マリーナ)	⓳ 11/25 アメリカ合衆国(オースティン)	⓴ 11/25 ブラジル(インテルラゴス)	総得点	優勝回数	ポールポジション回数	最速ラップ回数	決勝出走回数	予選のみ出走回数
2+4 18+12	4+11 12	4+5 12+10	1+4 25+12	6+11 8	1+4 25+12	4+7 12+6	4 12	1+3 25+15	5+8 10+4	4+8 12+4	2+6 18+8	20+22	1+11 25	1+9 25+2	1+2 25+18	1+3 25+15	3 15	2 18	4+6 12+8	460	7	8	6	40	-
5 10	1+15 25	9+13 2	7+9 6+2	2+15 18	3+6 15+8	5+10 10+1	1+16 25	2+4 18+12	1+12 25	5+9 10+2	5 10	3+4 15+12	3+8 15+4	2 18	3+4 15+12	2+6 18+6	2+7 18+6	3+4 15+12	2+3 18+15	400	3	2	-	40	-
1+3 25+15	3+14 15	2+3 18+15	8+18 4	8+9 4+2	5 10	1+16 25	8+19 4	8+10 4+1	2 18	1+6 25+8	1 25	2 18	4+5 12+10	1 25	4 12	4+5 12+10	4 12	1+5 25+10	1 25	378	7	8	3	40	-
7 6	5 10	6+14 8	2+3 18+15	3+4 15+12	9 2	2+8 18+4	2 18	5+6 10+8	3+18 15	2+3 18+15	3 15	5+13 10	6+7 8+6	6+19 8	5+7 10+6	7+9 6+2	1 25	6+7 8+6	10 1	303	1	-	3	40	-
12	10+13 1	1 25	5+10 10+1	7 6	2 18	6 8	3+6 15+8	7+15 6	7+10 6+1	10 1	7+11 6	6+7 8+6	5 10	11	13	11+22	11	13+16 6	7+15 6	142	1	1	3	40	-
6+8 8+4	2 18	10+11 1	11+13	5 10	11	3+9 15+2	9 2	11	4+6 12+8	14+18	13	2+9 18+2	10+13 1	11	14	6+15 8	11+14 9	9 2		126	-	-	2	40	-
10 1	7+9 6+2	12+15 8	6+12 1	10+14 1	7+8 6+4	11+12	5+7 10+6	12	9+11 2	11+12	4+10 12+1	8+21 4	4+14 12	7+12 6	6+12 8	8+12 4	9	8+15 4	5+19 10	109	-	-	-	40	-
13+16 2	6+9 8	7+8 6+4	22	1 25	10 1	13+17 2	10+12 1	9+16 6	15+17	7+13 6	12	10+11 1	18	8+14 4	14+15	10+16 10+4	5+8 2+1	9+10 1		76	1	1	1	40	-
9+11 2	8+12 4	16+17	14+15	12+13	12	14+15	11	13+14	13+14	15+16	8+9 4+2	9	10+13	8+9 4+2	13+15	10+12 1	12	8+13 4		26	-	-	-	40	-
	21+22	21+22	20+21	19	15	17+18	20+21	21+23	22	18	18+19	17	18	20	21	17	21+22	17+18		0	-	-	-	38	2
14+15	17+20	19+20	19	18	14	20	15	18+19	20+22	20+21	15+16	16+17	12+16	16	18+19	19+20	14	19+20	12+16	0	-	-	-	39	1
	16+18	18+23	16+17	16+17	13	18+19	13+14	17	16+19	17+19	14+17	14+17	14+15	15+17	15+19	17+18	13+16	17+18	11+14	0	-	-	-	40	-

Drivers' Champion——Sebastian Vettel

2 0

Constructors' Champion — Red Bull Renault

1   3

無敵の"ニューウェイ・マジック"
序盤の不利も克服した
ベッテル&レッドブルが4連覇達成

2.4ℓ自然吸気V8エンジンレギュレーション最後のシーズンとなった2013年
ここまで選手権3連覇を成し遂げてきたセバスチャン・ベッテルとレッドブルが強さをキープ
序盤戦こそつまづいたが、終盤9連勝という史上タイ記録を打ち立て4連覇を成就
しかしその栄冠の背景には、ピレリタイヤのトラブルが大きな影を落としていた――

予選では速さを見せるも、なかなか勝利に結びつかなかったメルセデスはモナコGPでロズベルグがシーズン初優勝。しかし事前にピレリと極秘テストしていたことが発覚。出場停止まで問われる騒動に発展したが、結局不問とされた

第11戦ベルギーGPから最終戦ブラジルGPまで9連勝。2004年シューマッハーに並ぶ年間最多13勝を達成したベッテル。選手権4連覇はシューマッハーの5連覇に次ぐ記録。レッドブルの圧倒的な強さでNA時代は幕を閉じた

イタリアGPでの「マンマミーア」発言によりフェラーリとの関係が急速に悪化。翌シンガポールGPでメディアに囲まれるアロンソ。プレシーズンテストでの好調から一転、シーズン2勝の結果にチームの焦燥は募るばかりだった

　技術規約に大きな変更はなく、前年終盤の勢力図がそのまま持ち込まれるものと予想された2013年シーズン。選手権3連覇中のセバスチャン・ベッテルと、前年度最終戦までタイトルを争ったフェルナンド・アロンソのふたりが、相変わらずチャンピオン最有力候補と目された。
　しかし順調にスタートを切ったベッテルに比べ、アロンソは序盤から意外な苦戦を強いられた。最初の伏兵はキミ・ライコネン。いきなり開幕戦を制すると、3戦連続2位表彰台を獲得し、ランキング2番手に浮上。戦闘力を一気に増したメルセデスのニコ・ロズベルグとルイス・ハミルトンも優勝争いに絡んできた。
　その間にもベッテルは選手権首位を独走し、さらにベルギーGPから最終戦まで9連勝という快挙を成し遂げる。アロンソの夢は完全に断たれ、終わってみればベッテルが全19戦中13勝を挙げる圧巻の4連覇。あまりの強さに「これでは視聴率が取れない」と、ベッテルの地元ドイツを含め各国のテレビ局から不満の声が挙がるほどだった。

第2戦マレーシアGPではポジションキープのチーム指示を破ってベッテルがウェーバーを抜き去り強引に勝利。くすぶっていた両者の不仲は決定的なものとなり、結局、ウェーバーはこのシーズン限りでWECに転身、F1から去っていった

マレーシアGPのスタート直後にアロンソがベッテルに接触。そのダメージでフロントウイングが脱落し3周目にコースアウト。この年唯一のリタイアを喫する

開幕戦メルボルンを制したのは、前年後半の好調を維持したライコネン。その後も6度の2位入賞を含む手堅いレースを見せ、第11戦ベルギーGPでのリタイアまで、歴代1位記録となる27戦連続入賞記録を成し遂げた

ピレリ起因のアクシデント頻発 仕様変更でレッドブル優位に

この年のセバスチャン・ベッテルはシーズン19戦13勝を挙げただけでなく、イギリスGPでのギヤボックストラブルによるリタイアと2回の4位以外は、すべて表彰台に上がるという抜群の安定感を披露した。同じく圧勝だった2011年以上のポイントを獲得した。しかしベッテルの強引なレース手法は、パドックに強い波紋も巻き起こした。

その象徴的なレースが開幕第2戦のマレーシアGP。タイヤの保ちに不安を抱えていたレッドブルは、最後のタイヤ交換後はその時点での順位を2台が尊重するという取り決めをしていた。しかしベッテルはそのチームオーダーを破って終盤トップを走っていた首位マーク・ウェーバーを抜いて優勝してしまう。抜かれた直後のウェーバーは、ベッテルに向かって中指を立てて激怒した。ベッテルもレース後こそ「僕のミスだった」と謝罪したが、次戦中国GPになると「ウェーバーに優勝する資格はなかった」と発言し、ふたりの関係は完全に修復不可能な状態に。結局、ウェーバーは6月のイギリスGP直前に、F1を引退しWECに転身することを発表した。

シーズン序盤のレッドブルは、タイヤのデグラデーションに苦しむ傾向があった。そのため前半戦では、フェラーリやロータスの後塵を拝することもしばしばだった。さらに予選一発の速さでは、ルイス・ハミルトン加入で波に乗るメルセデスに圧倒されていた。

そんな勢力図が一変したのが、第8戦イギリスGPの「事件」だった。それ以降のピレリタイヤの突然の仕様変更が、レッドブルに有利に働いたのである。

この年のピレリタイヤに対しては、開幕当初から性能劣化が激し過ぎると仕様変更を求める声が出ていた。それに対し、タイヤに優しい車体特性を持つフェラーリやロータスは真っ向から反対していた。そんな議論の渦中、シルバーストンでのレースで首位を快走していたハミルトンの左リヤタイヤが激しくちぎれ飛ぶ衝撃の事故が起きたのである。

犠牲者はハミルトンだけにとどまらず、その後もフェリペ・マッサやセルジオ・ペレスら4台が次々に同じ左リヤタイヤのバーストに見舞われた。さらにレース後のチェックで、ベッテルやフェルナンド・アロンソのタイヤにもショルダーに亀裂が入るなどバースト寸前だったことが判明した。左リヤに最も負荷のかかるシルバーストンのコース特性が影響していることは明らかだったが、それにしても異常な事態だった。

ピレリは縁石によるダメージや極端に低い空気圧が原因という報告書を、後日発表した。しかし実際にはトレッドとベルトの接着方法に問題があったと言われ

シーズンの大きなターニングポイントとなったイギリスGP。トップ走行のハミルトンを含め5台がタイヤバースト。この後、ピレリはタイヤの仕様を大きく変えることになった

シューマッハー引退を受け、ロズベルグのチームメイトとしてハミルトンを受け入れたメルセデス。前年加入のノンエグゼクティブチェアマン、ラウダの指揮のもと、チームは大変革し戦闘力が向上。「先輩」ロズベルグは2勝、新加入のハミルトンは1勝を挙げ、翌年から始まる新時代へ弾みをつけた

ハミルトンを失ったマクラーレンはザウバーの新鋭ペレスを獲得。タイトルスポンサーを失う先手の意味もあっての起用だったが、不振に陥り1年で契約解消に

フェラーリ不信の煽りでマッサは乱調。シーズン最上位はスペインGPの3位1回となり、シリーズランキングも8位に。翌年からシートはライコネンのものとなった

アロンソはシーズン2勝目をスペインGPで達成。2006年以来の母国優勝だが、結局この1勝がこの年最後の勝利に。その後も手堅くポイントは重ねるが、ついにハンガリーGPで「もっといいマシンが欲しい」とチームに不満を漏らした

ている。すでに第2戦バーレーンGPの時点で、走行中にタイヤ表面が剥がれる「デラミネーション」の症状が複数のマシンに発生。スペインGPでも同じ問題が出たため、ピレリは抜本的な対策を講じようとしたが十分なテストができなかった。そのためイギリスGPには、ゴムとベルトの接着方法だけを変えたものを投入。しかしそんな暫定処置では、シルバーストンのタイヤへの高い負荷に耐えることは到底できず、次々にバーストが起きたのであった。

ピレリの発表した事故原因には異論も多かったが、それ以降のグランプリに投入するタイヤの仕様変更は全チームが受け入れた。ベルト素材をスチールから前年のケブラーに戻したのが主な変更点。これが結果的にタイヤの耐久性を向上させ、結果、レッドブルがデグラデーションに苦しむこともはるかに少なくなった。こうしてベッテルは、新仕様のタイヤが導入された初レースとなったドイツGPで、ポールスタートのハミルトンをスタート直後にかわして優勝。続くハンガリーGPではハミルトンにポール・トゥ・ウインを許すが、夏休み明けのベルギーGPから最終戦ブラジルGPまでの9戦で全戦連勝を果たす。

後半9戦のうち、予選でハミルトンにポールポジションを許したのはベルギーGPのみ。あとの8戦はベッテル6戦、

第16戦インドGPで4年連続タイトルを決めたベッテル。「頭が空っぽになった。プロスト、ファンジオ、シューマッハーに並べたなんて信じられない」と感動を表した

チームメイトのウェーバー2戦、とレッドブルが独占した。シーズン前半まで11戦中9戦においてメルセデスがポールポジションを獲っていたことを思えば、シーズン後半にレッドブルが一発の速さも挽回したのは明らかだった。

ベッテル自身の、ドライバーとしての成熟も見逃せない。後半9連勝のうち6勝は得意のポール・トゥ・ウインだった。しかし残りの3勝はスタート直後の攻防に打ち勝つ、あるいはタイヤ戦略で首位に立つなどオールラウンドな強さを発揮した。ポール・トゥ・ウインを決めたイタリアGPでは表彰台でティフォシたちから盛大なブーイングを浴びたが「彼らの思いは理解できる。むしろ光栄だよ」と受け流す余裕さえ見せた。

こうして第16戦インドGPで挙げたシーズン10勝目によって、終盤3戦を残して選手権4連覇を確定。アラン・プロストと同じ数のタイトルを獲得した。さらに残り3戦もすべて勝ち続けた結果、最終的には2位アロンソに150ポイント以上の大差をつけたのだった。

ベッテル後半戦快進撃の序章。第9戦ドイツGPで悲願の母国初優勝を果たすと、ハンガリーの3位を挟んで残りは負けなし。スタートでトップに立てばそのまま優勝とレースを圧倒し、その強さはブーイングが出るほどだった

そしてシーズン終了後のインタビューでは、生涯5回のタイトルを獲得したファン-マヌエル・ファンジオ、そして7回の記録を持つミハエル・シューマッハーを「特別な、偉大な存在」と、あらためて讃えた。

しかしそのシューマッハーはシーズン終了から約1カ月後、フランスアルプスのスキーリゾートで転倒。昏睡状態の重体に陥り、現在も闘病生活を続けている。

ラウダ（左）、ハミルトンを中心にチーム首脳がミーティング。マクラーレン生え抜きのハミルトンを引き抜くため、ラウダはあらゆる手を使ったと語ったが、後にロス・ブラウンの訪問も大きかったとハミルトンは明かしている

この年からウイリアムズの常務取締役だったウォルフ（右）がメルセデスに合流。ブラウンとのツートップ体制に。しかしブラウンは結局シーズン終了後にチームを離脱

王者ハミルトンを得てメルセデスが大躍進

コンストラクターズ選手権もレッドブルが獲得し、こちらも4連覇。そして2位にはフェラーリを僅差で抑え、メルセデスが入った。まさかここまで強くなるとは、というのが当時の関係者たちの率直な感想だった。実際、開幕前のメルセデスの評価は、フェラーリは言うまでもなく、マクラーレンやルノーよりも低かった。チーム内のイギリス vs ドイツの確執が、最大の障害になると思われたからだ。

メルセデス本社はブラウンGP完全買収後3年間は、極力口を出さずにロス・ブラウン代表の指揮に任せてきた。しかしなかなか結果が出ないことで、前年にまずニキ・ラウダをチームトップの非常勤会長に据え、続いてオーストリア人の実業家トト・ウォルフをラウダ直下のマネージングディレクターに抜擢する人事を敢行した。

しかしメルセデスは、もともとがBARで、イギリス人スタッフを中心とするチーム構成であった。ゲルマン色が一層強まることに、まずブラウン代表が反発。チーム内は開幕前からギクシャクした雰囲気で「ハミルトンはなんでわざわざ、こんなチームを選んだのか」と移籍は失敗と断定する声も少なくなかった。

ところが第2戦マレーシアGPからハミルトンが連続表彰台、第3戦中国GPではポールポジションを獲得すると、ニコ・ロズベルグも負けじとバーレーンから3戦連続ポールポジションと、序盤からいきなり速さを見せる。ロズベルグはさらにモナコとイギリスを勝利し、ハミルトンもイギリスから4戦連続ポールポジション。ハンガリーではポール・トゥ・ウインで移籍後初勝利を果たした。

しかしシーズン後半にはそれまでの勢いが失われ、フェラーリやロータスと星の潰し合い状態となった。それでも後半9戦は、日本GPでのハミルトンのリタイアを除けば毎戦ダブル入賞を続け、コン

復調著しいメルセデスを序盤3戦連続ポールポジションなどで牽引したのはワークス化初年度からチームに貢献してきたロズベルグ。だが後半失速しランキング6位に

シーズンを通してタイヤのデグラデーションに悩まされたハミルトン。予選で速さを見せても決勝でペースが続かず、その差がベッテル圧勝を許す結果に。それでもロズベルグとともに粘り強く入賞を重ね、チームを選手権2位に導く

スタントにポイントを獲得。ランキング2番手だったフェラーリをじりじりと追いつめていった。

そして第16戦インドGPでのロズベルグの2位表彰台で、ついにコンストラクターズ選手権逆転に成功。ロズベルグは次戦アブダビでも3位に入り、フェラーリに6ポイント差をつけ選手権2位確定に貢献した。この年の躍進の主因をメルセデスは「前年型の開発を早々に取りやめ、今季型に集中した成果が出た」と評価。しかしチームはシーズン終了後、ブラウン代表の離脱を発表した。

長く続くアロンソの無冠 フェラーリお家騒動に発展

1年前とは対照的に、この年のフェラーリは開幕前テストから好調だった。タイヤに優しい新車フェラーリF138の美点も、レースをさらに面白くするためにデグラデーションを強調したピレリの新タイヤに対して有利に働くと見られていた。開幕戦こそライコネンに勝利を奪われたが、アロンソは堅実に2位表彰台を獲得。第3戦中国、そして地元GPの第5戦スペインでは優勝を果たし、順調なスタートを切ったかに見えた。

しかしその後は、どうしても3勝目に届かない。フェラーリの武器となるはずだったタイヤに対する優しさはロータスが一枚上で、予選一発の速さはレッドブルにかなわない。ハミルトンが加入したメルセデスが、毎戦のように優勝争いに絡んでくるのも想定外だった。

ベルギーGPからの3連続2位表彰台でハミルトン、ライコネンらを引き離し、何とかランキング2番手の座を確保する。しかしその時には、ベッテルははるか彼方を独走するといった状態だった。

通算3度目のタイトルを獲得すべく、フェラーリに移籍して4年目。しかし現役最高のドライバーという評価にそぐわぬ獅子奮迅の活躍を見せながら、その目標は一度も達成できずにいた。移籍初年度の2010年は最終戦でのピット作戦の失敗が致命傷となって選手権3位だったベッテルに逆転を許し、翌年はマシンの戦闘力不足に泣き、12年はベッテルと再び一騎打ちを繰り広げながら、またしても最終戦での勝負に敗れた。

それでもアロンソは、それまで決してチーム批判は口にしなかった。しかしその忍耐もこのシーズン、ついに切れてしまった。フェラーリ首脳部の逆鱗に触れる発言をしでかしてしまうのだ。32歳の誕生日を翌日に控えた7月のハンガリーGP。レースは5位完走が精一杯で、選手権でも再びライコネンに抜かれて3番手に後退してしまった。そのレース直後、「誕生日プレゼントに何がほしいですか」という報道陣からの質問に、「他の人の（もっと速い）クルマ」と返答。さらに「夏休み中は何もしないで、ただ祈って過ごす」と答えたのだ。

この1カ月前にはウェーバーが引退表明しており、来季のレッドブルのシートがひとつ空くことは確実だった。アロンソのマネージャーがまさにこのハンガリーGPの週末、レッドブル側とパドックで接触している姿も目撃されていた。

アロンソの不穏な言動に、当時のフェラーリ会長ルカ・ディ・モンテゼモロは不快感を隠さなかった。それでもフェラ

問題のイタリアGP予選後、モンテゼモロと健闘を讃えあうアロンソ。結局ふたりとも、翌年のチーム大粛清によってフェラーリを去る結果となってしまった

プレシーズンテストは好調、アロンソ在籍4年目の「今年こそは」だったが、結局この年のフェラーリはスペインGP唯一の1-3フィニッシュ1回が最高リザルトにとどまった

5月、ロン・デニス、マーティン・ウィットマーシュらが来日し、日本でホンダのF1復帰とマクラーレンへのパワーユニット供給が発表された。FIA会長ジャン・トッドもコメントを発表し、ビッグネームの復帰をF1界全体で歓迎した

メルセデスのカスタマーに格下げされたマクラーレン。計7勝を挙げた前年から一変、開幕戦でバトンは予選10位、決勝9位と完全に中団に埋もれる存在に

ーリの公式サイト上の同会長のコメントは「フェラーリの過去の偉大なドライバーは皆、個人ではなくチームの目標達成を優先することを求められてきた」と、極力抑えた表現にとどめられていた。

しかし騒ぎは、それだけでは収まらなかった。9月のイタリアGPでアロンソは、フェリペ・マッサのスリップストリームを使って予選順位を上げる戦略を試みたが失敗。無線を通じて口を極めてチームの戦略を罵ってしまい、これまで彼を「最高のフェラーリドライバー」と絶賛してきたモンテゼモロ会長もついに激怒。両者の関係はこの後急速に悪化していき、翌年の離脱へと繋がっていった。

ホンダがF1復帰を表明
マクラーレン・ホンダ復活へ

メルセデスとは対照的に、ハミルトンの古巣のマクラーレンは低迷の一年を送った。開幕前にはレッドブル、フェラーリとともにチャンピオン候補の一角に上げられていたが、終わってみれば1勝も挙げられなかった。表彰台すら獲得できず、王者レッドブルには約500ポイント、メルセデス、フェラーリ、ロータスにも200ポイント前後の大差をつけられ、まさかの選手権5位に終わる大不振のシーズンとなってしまった。

マクラーレンMP4-28が致命的に戦闘力不足だったのは明らかである。しかしチームは最後までその原因をはっきり解明できず、そのため効果的な対処もできなかった。一時は前年型のMP4-27へ戻すというとんでもない話も出たほどだ。

そんななか、ザウバーから大抜擢された

バトンをエースに据え、ザウバー時代に勝負強さを発揮し表彰台経験も持つペレスを招きチーム弱体化を防ぐ目論見だったマクラーレンだが、最高位はバトンの最終戦4位、ペレスもインドGP5位と低迷。長い不振のトンネルに突入した

ペレスは、チームリーダーのジェンソン・バトンに比べ十分な速さを発揮していないと判断され、わずか一年で放出されてしまう。しかも契約打ち切りを発表したのは、シーズン終盤の11月。翌年のドライバーラインアップがほぼ決まりかけていた時期だけに「非情な決断だ」という非難も出た。

一方でマクラーレンはこの年の5月、ホンダとの提携を発表した。ホンダは2008年を最後にF1活動を休止した際「もはやF1への復帰はありえない」と「休止」ではなく「撤退」という表現を使っていた。しかしその後、ホンダ本体の経営が安定。さらに14年から導入される1.6ℓ V6ターボ・ハイブリッドの新パワーユニットが「ホンダの技術チャレンジにふさわしい」として、15年からパワーユニット供給マニュファクチャラーとしての復帰を決断した。

マクラーレンとしても、10年のメルセデスワークス復帰と反比例するようにチーム力の衰えが見え始め、優秀な技術者も流出していくばかり。有力スポンサーも離れることで成績低下が加速するという負のスパイラルに陥っていた。

それを打破するには、自動車メーカーと再びワークス契約を結ぶしかない。そこでその相手として、かつて1980〜90年代に黄金時代を築いたホンダに白羽の矢を立てたのだ。ホンダとの黄金時代再興を画策するロン・デニス代表の強いリーダーシップのもと、ホンダとの交渉はとんとん拍子に進んでいった。15年以降に露わになる大苦闘は、この時点では誰もまだ想像すらしていなかった。

ロータス、ザウバーなど
財政危機が顕在化

2008年のリーマンショックから数年が過ぎ、世界経済は立ち直りつつあった。とはいっても本格的な景気回復からはほど遠く、F1のスポンサー料、テレビ放映権収入も低迷したままだった。そのあおりをもろに受けたのが中団以下のプライベートチームで、前年末にはスペインのHRTが消滅。残った11チームにしても、ワークス系やマクラーレンなど一部のトップチームを除けば、いつ撤退してもおかしくないという状況だった。

シーズン中盤にはザウバーの財政危機が表面化。「2400万ユーロ（約31億円）を調達しなければ、最終戦まで戦えない」などと報じられた。その後、セルゲイ・シロトキンの加入を条件にロシア企業がスポンサーに名乗りを挙げたが、ロシアへの経済制裁で資金を国外に持ち出せず交渉は頓挫。チームはエステバン・グティエレスの後ろ盾であるメキシコ企業からの資金などで何とか最終戦まで参戦し続けたが、ニコ・ヒュルケンベルグへのサラリーは未払いだったと言われている。

ロータスとなると、もっと深刻だった。このシーズンはライコネンが開幕戦優勝を含む7回の表彰台を記録。前年「クラッシュキング」と非難の的だったロマン・グロージャンも生まれ変わったように表彰台に上がり続け、チームはコンストラクターズ選手権4位に躍進した。

しかし財政難によるスタッフへの給与未払いが常態化し、テクニカルディレクターのジェームズ・アリソンを始めとする優秀なエンジニアが次々に離脱。ライコネンも終盤、「まだ1ユーロも支払われてない」とギャラ事情を暴露し、翌年からはフェラーリに復帰することとなった。ロータスは資金難と人材流出の二重苦のまま。このあと2シーズン参戦し続けた末にルノーに完全買収される。一時代を築いた名門のビッグネームは、15年末についに消滅した。

ライコネンはロータスとギャラ問題で揉め移籍を決意。背中の古傷の痛み再発という理由でアメリカ、ブラジルの2戦を欠場。代役はヘイキ・コバライネンが務めた

ロータスの財政逼迫に嫌気がさしたのか、当時テクニカルディレクターを務めていたアリソン（右）は、ライコネンよりひと足早く7月末に古巣フェラーリに移籍した

やる気を失っていくライコネンに代わって台頭してきたのがグロージャン。韓国、日本、インドと3戦連続表彰台を含む2位1回、3位5回をマークするほど健闘した

ペレス離脱によりチーム存続が危ぶまれたザウバー。同じメキシコ資金でグティエレスを起用し、なんとか参戦継続。ヒュルケンベルグは賃金未払いで翌年ルノーに移籍を決断

① ② レッドブルRB9
ルノーRS27-2013 V8

③ ④ フェラーリF138
フェラーリ・ティーポ056 V8

⑨ ⑩ メルセデスF1 W04
メルセデス・ベンツFO108F V8

⑪ ⑫ ザウバーC32
フェラーリ・ティーポ056 V8

⑱ ⑲ トロロッソSTR8
フェラーリ・ティーポ056 V8

⑳ ㉑ ケータハムCT03
ルノーRS27-2013 V8

⑤ ⑥ マクラーレンMP4-28A
メルセデス・ベンツFO108F V8

⑦ ⑧ ロータスE21
ルノーRS27-2013 V8

⑭ ⑮ フォース・インディアVJM06
メルセデス・ベンツFO108F V8

⑯ ⑰ ウイリアムズFW35
ルノーRS27-2013 V8

㉒ ㉓ マルシャMR02
コスワースCA2013 V8

Infiniti Red Bull Racing ［レッドブル・ルノー］

① セバスチャン・ベッテル
Sebastian Vettel・GER・25歳

② マーク・ウェーバー
Mark Webber・AUS・36歳

ドライバー ── セバスチャン・ベッテル
　　　　　　　マーク・ウェーバー
この年限りで契約が切れるベッテルはシーズン中盤に契約を延長。一方、1年契約を延長してシーズンを戦っていたウェーバーはこの年限りでチームを離脱し、F1からWECへ転身する決断を下した。レッドブルRB9はエキゾーストブローイングを高度に進化させ、ルノーRS27-2013エンジンとのマッチングにも優れていた。だが、この年ピレリがエンターテイメント性を上げるためにあえてデグラデーションを大きくしたタイヤをレースでうまく使うことができず、前半戦は苦しい戦いを強いられた。エンジンはルノーRS27-2013。レッドブル製7速セミオートマチックギヤボックス。マニエッティ・マレッリとの共同開発によるレッドブル製KERS。スポンサーはインフィニティ／トタル／GEOX／他。

Scuderia Ferrari ［フェラーリ］

③ フェルナンド・アロンソ
Fernando Alonso・ESP・31歳

④ フェリペ・マッサ
Felipe Massa・BRA・31歳

ドライバー ── フェルナンド・アロンソ
　　　　　　　フェリペ・マッサ
アロンソは前年に長期契約を締結。マッサは前年末に1年だけ契約を延長した。F138は前年フロントサスペンションに採用したプルロッドを継続。元ブリヂストンの浜島裕英もビークル＆タイヤ・インタラクション・デベロップディレクターとして2年目に入り、ピレリが投入したデグラデーションの大きいタイヤへも上手に対応。序盤にアロンソが2勝を挙げ、タイトル争いをリードする。しかし、ピレリにタイヤ問題が発生し、デグラデーションが小さいタイヤに変更されると失速した。エンジンはフェラーリ・ティーポ056。フェラーリ製7速セミオートマチックギヤボックス。フェラーリ製KERS。スポンサーはサンタンデール／シェル／UPS／他。

Vodafone McLaren Mercedes ［マクラーレン・メルセデス］

⑤ ジェンソン・バトン
Jenson Button・GER・33歳

⑥ セルジオ・ペレス
Sergio Perez・MEX・23歳

ドライバー ── ジェンソン・バトン
　　　　　　　セルジオ・ペレス
チーム4年目のバトンとザウバーから移籍してきたペレスの新しい組み合わせ。開幕前にパディ・ロウがメルセデスへ移籍するため、チームを離脱。ティム・ゴスが新しいテクニカルディレクターに任命される。フロントサスペンションにプルロッドを採用し、ローノーズからハイノーズへと空力のコンセプトを一新するなど大胆な変更を施したMP4-28Aにチームは翻弄され、1980年以来の表彰台なしという苦汁をなめる結果に終わった。エンジンはメルセデス・ベンツFO108F。マクラーレン製7速セミオートマチックギヤボックス。メルセデス・ベンツ製KERS。スポンサーはボーダフォン／エクソン・モービル／BOSS／他。

LOTUS F1 Team ［ロータス・ルノー］

ドライバー ── キミ・ライコネン
　　　　　　　ロマン・グロージャン
ライコネンとグロージャンがともに残留。開幕戦でライコネンが優勝し、好調なスタートを切ったが、シーズン序盤にテクニカルディレクターのジェームス・アリソンがチームを離脱。チームの財政難が表面化した中盤戦以降は失速していった。終盤はチームと契約金の未払い問題が発生したライコネンがレースを欠場（直接の欠場理由は背中の手術）。終盤2戦はコバライネンが代役を果たす。対照的にグロージャンは持ち前の速さに安定感が加わり、チームのエース格へと成長した。エンジンはルノーRS27-2013。ロータス製7速セミオートマチックギヤボックス。ルノー製KERS搭載。スポンサーはトタル／CLEAR／リシャール・ミル／他。

⑦ キミ・ライコネン
Kimi Raikkonen・FIN・33歳

⑧ ロマン・グロージャン
Romain Grosjean・FRA・26歳

⑦ ヘイキ・コバライネン
Heikki Kovalainen
FIN・31歳

Mercedes AMG Petronas Formula One Team ［メルセデス］

ドライバー ── ニコ・ロズベルグ
　　　　　　　ルイス・ハミルトン
残留したロズベルグとマクラーレンから移籍してきたハミルトンのコンビ。チーム代表は引き続きロス・ブラウンが務めていたが、チームの実権は前年にノンエグゼクティブチェアマンに就任したニキ・ラウダとメルセデスのモータースポーツ部門責任者を務めるトト・ウォルフが握り、シーズン終了後にブラウンのメルセデス離脱が発表された。エンジンはメルセデス・ベンツFO108F。メルセデス・ベンツ製7速セミオートマチックギヤボックス。メルセデス・ベンツ製KERS搭載。スポンサーはペトロナス／ブラックベリー／MIG銀行／他。

⑨ ニコ・ロズベルグ
Nico Rosberg・GER・27歳

⑩ ルイス・ハミルトン
Lewis Hamilton・GBR・28歳

Sauber F1 Team ［ザウバー・フェラーリ］

ドライバー ── ニコ・ヒュルケンベルグ
　　　　　　　エステバン・グティエレス
ヒュルケンベルグがフォース・インディアから移籍し、リザーブドライバーだったグティエレスがレギュラーに昇格。しかし、シーズン中にチーフデザイナーのマット・モリスがマクラーレンへ移籍。元ミシュランのエンジニアでザウバーのビークルダイナミクスを担当していたピエール・ワシェもほぼ同時期にレッドブルに移籍するなど、技術部門が弱体化したため、コンストラクターズポイントは前年の半分以下にとどまる。エンジンはフェラーリ・ティーポ056。フェラーリ製7速セミオートマチックギヤボックス。フェラーリ製KERS。スポンサーはClaro／NEC／CERTINA／他。

⑪ ニコ・ヒュルケンベルグ
Nico Hulkenberg・GER・25歳

⑫ エステバン・グティエレス
Esteban Gutierrez・MEX・21歳

Sahara Force India F1 Team ［フォース・インディア・メルセデス］

⑭ ポール・ディ・レスタ
Paul Di Resta・GBR・26歳

⑮ エイドリアン・スーティル
Adrian Sutil・GER・30歳

⑭⑮ ジェームス・カラド
James Calado
GBR・24歳

ドライバー ── ポール・ディ・レスタ
　　　　　　　エイドリアン・スーティル
残留したディ・レスタに2年ぶりにカムバックしてきたスーティルのコンビは2011年と同じ。ディ・レスタ9回、スーティル8回という入賞回数もほぼ11年と同じでコンストラクターズ選手権も11年以来の6位に復帰した。マクラーレンとのテクニカルリレーションシップ契約はこの年が最後となり、ハイドロ系などを新たに開発しなければならなくなったチームは早い段階から翌年のマシンの開発に着手する。エンジンはメルセデス・ベンツFO108F。マクラーレン製7速セミオートマチックギヤボックス。メルセデス・ベンツ製KERS。スポンサーはホワイト＆マッカイ／キングフィッシャー／メディオン／他。

Williams F1 Team ［ウイリアムズ・ルノー］

⑯ パストール・マルドナド
Pastor Maldonado・VEN・28歳

⑰ バルテリ・ボッタス
Valtteri Bottas・FIN・23歳

ドライバー ── パストール・マルドナド
　　　　　　　バルテリ・ボッタス
残留したマルドナドと、2011年のGP3王者で12年にリザーブドライバーとしてフリー走行を何度か経験していたボッタスとのコンビ。しかし、テクニカルディレクターのマイク・コフランが開発したFW35は不振を極め、チーム代表代理を務めるクレア・ウイリアムズは7月にコフランを解任。マルシャでアドバイザーを務めていたパット・シモンズをチーフテクニカルオフィサーとして迎え入れ、技術部門のテコ入れに動いたが、時すでに遅く、コンストラクターズポイントは11年と並ぶ5点にとどまる。エンジンはルノーRS27-2013。ウイリアムズ製7速セミオートマチックギヤボックス。ウイリアムズ製KERS搭載。スポンサーはPDVSA／ランスタッド／ORIS／他。

Scuderia Toro Rosso ［トロロッソ・フェラーリ］

⑱ ジャン・エリック・ベルニュ
Jean-Eric Vergne・FRA・22歳

⑲ ダニエル・リカルド
Daniel Ricciardo・AUS・23歳

⑱⑲ ダニール・クビアト
Daniil Kvyat
RUS・19歳

ドライバー ── ジャン・エリック・ベルニュ
　　　　　　　ダニエル・リカルド
前年に引き続きリカルドとベルニュのペア。2年連続でチームメイトを上まわる数の入賞を獲得したリカルドが、シーズン中盤にWECへの転向を発表したウェーバーに代わって、14年からレッドブルへ昇格することになった。前年にテクニカルディレクターとして加入したジェームス・キーによるSTR8は、堅実な出来で前年を上まわる成績を残した。エンジンはフェラーリ・ティーポ056。トロロッソ製7速セミオートマチックギヤボックス。フェラーリ製KERS。スポンサーはセプサ／FALCON／NOVAケミカルズ／他。

Caterham F1 Team ［ケータハム・ルノー］

ドライバー ── シャルル・ピック
　　　　　　　ギド・バン・デル・ガルデ
前年のリザーブドライバーからレギュラーに昇格したバン・デル・ガルデとマルシャから移籍してきたピックのラインアップ。前年の途中からテクニカルディレクターに就いたマーク・スミスだが、強力なリーダーシップを発揮できず、CT03も失敗作に終わり、コンストラクターズ選手権で2011年以来、最下位へ転落。エンジンはルノーRS27-2013。レッドブル製7速セミオートマチックギヤボックス。レッドブル製KERS。スポンサーはGE／マクレガー／エアバス／他。

⑳ シャルル・ピック
Charles Pic・FRA・23歳

㉑ ギド・バン・デル・ガルデ
Giedo Van Der Garde・NED・27歳

⑳ マ・キンファ
Ma Qing Hua
CHN・26歳

⑳㉑ ヘイキ・コバライネン
Heikki Kovalainen
FIN・31歳

⑳ アレクサンダー・ロッシ
Alexander Rossi
USA・21歳

Marussia F1 Team ［マルシャ・コスワース］

ドライバー ── ジュール・ビアンキ
　　　　　　　マックス・チルトン
ヤングドライバープログラムの一員だったチルトンとフェラーリ・ドライバー・アカデミーの初代出身ドライバーであるビアンキのダブルルーキーという組み合わせ。前年、技術顧問となったパット・シモンズによるMR02は、堅実な走りを披露。チルトンが全19戦をすべて完走したほどだった。ビアンキはマレーシアGPで13位完走を果たし、コンストラクターズ選手権でケータハムを上まわり、再び10位の座を手にした。エンジンはコスワースCA2012。X-TRAC製7速セミオートマチックギヤボックス。ウイリアムズ製KERS搭載。スポンサーはマルシャ／Bifold／ROYALS／他。

㉒ ジュール・ビアンキ
Jules Bianchi・FRA・23歳

㉓ マックス・チルトン
Max Chilton・GBR・21歳

㉒㉓ ロドルフォ・ゴンザレス
Rodolfo Gonzales
VEN・26歳

2013 ドライバーズ・ポイント

順位	ドライバー	国籍	マシン	タイヤ
1	セバスチャン・ベッテル	GER	レッドブルRB9・ルノー	PI
2	フェルナンド・アロンソ	ESP	フェラーリF138	PI
3	マーク・ウェーバー	AUS	レッドブルRB9・ルノー	PI
4	ルイス・ハミルトン	GBR	メルセデスF1 W04	PI
5	キミ・ライコネン	FIN	ロータスE21・ルノー	PI
6	ニコ・ロズベルグ	GER	メルセデスF1 W04	PI
7	ロマン・グロージャン	FRA	ロータスE21・ルノー	PI
8	フェリペ・マッサ	BRA	フェラーリF138	PI
9	ジェンソン・バトン	GBR	マクラーレンMP4-28A・メルセデス	PI
10	ニコ・ヒュルケンベルグ	GER	ザウバーC32・フェラーリ	PI
11	セルジオ・ペレス	MEX	マクラーレンMP4-28A・メルセデス	PI
12	ポール・ディ・レスタ	GBR	フォース・インディアVJM06・メルセデス	PI
13	エイドリアン・スーティル	GER	フォース・インディアVJM06・メルセデス	PI
14	ダニエル・リカルド	AUS	トロロッソSTR8・フェラーリ	PI
15	ジャン-エリック・ベルニュ	FRA	トロロッソSTR8・フェラーリ	PI
16	エステバン・グティエレス	MEX	ザウバーC32・フェラーリ	PI
17	バルテリ・ボッタス	FIN	ウイリアムズFW35・ルノー	PI
18	パストール・マルドナド	VEN	ウイリアムズFW35・ルノー	PI
	ジュール・ビアンキ	FRA	マルシャMR02・コスワース	PI
	シャルル・ピック	FRA	ケータハムCT03・ルノー	PI
	ヘイキ・コバライネン	FIN	ケータハムCT03・ルノー／ロータスE21・ルノー	PI
	ギド・バン・デル・ガルデ	NLD	ケータハムCT03・ルノー	PI
	マックス・チルトン	GBR	マルシャMR02・コスワース	PI
	ジェイムズ・カラド	GBR	フォース・インディアVJM06・メルセデス	PI
	ロドルフォ・ゴンザレス	VEN	マルシャMR02・コスワース	PI
	ダニール・クビアト	RUS	トロロッソSTR8・フェラーリ	PI
	マ・キンファ	CHN	ケータハムCT03・ルノー	PI
	アレクサンダー・ロッシ	USA	ケータハムCT03・ルノー	PI

得点は各戦上位10位までに25-18-15-12-10-8-6-4-2-1の各点
タイヤ欄の略号はPI=ピレリ。結果欄は、左より、グリッド順位・決勝順位・得点（赤い数字）の順
結果欄の略号は、nc=最後まで走行していたが規定完走周回数不足により順位なし、R=リタイア、dq=失格、ns=予選通過タイムを出したが決勝出走せず、
fp=金曜最初のプラクティスのみ走行、*=予選終了後グリッドペナルティを受けた後の順位

2013 コンストラクターズ・ポイント

順位				タイヤ
1	レッドブル・ルノー	V8	S.ベッテル／M.ウェーバー	PI
2	メルセデス	V8	L.ハミルトン／N.ロズベルグ	PI
3	フェラーリ	V8	F.アロンソ／F.マッサ	PI
4	ロータス・ルノー	V8	K.ライコネン／R.グロージャン／H.コバライネン	PI
5	マクラーレン・メルセデス	V8	J.バトン／S.ペレス	PI
6	フォース・インディア・メルセデス	V8	P.ディ・レスタ／A.スーティル	PI
7	ザウバー・フェラーリ	V8	N.ヒュルケンベルグ／E.グティエレス	PI
8	トロロッソ・フェラーリ	V8	D.リカルド／J-E.ベルニュ	PI
9	ウイリアムズ・ルノー	V8	V.ボッタス／P.マルドナド	PI
	マルシャ・コスワース	V8	J.ビアンキ／M.チルトン	PI
	ケータハム・ルノー	V8	C.ピック／G.バン・デル・ガルデ	PI

結果欄の上段は完走車の順位、下段（赤い数字）は得点

2013

ドライバー

	❶ 3/17 オーストラリア[メルボルン]	❷ 3/24 マレーシア[セパン]	❸ 4/14 中国[上海]	❹ 4/21 バーレーン[サクヒール]	❺ 5/12 スペイン[カタルーニャ]	❻ 5/26 モナコ[モンテカルロ]	❼ 6/9 カナダ[モントリオール]	❽ 6/30 イギリス[シルバーストン]	❾ 7/7 ドイツ[ニュルブルクリンク]	❿ 7/28 ハンガリー[ハンガロリンク]	⓫ 8/25 ベルギー[スパ・フランコルシャン]	⓬ 9/8 イタリア[モンツァ]	⓭ 9/22 シンガポール[シンガポール]	⓮ 10/6 韓国[霊岩]	⓯ 10/13 日本[鈴鹿]	⓰ 10/27 インド[ニューデリー]	⓱ 11/3 アブダビ[ヤス・マリーナ]	⓲ 11/17 アメリカ合衆国[オースティン]	⓳ 11/24 ブラジル[インテルラゴス]	総得点	優勝回数	ポールポジション回数	最速ラップ回数	決勝出走回数	予選のみ出走回数
	1 3 15	1 1 25	9 4 12	2 1 25	3 4 12	3 2 18	1 1 25	3 R	2 1 25	2 3 15	2 1 25	1 1 25	1 1 25	1 1 25	2 1 25	1 1 25	2 1 25	1 1 25	1 1 25	397	13	9	7	19	-
	5 2 18	3 R	3 1 25	3 8 4	5 1 25	6 7 6	6 2 18	9 3 15	8 4 12	5 5 10	9 2 18	5 2 18	7 2 18	5 6 8	8 4 12	8 11	10 5 10	6 5 10	3 3 15	242	2	-	2	19	-
	2 6 8	5 2 18	*22 R	*7 7 6	7 5 10	4 3 15	5 4 12	4 2 18	3 7 6	10 4 12	3 5 10	2 3 15	4 15	*13 R	1 2 18	4 R	1 2 18	2 3 15	4 2 18	199	-	2	5	19	-
	3 5 10	4 3 15	1 3 15	*9 5 10	2 12	5 4 12	2 3 15	1 4 12	1 5 10	1 1 25	1 3 15	12 9	2 5 10	2 5 10	2 5 10	3 R	3 6 8	4 7 6	5 9 2	189	1	5	1	19	-
	7 1 25	10 7 6	2 2 18	8 2 18	4 2 18	5 10 1	*10 9 2	8 5 10	4 2 18	6 2 18	8 R	11 11	13 3 15	9 2 18	9 5 10	6 7 6	*22 R			183	1	-	2	17	-
	6 R	6 4 12	4 R	1 9 2	1 6 8	1 1 25	4 5 10	2 1 25	11 9 2	4 19	4 4 12	6 6 8	2 4 12	4 7 6	6 8 4	2 2 18	3 3 15	12 9 2	2 5 10	171	2	3	-	19	-
	8 10 1	11 6 8	6 9 2	11 3 15	6 R	13 R	*22 13	7 19	5 3 15	3 6 8	7 8 4	13 8 4	3 R	3 3 15	4 3 15	17 3 15	6 4 12	3 2 18	6 R	132	-	-	-	19	-
	4 4 12	2 5 10	5 6 8	4 15	*9 3 15	*21 R	16 8 4	11 6 8	7 R	10 7 6	4 4 12	6 6 8	6 9 2	5 10 1	4 5 12	7 8 4	13 12	9 7 6	7 6	112	-	-	-	19	-
	10 9 2	7 17	8 5 10	10 10 1	14 8 4	9 6 8	4 16	12 13	10 13	9 6 8	13 7 6	7 4 12	9 10 1	8 7 6	11 8 4	10 9 2	10 14	*15 10 1	*14 4 12	73	-	-	1	19	-
	11 11	12 8 4	10 10 1	14 12	15 15	11 11	9 R	14 10	14 10 10	13 20	13 8 4	9 9 2	13 11	3 5 10	8 12	14 8 4	10 10 1	11 15	9 5 10	51	-	-	-	19	-
	15 11	9 9	12 11	12 6 8	8 9 2	7 16	12 11	13 20	13 8 4	9 9 2	13 11	18 18	5 R	15 R	17 20	15 R	12 11	12 8 4	11 6 8	49	-	-	1	19	-
	9 8 4	15 R	11 8 4	5 4 12	10 7 6	17 9 2	17 7 6	*21 9 2	12 11	18 18	5 R	15 R	17 20	15 R	12 11	12 8 4	11 6 8	11 15	12 11	48	-	-	-	19	-
	12 7 6	8 R	13 R	6 13	13 13	8 5 10	8 10 1	6 7 6	15 13	11 R	12 9 2	*17 16	15 10 1	14 20	*22 14	13 9 2	17 10 1	16 R	15 13	29	-	-	1	19	-
	14 R	13 18	7 7 6	13 16	11 10 1	12 R	*11 15	5 8 4	6 12	8 13	19 10 1	7 7 6	9 R	12 19	16 13	11 10 1	9 16	10 11	7 10 1	20	-	-	-	19	-
	13 12	17 10 1	15 12	16 R	12 R	10 8 4	7 6 8	12 R	16 R	14 10	18 12	10 R	12 14	16 18	17 12	14 13	13 17	14 16	8 15	13	-	-	-	19	-
	18 13	14 12	17 R	*22 18	*19 11	19 13	15 20	17 14	14 14	17 R	21 14	16 13	10 12	8 11	14 7 6	16 15	16 13	*20 13	17 12	6	-	-	-	19	-
	16 14	18 11	16 13	15 14	16 16	16 R	3 14	15 11	16 13	12 19	17 17	14 12	17 12	17 16	18 13	9 8 4	13 R			4	-	-	-	17	-
	17 R	16 R	14 14	17 11	17 14	16 R	13 16	15 11	18 15	15 11	15 10 1	17 17	14 14	18 11	18 13	18 12	14 11	17 17	16 18	1	-	-	-	19	-

（以下、ノーポイント）

	❶	❷	❸	❹	❺	❻	❼	❽	❾	❿	⓫	⓬	⓭	⓮	⓯	⓰	⓱	⓲	⓳	総得点	優勝回数	ポールポジション回数	最速ラップ回数	決勝出走回数	予選のみ出走回数
	19 15	19 13	18 15	19 19	20 18	*20 R	19 17	19 16	19 R	21 16	15 18	21 19	21 18	*22 16	*21 R	19 18	*21 20	19 18	21 17	0	-	-	-	19	-
	22 16	20 14	20 16	18 17	22 17	18 R	18 18	18 15	*22 17	19 15	22 R	20 17	19 19	19 14	*20 18	21 R	19 19	*22 20	18 R	0	-	-	-	19	-
			fp	fp					fp	fp			fp		fp		fp	8 14	11 14	0	-	-	-	-	2
	21 18	22 15	21 18	20 21	18 R	15 15	21 R	*22 18	20 18	20 14	14 16	19 18	20 16	20 15	19 R	20 R	18 18	18 19	20 18	0	-	-	-	19	-
	20 17	21 16	19 17	21 20	21 19	*22 14	20 19	19 14	21 19	22 20	16 19	22 R	19 17	21 17	18 19	22 17	20 21	21 21	22 19	0	-	-	-	19	-
											fp	fp	fp	fp	fp		fp	fp		-	-	-	-	-	-
			fp	fp			fp	fp			fp		fp		fp		fp	fp		-	-	-	-	-	-
																		fp	fp	-	-	-	-	-	-
	fp						fp										fp	fp		-	-	-	-	-	-

コンストラクター

	❶	❷	❸	❹	❺	❻	❼	❽	❾	❿	⓫	⓬	⓭	⓮	⓯	⓰	⓱	⓲	⓳	総得点	優勝回数	ポールポジション回数	最速ラップ回数	決勝出走回数	予選のみ出走回数
	3+6 / 15+8	1+2 / 25+18	4 / 12	1+7 / 25+6	4+5 / 12+10	2+3 / 18+15	1+4 / 25+12	2 / 18	1+7 / 25+6	3+4 / 15+12	1+5 / 25+10	1+3 / 25+15	1 / 25	1 / 25	1+2 / 25+18	1 / 25	1+2 / 25+18	1+3 / 25+15	1+2 / 25+18	596	13	11	12	38	-
	5 / 10	3+4 / 15+12	3 / 15	5+9 / 10+2	6+12 / 8	1+4 / 25+12	3+5 / 15+10	1+4 / 25+12	5+9 / 10+2	1+19 / 25	3+4 / 15+12	6+9 / 8+2	4+5 / 12+10	5+7 / 10+6	8 / 4	2+6 / 18+8	3+7 / 15+6	4+9 / 12+2	5+9 / 10+2	360	3	8	1	38	-
	2+4 / 18+12	5 / 10	1+6 / 25+8	8+15 / 4	1+3 / 25+15	7 / 6	2+6 / 18+4	3+6 / 15+8	4 / 12	5+8 / 10+4	2+7 / 18+12	2+6 / 18+8	6+9 / 8+2	4+10 / 12+1	4+11 / 12	5+8 / 10+6	5+12 / 10	3+7 / 15+6		354	2	-	2	38	-
	1+10 / 25+1	6+7 / 8+6	2+9 / 18+2	2+3 / 18+15	2 / 18	10 / 1	9+13 / 2	5+19 / 10	2+3 / 18+15	2+6 / 18+8	8 / 4	8+11 / 4	3 / 15	2+3 / 18+15	3+5 / 15+10	3+7 / 15+6	4 / 12	2 / 18	14	315	1	-	2	38	-
	9+11 / 2	9+17 / 2	5+11 / 10	6+10 / 8+1	8+9 / 4+2	6+16 / 8	11+12	13+20	6+8 / 8+4	7+9 / 6+2	6+11 / 8	10+12 / 1	7+8 / 6+4	8+10 / 4+1	9+15 / 2	5+14 / 10	9+12 / 2	7+10 / 6+1	4+6 / 12+8	122	-	-	-	38	-
	7+8 / 6+4		8 / 4	4+13 / 12	7+13 / 6	5+9 / 10+2	7+10 / 6+1	7+9 / 6+2	11+13	18	9 / 2	16	10+20 / 1	20	11+14	8+9 / 4+2	6+10 / 8+1	15	11+13	77	-	-	-	38	-
	13	8+12 / 4	10 / 1	12+18	11+15	11+13	20	10+14 / 1	10+14 / 1	11	13+14	5+13 / 10	9+12 / 2	4+11 / 12	6+7 / 8+6	15+19	13+14	6+13 / 8	8+12 / 4	57	-	-	-	38	-
	12	10+18 / 1	7+12 / 6	16	10	8	6+15 / 8	8	12	12+13	10+12 / 1	7	14	18+19	12+16	10+13 / 1	16+17	11+16	10+15 / 1	33	-	-	-	38	-
	14	11	13+14	11+14	14+16	12	14+16	11+12	15+16	10 / 1	15+17	14+15	11+13	12+13	16+17	12+16	11+15	8+17 / 4	16	5	-	-	-	38	-
	15+17	13+16	15+17	19+20	18+19	14	17+19	16+17	19	16+17	18+19	19+20	17+18	16+17	19	17+18	20+21	18+21	17+19	0	-	-	-	38	-
	16+18	14+15	16+18	17+21	17	15	15+18	17+18	17+18	17+18	17+18	16+18	16+19	14+15	18		18+19	19+20	18	0	-	-	-	38	-

Drivers' Champion ——— Lewis Hamilton

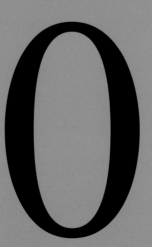

Constructors' Champion———Mercedes

1   4

パワーユニット時代到来
メルセデス圧勝で勢力図激変
同僚対決をハミルトンが制す

2.4ℓV8エンジンから1.6ℓV6ターボエンジン＋ERSの"ハイブリッド"パワーユニットへ
歴史上かつてない大変革を遂げたマシンで戦う初シーズンは、一方的な展開となった
4連覇王者のレッドブル・ルノーに代わって、新たにF1の主役となったのはメルセデス
周到な準備が実り開幕戦から他チームを圧倒。19戦16勝という記録的な数字を残した

ほぼすべてのレースで繰り広げられたメルセデス同士の首位争い。日本GPではポールポジションから逃げるロズベルグをハミルトンが追い、ターン1で見事なオーバーテイク。鈴鹿初勝利となった

コンプレッサーとタービンを分割してVバンクの前後に配置するという独特なレイアウトを持ち、MGU-H、MGU-KというふたつのERSとの連携・制御に優れたメルセデスのパワーユニット。ライバルを寄せ付けないチームメイト同士の戦いはシーズンが深まるに連れてヒートアップ。ベルギーGPでは両者接触する場面も

　V型6気筒1.6ℓ直噴ターボ+ERSのパワーユニットが導入された2014年。新たなる時代の"初代の王者"に、メルセデスが輝いた。しかも19戦16勝、18ポールポジション、11回の1-2フィニッシュと、その強さは圧倒的だった。対するフェラーリ、レッドブルはパワーユニットの性能発揮に予想以上に苦しみ、なかでも無勝利に終わったフェラーリはメルセデスに500ポイント近い大差をつけられ、メルセデスのパワーユニットを使用するウイリアムズにも後れを取ってコンストラクターズ選手権4位に沈んだ。
　ドライバーの勢力図も一変した。ルイス・ハミルトン、ニコ・ロズベルグが一騎打ちを繰り広げる一方で、前年まで毎年のようにタイトルを争っていたフェルナンド・アロンソ、5連覇を狙ったセバスチャン・ベッテルは、いずれも1勝もできずにチームからの離脱を決める。トロロッソから昇格したばかりのダニエル・リカルドがひとり気を吐き3勝を挙げ、一躍トップドライバーの仲間入りを果たした。
　そして日本GPでは、将来を嘱望されたジュール・ビアンキが致命傷を負う痛ましい事故も起きた。

カートで同じチームに所属し、友人として少年時代を過ごしたふたり。しかし、どちらかが確実に世界王者に慣れるという状況は、お互いを倒すべき相手に変えた。前半戦をリードしたのはロズベルグだが、ハミルトンが後半戦に巻き返し、振り切って2度目の頂点に立った

4連覇中のベッテル、そして有力候補と目されていたフェラーリのアロンソとライコネン。3人のチャンピオンたちは大苦戦、まさかの未勝利でシーズンを終えることになった

パワーユニットだけでなく、車体もダウンフォース減を目的として大きく変わったこの年は、激動のシーズンになるだろうことはある程度予想されていた。しかしまさか開幕前のテストから、トップチームを含めたほぼ全チームがあそこまで右往左往しようとは、まったくの想定外だった。何しろスペイン・ヘレスで行われたウインターテスト初日は、ほぼ全チームがまともにクルマを走らせることさえできなかったのである。

別格のメルセデス
ふたりだけのタイトル争い

メルセデスでさえ（パワーユニットのトラブルではなかったとはいえ）、ルイス・ハミルトンがいきなりのクラッシュで18周しか走れず。マクラーレンは、夜10時までパワーユニットを始動させることもできなかった。レッドブルを始めとするルノー勢も、トラブルが頻出。各チームは大変更を見越して早めに新車開発を進めてきたが、それでもマシンの完成はギリギリでベンチテストも満足にできないまま、テスト現場にやってきた。完全に準備不足だったのである。

それでも2日目以降は、何とか周回を重ねられるようになった。そのなかで早くもメルセデスが別格の速さを見せ、トラブルともほとんど無縁の走行を見せ始める。唯一ロングランペースだけは遅かったが、その不安もいざ開幕してみれば完全に解消された。緒戦オーストラリア

万全を期したはずのパワーユニットは出力、信頼性ともにメルセデスに遠く及ばない。表彰台にさえたどり着くことが難しい戦況が続いたアロンソはランキング6位に沈む。ついに無冠のままフェラーリを離れて2015年から"マクラーレン・ホンダ"に賭けることに

GPこそ、ポールポジションを獲得したルイス・ハミルトンがパワーユニットトラブルでリタイアという不測の事態が起きた。しかし3番グリッドからスタートしたニコ・ロズベルグは、1周目に首位に躍り出てからは2番手ダニエル・リカルド以下を1周1秒以上のペースで引き離し、中盤以降は余裕の巡航状態。20秒以上の大差をつけて開幕戦を制した。

その後もメルセデスの優位は変わらず、第2戦マレーシアGPから第6戦モナコGPまで5戦連続ポールポジション獲得＋1-2フィニッシュと、すさまじい強さを発揮した。あまりの戦闘力の差に、ライバルは早くも戦意喪失状態となってしまったほどだ。一方でこの年3つのレースではいずれもリカルドに勝利をさらわれるが、それらはメルセデスの抱える問題が表面化したレースだったといえる。

第7戦カナダGPはリカルドの粘り強い走り、第11戦雨のハンガリーGPはメルセデスに不運が重なった部分も確かにあった。しかしいずれのレースもメルセデスは、車体とパワーユニット双方の信頼性の問題が露呈した。カナダGPはハミルトンがブレーキトラブルでリタイア、ロズベルグのMGU-Kも作動しなかった。そしてハンガリーはハミルトンが、パワーユニットトラブルでQ1敗退。レースでは2台ともにパワー低下の問題に苦しみ、本来の速さが発揮できなかった。さらにレース終盤には、ハミルトンがチームオーダーを拒否する事件も起きた。タイヤ戦略の違いで明らかにペースの速いロズベルグにポジションを譲れといわれたにもかかわらず、走り切って3位フィニッシュしてしまう。すでにシーズン中盤のこの時点で、チャンピオン候補は彼らふたりに絞られており、しかも暫定首位のロズベルグを13ポイントの僅差でハミルトンが追う展開だった。

ロズベルグはレースペースに優れ、ハミルトンが素直に譲っていればポール・トゥ・ウインを飾れた可能性は高い。少なくともエグゼクティブディレクターのトト・ウォルフはそう考えていた。しかしウォルフはこの時点ではまだ、「ルールに従えと、頭ごなしにふたりに命令はしない」と、自由に戦わせる考えだった。

しかしオーダーを無視されたロズベル

新しいピレリタイヤやERSを使った走法に最後まで馴染めずに、5連覇どころか新参のチームメイトに遅れをとることの多かったベッテル。日本GPでともに栄光を勝ち取ってきたレッドブルを離れ、アロンソ離脱後のフェラーリ移籍を電撃発表。2015年からやはり不振のシーズンを過ごしたライコネンとコンビを組んだ

メルセデス一強時代のシーズンに、新たなるスターが誕生した。育成のトロロッソからレッドブルへ"昇格"したリカルドが、同僚ベッテルを圧倒するドライビングを披露。ハミルトン＆ロズベルグ以外では唯一となる優勝（しかも3勝）を挙げる。先輩格のライバルたちの間隙を突く大胆なオーバーテイクが観客と視聴者を湧かせた

グは、「かなりムッときてる。感情をコントロールするのは、難しい」と心情を吐露していた。ポイント差は11まで縮まり、両者の禍根が消えないまま夏休み明けのベルギーGPを迎えた。ロズベルグが4戦連続のポールポジションを獲得したものの、スタートで出遅れてしまいハミルトン、ベッテルに抜かれる。それでもベッテルをすぐに抜き返し、2周目にはハミルトンに迫った。

オー・ルージュを立ち上がり、ケメルストレートを全開で駆け抜けた先のレ・コンブで、ターンインしかけたハミルトンをインから刺そうとしたロズベルグはチームメイトと接触。ハミルトンは左リヤタイヤをバーストさせ、最終的にリタイアを喫した。ロズベルグもフロントウイングにダメージを負い、その後もペースが上がらず2位が精一杯だった。

レース後ハミルトンは、「ミーティングでニコは、『わざとやった』と言ってる」と暴露。もはやふたりの関係は修復不能に思えたが、チーム上層部が必死に火消しに奔走し、ロズベルグに謝罪させることで何とかハミルトンを納得させた。とはいえこの時点で両者のポイント差は29まで広がり、ロズベルグの優位は明らかとなった。しかしそこから、ハミルトンの怒濤の追い上げが始まる。

次戦イタリアGPから第17戦アメリカGPまで無敵の5連勝。シンガポールで選手権首位を奪い返すと、22ポイントまで差を広げた。その間の第16戦ロシアGPでは、終盤3戦を残してメルセデスのコンストラクターズ選手権制覇が確定した。しかしロズベルグも食らいつき、続くブラジルGPでシーズン3度目のポール・トゥ・ウインで17点差まで詰める。この年はバーニー・エクレストンの独断で、最終戦のみ獲得ポイントが2倍にな

リカルドに代わりトロロッソに起用されたロシア出身の19歳クビアト。オーストラリアGPで史上最年少入賞を記録

るダブルポイントシステムが導入されたこともあり、ロズベルグにも十分にタイトル獲得の目はあった。

しかしアブダビGPではポールポジションからスタートしながら、すぐにハミルトンにかわされた上に、ERSトラブルにも見舞われる。その後はブレーキも厳しくなり、ずるずると順位を後退。逆転タイトル獲得の最低条件だった6位にもとどまれず、いつリタイアしてもおかしくない状況だった。しかし本人は「最後まで走る」と譲らず、優勝したハミルトンに周回遅れにされる屈辱に耐えながら、14位で完走。レース後には、2008年以来2度目のチャンピオンを決めたハミルトンの元へ祝福に出かけ、両者の確

執は少なくともこの時点では雲散霧消したかに見えた。

終わってみれば優勝勝率84.2％、ポールポジション獲得率になると94.7％、メルセデスの強さばかりが目立った。その圧倒的な強さが、パワーユニットの性能差にあったことは確かだ。毎戦のようにトラブルが出るなど信頼性は必ずしも高くなかったが、ライバルメーカーであるフェラーリ、ルノーの戦闘力、信頼性があまりに低過ぎたことに救われた。

ベッテル、同僚に大苦戦 レッドブル離脱を決意

5連覇を目標に掲げたベッテルは、思わぬ大苦戦を強いられた。最大の誤算は

2014年は前年にはなかったグランプリがふたつ加わった。（右）レッドブルの母国オーストリアではA1リンクを改修したその名も"レッドブルリンク"で11年ぶりの開催。（下）ロシアは冬季五輪の舞台となった会場周辺をソチ・オートドロームに仕立て上げ、F1を初開催した。

メルセデスの威力はワークスだけでなく、"カスタマーチーム"にも波及。なかでもウイリアムズが快調で、オーストリアGPの予選ではフロントロウ独占も。優勝こそならなかったが、ランキング3位へ大躍進した

ウイリアムズの大躍進を支えた新旧コンビ。デビュー2年目のボッタスはこのシーズン、6回もの表彰台を獲得。ランキング4位と望外の大健闘を見せ、リカルドと並ぶ新世代のスターとなった。マッサもオーストリアGPでポールポジションを獲得。表彰台にも3度上がり、最終ランキングは7位となった

フォース・インディアのペレスはバーレーンGPで表彰台を獲得。チームメイトのヒュルケンベルグも快調にポイントを重ねた。一方、ホンダへの鞍替えが既定路線のマクラーレンは開幕戦の２、３位が唯一の表彰台

ルノー製パワーユニットが、メルセデスにまったく太刀打ちできないことだった。ルノーは新パワーの規約策定段階から、リーダーシップを発揮。自社に有利なレギュレーションに導くと同時に、開発も着々と進めていたはずだった。ところが車体に搭載して走らせてみるとトラブルが頻発。パワーも大きく劣っていることが明らかになったのだ。

それでもレッドブルのお家芸とも言うべき優れた空力技術は、依然としてライバルの追随を許さないレベルを維持していた。しかしその恩恵を受けたのはベッテルではなく、引退を決めたマーク・ウェーバーに代わって、トロロッソから昇格したばかりのリカルドだった。

開幕戦では予選でハミルトンに次ぐ２位タイムを叩き出し、決勝でも２位フィニッシュ。キャリア初の表彰台に上がる。残念ながらレース後に燃量規制違反で失格となってしまうが、スペイン、モナコGPと連続して表彰台に上がり、カナダGPではついに初優勝を遂げた。予選６位から粘り強いレース運びで着実に順位を上げていき、最後は首位を走るセルジオ・ペレスの一瞬の隙を突いて抜き去っていくという、それ以降何度も見ることになる、いかにもリカルドらしい勝ちっぷり。その後もハンガリー、ベルギーGPと連勝を果たし、メルセデスのあまりの強さにうんざりし始めていたファンたちを熱狂させた。

安定した速さはシーズンを通して変わらず、特にピットスタートから鮮やかに先行車を抜きまくり、４位入賞を果たした最終戦アブダビGPは、間違いなくリカルドのベストレースだった。この活躍で、ドライバーズ選手権で堂々の３位を獲得した。レッドブルがメルセデスユーザーのウイリアムズを抑え、かろうじてコンストラクターズ選手権２位の座を確保できたのも、リカルドの貢献なしには

ルノー搭載のロータス、フェラーリ搭載のザウバーは不振。イギリスGPではマルドナドとグティエレスが接触した

不可能だった。
　一方のベッテルは、開幕戦の予選でまさかのQ2敗退。決勝もパワーユニットトラブルでリタイアを喫した。第2戦マレーシアGPこそフロントロウから3位表彰台に上がって面目を保ったが、その後はカナダと日本での3位のほか、シンガポールの2位が自己最高位だった。
　3勝を挙げたリカルドに対しては、シーズン序盤から予選でもレースでもかなわなかった。予選で8勝11敗。レースでも70ポイント以上の大差をつけられて選手権5位。09年のレッドブル移籍以来初めての0ポールポジション、0勝という最低のシーズンを送り、ナンバー1ドライバーの誇りがズタズタにされた。
　ベッテル低迷の一因にルノーの戦闘力不足があったのは確かで、パワーユニットトラブルにも繰り返し足を引っ張られた。しかしそれはリカルドも同じであり、その状況でも結果を出し続けたチームメイトの活躍を目の当たりにしたベッテルは、一時は引退も考えたとのちに述懐している。ERS由来のリヤブレーキの挙動、グリップ感に乏しいピレリのフロントタイヤの感触に適応し切れなかったことも大きかった。シーズン終了を待たずに、ベッテルはレッドブル離脱を決める。
　第15戦日本GPの予選日の朝、チームからベッテル離脱が発表された。前夜ベッテルからフェラーリとの3年契約を告げられたクリスチャン・ホーナー代表は、すぐにトロロッソの新人ダニール・クビアトの昇格を決断。さらにベッテルの要請を無視して、移籍先がフェラーリであることを公表してしまった。前年までの蜜月関係がウソのようなこの仕打ちには、後味の悪さだけが残った。

パワーユニット不発
フェラーリまさかの0勝

　現役最強と評価されるアロンソを擁しながら、08年のコンストラクターズ選手権制覇以来、すでに5シーズンもタイトルから遠ざかっていたフェラーリ。チームはマッサを放出し、古巣復帰を熱望していたキミ・ライコネンを迎え入れ、ふたりの世界チャンピオンという体制で復活を狙った。
　しかし新車F14Tはダウンフォースが決定的に不足するなど、明らかに戦闘力不足だった。何よりフェラーリ製パワーユニットは、最高出力でメルセデスに大きく劣っていただけでなく、あまりに重過ぎた。それがマシン挙動に与えた影響は深刻で、いくらアロンソ、ライコネンでもなす術がなかった。
　アロンソは表彰台わずか2回（中国GPの3位、ハンガリーGPの2位）という、フェラーリ移籍後どころか、F1デビューした2001年ミナルディ以来となる低迷に沈んだ。ライコネンはさらに悲惨で、ほとんど上位入賞もかなわないまま、選手権12位に終わる。
　こうなるとフェラーリのお家芸、内部抗争の勃発は必至だった。開幕後1カ月も経たない4月には、不振の責任を取らされてステファノ・ドメニカリ代表が解任される。後任にはフェラーリ北米部門のCEOで、フェラーリジャパンの初代代表も務めたマルコ・マティアッチが就任した。しかしモータースポーツにまったく縁がなく、まともなリーダーシップも発揮できないことに、アロンソを筆頭にチーム全体が反発。その間も低迷は続き、8月にはパワーユニット開発責任者のルカ・マルモリーニが解任された。
　さらに9月には粛正を続けていたルカ・ディ・モンテゼモロ会長自身が、突然の辞任を発表。フィアットグループのCEOに就いたばかりの、セルジオ・マルキオンネとの勢力争いに敗れたのだっ

テールエンダーのマルシャを駆り、モナコGPで9位入賞。将来を嘱望されていたビアンキはしかし、雨の日本GPで悲運に見舞われる。ザウバーを撤去中の重機に激突し頭部を強打、意識が戻らぬまま翌年に逝去する

た。モンテゼモロ会長とは決して良好な関係ではなかったアロンソも、このドタバタ劇にすっかり嫌気が差し、「ここが僕の最後のチーム」と公言していたフェラーリからの離脱を決めた。そしてシーズン終了直後には、マティアッチ代表がわずか7カ月で辞任と、フェラーリはサーキット外の話題ばかりが目立った。

これでは戦闘力の回復が期待できるはずもなく、シーズン後半には好調ウイリアムズに簡単に逆転を許し、コンストラクターズ選手権は4位がやっと。最終戦アブダビGPでの予選、レースともに9、10位という結果は、まさにそんなフェラーリの衰退を象徴する結果であった。

弱小マルシャで奮闘中
日本GPでビアンキに悲劇

13年にF1デビューしたジュール・ビアンキは、フェラーリアカデミーの最初のメンバーに抜擢されるなど、将来を嘱望されたフランス人ドライバーだった。所属したマルシャはケータハムと並んで最下位が定位置の弱小チームだったが、しばしば非凡な速さを発揮。この年のモ

ケータハムに加入し、戻ってきた可夢偉。この年から選択制となったカーナンバーは初表彰台時の10を選んだ。しかし、開幕戦から走らないマシンと安定しないチーム体制に結果は残せず。終盤戦にはペイドライバーにシートを明け渡す苦境も。そして翌年、シートはなかった。

ナコGPで成し遂げた9位チェッカーの成績は、マシンの戦闘力を思えば驚異的といえるものだった。

上位チームへの移籍も現実視されていた第15戦日本GP。接近中の台風18号の影響で大雨となった決勝レースで、ビアンキはダンロップコーナーでコントロールを失ってアウト側にコースアウト。そ

の1周前にほぼ同じ状況でコースを飛び出したエイドリアン・スーティルのザウバーを撤去中だった重機の下に、潜り込む形で突っ込んでしまった。

ビアンキは四日市市内の病院に救急搬送され、緊急手術を受けたが意識は回復せず。約1カ月後に「重篤状態ではあるが、ある程度の回復が認められる」と、南仏ニースの病院に転送された。しかし翌年7月17日、意識の戻らないまま死去した。現役F1ドライバーのグランプリ週末の事故死は、1994年サンマリノGPでのローランド・ラッツェンバーガー、アイルトン・セナ以来のことだった。

ビアンキの事故はダブルイエローが振られている最中も、各マシンが十分に減速していなかったことも一因だった。これがきっかけとなってFIAは翌15年から、セーフティカーより迅速に導入でき、細かい区間ごとに車速を制限できるVSC（バーチャル・セーフティカー）方式を本格導入。現在まで同様の状況における、重大事故は起きていない。

ビアンキの死後、カーナンバー17はF1での永久欠番となった。

① ③ **レッドブルRB10**
ルノーEnergy F1-2014 V6ターボ

㊹ ⑥ **メルセデス F1 W05 ハイブリッド**
メルセデス・ベンツPU106A ハイブリッド V6ターボ

㉒ ⑳ **マクラーレンMP4-29**
メルセデス・ベンツPU106A ハイブリッド V6ターボ

㉗ ⑪ **フォース・インディアVJM07**
メルセデス・ベンツPU106A ハイブリッド V6ターボ

⑲ (77) **ウイリアムズFW36**
メルセデス・ベンツPU106A ハイブリッド V6ターボ

⑰ ④ **マルシャMR03**
フェラーリ・ティーポ059/3 V6ターボ

(14) (7) **フェラーリF14 T**
フェラーリ・ティーポ059/3 V6ターボ

(8) (13) **ロータスE22**
ルノーEnergy F1-2014 V6ターボ

(99) (21) **ザウバーC33**
フェラーリ・ティーポ059/3 V6ターボ

(25) (26) **トロロッソSTR9**
ルノーEnergy F1-2014 V6ターボ

(10) (9) **ケータハムCT05**
ルノーEnergy F1-2014 V6ターボ

Infiniti Red Bull Racing ［レッドブル・ルノー］

① セバスチャン・ベッテル
Sebastian Vettel・GER・26歳

③ ダニエル・リカルド
Daniel Ricciardo・AUS・24歳

ドライバー──セバスチャン・ベッテル
　　　　　　　ダニエル・リカルド
6年目のベッテルとトロロッソから移籍してきたリカルドとの新コンビ。ベッテルは2010年から続けてきた連覇を途切れさせただけでなく、フルシーズン戦うようになった08年から続けてきたチーム内バトルでも初めてチームメイトに完敗。シーズン後半にフェラーリへの移籍を決断した。リカルドはこの年メルセデス以外の勝利をすべて挙げて大ブレーク。エイドリアン・ニューウェイが開発したRB10はレギュレーション変更によって失われたダウンフォースを最大限取り戻していたが、ルノーのパワーユニットに足を引っ張られた。パワーユニットはルノーEnergy F1-2014。レッドブル製8速セミオートマチックギヤボックス。スポンサーはインフィニティ／トタル／at&t／他。

Mercedes AMG Petronas F1 Team ［メルセデス］

㊹ ルイス・ハミルトン
Lewis Hamilton・GBR・29歳

⑥ ニコ・ロズベルグ
Nico Rosberg・GER・28歳

ドライバー──ルイス・ハミルトン
　　　　　　　ニコ・ロズベルグ
ドライバーは前年同様のラインアップ。V8エンジンからV6パワーユニットへと変更されたこの年、メルセデスはライバルを寄せつけない走りでシーズンを席巻。タイトル争いはチームメイト同士で繰り広げられた末にハミルトンが2008年以来6年ぶり2度目の王者となった。ロズベルグの選手権2位も自己最高位。メルセデスのドライバーズ・タイトルは1955年のファン-マヌエル・ファンジオ以来59年ぶりで、コンストラクターズ・タイトルは初戴冠。開幕4戦までF1 W05で、スペインGPからF1 W05ハイブリッドへと改名。パワーユニットはメルセデス・ベンツPU106A ハイブリッド。メルセデス・ベンツ製8速セミオートマチックギヤボックス。スポンサーはペトロナス／ブラックベリー／SWISSQUOTE／他。

Scuderia Ferrari ［フェラーリ］

⑭ フェルナンド・アロンソ
Fernando Alonso・ESP・32歳

⑦ キミ・ライコネン
Kimi Raikkonen・FIN・34歳

ドライバー──フェルナンド・アロンソ
　　　　　　　キミ・ライコネン
チーム5年目のアロンソと2009年以来の復帰となったライコネンの体制。開発陣がパワーユニットの性能よりも空力を重視したため、メルセデスとルノーから大きな差をつけられた。開幕直後にチーム代表のステファノ・ドメニカリがマルコ・マティアッチと交代。8月にはパワーユニット部門トップのルカ・マルモリーニが解雇された。9月にはルカ・ディ・モンテゼモロ会長が辞任し、フィアット・グループCEOのセルジオ・マルキオンネがフェラーリ入り。シーズン終了とともにチーム代表はマティアッチからマウリツィオ・アリバベーネに交代する。パワーユニットはフェラーリ・ティーポ059/3。フェラーリ製8速セミオートマチックギヤボックス。スポンサーはサンタンデール／シェル／UPS／他。

Lotus F1 Team ［ロータス・ルノー］

ドライバー ── ロマン・グロージャン
　　　　　　　パストール・マルドナド

3年目のグロージャンとウイリアムズから移籍してきたマルドナドのコンビ。シーズン開幕前にチーム代表を務めていたエリック・ブーリエがマクラーレンへ移籍。新しいチーム代表にはジェラール・ロペスがオーナー兼任という形で就いた。ノーズが2本あるユニークなツインキールが功を奏さず、ルノーのパワーユニットも不調だったため、チームは完全に失速。ふたり合わせて入賞3回、獲得ポイントはわずか10点という大不振に終わる。パワーユニットはルノーEnergy F1-2014。ロータス製8速セミオートマチックギヤボックス。スポンサーはトタル／Rexona／リシャール・ミル／他。

⑧ ロマン・グロージャン
Romain Grosjean・FRA・27歳

⑬ パストール・マルドナド
Pastor Maldonado・VEN・29歳

㉚ シャルル・ピック
Charles Pic
FRA・24歳

㉛ エステバン・オコン
Esteban Ocon
FRA・17歳

McLaren Mercedes ［マクラーレン・メルセデス］

ドライバー ── ジェンソン・バトン
　　　　　　　ケビン・マグヌッセン

残留したバトンの新しいチームメイトは、チームのサードドライバーを務め、前年のフォーミュラ・ルノー3.5を制したマグヌッセン。この年、ロン・デニスがマクラーレン・テクノロジー・グループのCEOに復帰。開幕直前にチーム代表のマーティン・ウィットマーシュが更迭され、ロータスからエリック・ブーリエが移籍。2＆3位でシーズンをスタートさせたが、ほかのメルセデス・カスタマー勢であるウイリアムズ、フォース・インディアが好調なシーズンを送ったのに対して、翌年からホンダを搭載することになっていたマクラーレンは、徐々に失速していった。パワーユニットはメルセデス・ベンツPU106Aハイブリッド。マクラーレン製8速セミオートマチックギヤボックス。スポンサーはエクソン・モービル／SAP／BOSS他。

㉒ ジェンソン・バトン
Jenson Button・GBR・34歳

⑳ ケビン・マグヌッセン
Kevin Magnussen・DEN・21歳

Sahara Force India Formula One Team ［フォース・インディア・メルセデス］

ドライバー ── ニコ・ヒュルケンベルグ
　　　　　　　セルジオ・ペレス

スーティルと入れ替わる形でヒュルケンベルグが2年ぶりに復帰。マクラーレンから放出されたペレスが移籍してきた。シーズン前半はメルセデス製パワーユニットのアドバンテージを活かして、ペレスがチームに2009年ベルギーGP以来となる表彰台をプレゼント。しかし、車体の開発を進めることができなかった後半戦に失速してしまった。それでもコンストラクターズ選手権は前年の6位をキープ。5位のマクラーレンとの差を大きく縮めた。パワーユニットはメルセデス・ベンツPU106Aハイブリッド。メルセデス・ベンツ製8速セミオートマチックギヤボックス。スポンサーはキングフィッシャー／Claro／ROSHFRANS／他。

㉗ ニコ・ヒュルケンベルグ
Nico Hulkenberg・GER・26歳

⑪ セルジオ・ペレス
Sergio Perez・MEX・24歳

㉞ ダニエル・フンカデッラ
Daniel Juncadella
ESP・22歳

Sauber F1 Team ［ザウバー・フェラーリ］

⑨⑨ エイドリアン・スーティル
Adrian Sutil・GER・31歳

㉑ エステバン・グティエレス
Esteban Gutierrez・MEX・22歳

㊱ ギド・バン・デル・ガルデ
Giedo Van der Garde
NED・28歳

㊲ セルゲイ・シロトキン
Sergey Sirotkin
RUS・18歳

㊲ アダレイ・フォング
Adderley Fong
HKG・24歳

ドライバー──エイドリアン・スーティル
　　　　　　　エステバン・グティエレス
フォース・インディアからスーティルが移籍。2年目のグティエレスと組む。だが、パワーがなく、重いフェラーリのパワーユニットが原因で、車体は最低重量を大きく超えてしまい、ポイントゲッター役を務めるはずだった長身のスーティルが不利を受けてしまう。グティエレスもポイント獲得がおぼつかず、チームは創設以来、初めて無得点でシーズンを終えた。パワーユニットはフェラーリ・ティーポ059/3。フェラーリ製8速セミオートマチックギヤボックス。スポンサーはClaro／NEC／CERTINA／他。

Scuderia Toro Rosso ［トロロッソ・ルノー］

㉕ ジャン-エリック・ベルニュ
Jean-Eric Vergne・FRA・23歳

㉖ ダニール・クビアト
Daniil Kvyat・RUS・20歳

㊳ マックス・フェルスタッペン
Max Verstappen
NED・16歳

ドライバー──ジャン・エリック・ベルニュ
　　　　　　　ダニール・クビアト
残留して3年目のシーズンを迎えたベルニュのチームメイトには、レッドブル育成ドライバーで2013年のGP3王者のクビアトが抜擢される。パワーユニットは前年まで7シーズン使用してきたフェラーリからルノーにスイッチし、親チームのレッドブルとリヤエンドで共通項目が増えた。技術面だけでなく、人材の面でもレッドブルとの交流が密となった。前年のリカルドに続いて、この年のシーズン後半にはクビアトを翌年からレッドブルに昇格させることを決定。獲得ポイントでクビアトを上まわったベルニュはこの年限りでシートを失った。パワーユニットはルノーEnergy F1-2014。トロロッソ製8速セミオートマチックギヤボックス。スポンサーはセプサ／SAPINDA／NOVAケミカルズ／他。

Williams Martini Racing ［ウイリアムズ・メルセデス］

⑲ フェリペ・マッサ
Felipe Massa・BRA・32歳

⑦⑦ バルテリ・ボッタス
Bruno Senna・BRA・24歳

㊵ フェリペ・ナッセ
Felipe Nasr
BRA・21歳

㊶ スージー・ウォルフ
Susie Wolff
GBR・31歳

ドライバー──フェリペ・マッサ
　　　　　　　バルテリ・ボッタス
残留したボッタスの新しいチームメイトは、フェラーリから移籍してきたマッサ。優勝経験があるマッサの加入は、この年からパワーユニットをメルセデスに変えて、戦闘力が増したチームにとって力強かった。第8戦オーストリアGP予選では、ウイリアムズにとって2003年以来のフロントロウ独占を飾った。マルティーニがタイトルスポンサーとなって財政難から脱出したチームはシーズンを通して開発を続け、現場の体制もフェラーリから移籍したロブ・スメドレーが加わって強化され、コンストラクターズ選手権3位に躍進。パワーユニットはメルセデス・ベンツPU106A ハイブリッド。ウイリアムズ製8速セミオートマチックギヤボックス。スポンサーはマルティーニ／ランスタッド／ペトロブラス／他。

Marussia F1 Team ［マルシャ・フェラーリ］

ドライバー ── ジュール・ビアンキ
　　　　　　　マックス・チルトン

ふたり揃って残留。パワーユニットをF1参戦時から使い続けてきたコスワースからフェラーリにスイッチ。ギヤボックスもフェラーリ製となり、パフォーマンスが大きく向上した。第6戦モナコGPではビアンキが9位に入賞。チーム創設以来、初のポイントを獲得し、コンストラクターズ選手権でザウバーを抜いて9位へ。しかし、雨の日本GPでそのビアンキが重体となる事故に見舞われてしまう。ビアンキを失ったチームは、アメリカGP前に破産。最終戦を待たずしてシーズンを終了した。パワーユニットはフェラーリ・ティーポ059/3。フェラーリ製8速セミオートマチックギヤボックス。スポンサーはマルシャ／blippar／Compara Meglio／他。

⑰ ジュール・ビアンキ
Jules Bianchi・FRA・24歳

④ マックス・チルトン
Max Chilton・GBR・22歳

㊷ アレクサンダー・ロッシ
Alexander Rossi
USA・22歳

Caterham F1 Team ［ケータハム・ルノー］

ドライバー ── 小林可夢偉
　　　　　　　マーカス・エリクソン
　　　　　　　アンドレ・ロッテラー
　　　　　　　ウィル・スティーブンス

可夢偉が2年ぶりにF1に復帰。GP2からステップアップしてきたエリクソンと組む。しかし、チームオーナーのトニー・フェルナンデスにはF1参戦当時のような情熱はなく、求心力を失ったチームは徐々に崩壊。7月にチームが投資家グループへ売却されると、チーム代表はシリル・アビテブルから元F1ドライバーのクリスチャン・アルバース、マンフレディ・ラヴェットと次々に交代。かつてミッドランドF1やHRTの代表だったコリン・コレスがチーム運営を裏で操っていた。ベルギーGPでは可夢偉に代わってロッテラーが起用されたが、状況は変わらず、アメリカGP前にチームは破産。管財人の管理下に置かれ、アメリカGPとブラジルGPを欠場。最終戦は可夢偉とスティーブンスによって復帰したものの、これがチームのラストレースとなった。パワーユニットはルノーEnergy F1-2014。レッドブル・テクノロジー製8速セミオートマチックギヤボックス。スポンサーはSilanna／インテル／DELL／他。TATA／Tetley／他。

⑩ 小林可夢偉
Kamui Kobayashi・JPN・27歳

⑨ マーカス・エリクソン
Marcus Ericsson・SWE・23歳

㊺ アンドレ・ロッテラー
Andre Lotterer・GER・32歳

㊻ ウィル・スティーブンス
Will Stevens・GBR・22歳

㊻ ロビン・フラインス
Robin Frijns
NED・22歳

㊺ アレクサンダー・ロッシ
Alexander Rossi
USA・22歳

㊺ ロベルト・メリ
Roberto Merhi
ESP・22歳

2014 ドライバーズ・ポイント

順位	ドライバー	国籍	マシン	タイヤ	
1	ルイス・ハミルトン	GBR	メルセデスF1 W05	PI	
2	ニコ・ロズベルグ	GER	メルセデスF1 W05	PI	
3	ダニエル・リカルド	AUS	レッドブルRB10・ルノー	PI	
4	バルテリ・ボッタス	FIN	ウイリアムズFW36・メルセデス	PI	
5	セバスチャン・ベッテル	GER	レッドブルRB10・ルノー	PI	
6	フェルナンド・アロンソ	ESP	フェラーリF14T	PI	
7	フェリペ・マッサ	BRA	ウイリアムズFW36・メルセデス	PI	
8	ジェンソン・バトン	GBR	マクラーレンMP4-29・メルセデス	PI	
9	ニコ・ヒュルケンベルグ	GER	フォース・インディアVJM07・メルセデス	PI	
10	セルジオ・ペレス	MEX	フォース・インディアVJM07・メルセデス	PI	
11	ケビン・マグヌッセン	DEN	マクラーレンMP4-29・メルセデス	PI	
12	キミ・ライコネン	FIN	フェラーリF14T	PI	
13	ジャン-エリック・ベルニュ	FRA	トロロッソSTR9・ルノー	PI	
14	ロマン・グロージャン	FRA	ロータスE22・ルノー	PI	
15	ダニール・クビアト	RUS	トロロッソSTR9・ルノー	PI	
16	パストール・マルドナド	VEN	ロータスE22・ルノー	PI	
17	ジュール・ビアンキ	FRA	マルシャMR03・フェラーリ	PI	
	エイドリアン・スーティル	GER	ザウバーC33・フェラーリ	PI	
	マーカス・エリクソン	SWE	ケータハムCT05・ルノー	PI	
	エステバン・グティエレス	MEX	ザウバーC33・フェラーリ	PI	
	マックス・チルトン	GBR	マルシャMR03・フェラーリ	PI	
	小林可夢偉	JPN	ケータハムCT05・ルノー	PI	
	ウィル・スティーブンス	GBR	ケータハムCT05・ルノー	PI	
	アンドレ・ロッテラー	GER	ケータハムCT05・ルノー	PI	
	ギド・バン・デル・ガルデ	NLD	ザウバーC33・フェラーリ	PI	
	フェリペ・ナッセ	BRA	ウイリアムズFW36・メルセデス	PI	
	ロビン・フラインス	NLD	ケータハムCT05・ルノー	PI	
	アレクサンダー・ロッシ	USA	ケータハムCT05・ルノー/マルシャMR03・フェラーリ	PI	
	スージー・ウォルフ	GBR	ウイリアムズFW36・メルセデス	PI	
	ダニエル・フンカデッラ	ESP	フォース・インディアVJM07・メルセデス	PI	
	ロベルト・メリ	ESP	ケータハムCT05・ルノー	PI	
	シャルル・ピック	FRA	ロータスE22・ルノー	PI	
	マックス・フェルスタッペン	NLD	トロロッソSTR9・ルノー	PI	
	セルゲイ・シロトキン	RUS	ザウバーC33・フェラーリ	PI	
	エステバン・オコン	FRA	ロータスE22・ルノー	PI	
	アダレイ・フォング	HKG	ザウバーC33・フェラーリ	PI	

得点は各戦上位10位までに25-18-15-12-10-8-6-4-2-1の各点、最終戦のみ2倍
タイヤ欄の略号はPI=ピレリ。結果欄は、左より、グリッド順位・決勝順位・得点(赤い数字)の順
結果欄の略号は、nc=最後まで走行していたが規定完走周回数不足により順位なし、R=リタイア、dq=失格、ns=予選通過タイムを出したが決勝出走せず、fp=金曜最初のプラクティスのみ走行、
*=予選終了後グリッドペナルティを受けた後の順位

2014 コンストラクターズ・ポイント

順位			マシン	タイヤ	
1	メルセデス	V6t	L.ハミルトン/N.ロズベルグ	PI	
2	レッドブル・ルノー	V6t	D.リカルド/S.ベッテル	PI	
3	ウイリアムズ・メルセデス	V6t	V.ボッタス/F.マッサ	PI	
4	フェラーリ	V6t	F.アロンソ/K.ライコネン	PI	
5	マクラーレン・メルセデス	V6t	J.バトン/K.マグヌッセン	PI	
6	フォース・インディア・メルセデス	V6t	N.ヒュルケンベルグ/S.ペレス	PI	
7	トロロッソ・ルノー	V6t	J-E.ベルニュ/D.クビアト	PI	
8	ロータス・ルノー	V6t	R.グロージャン/P.マルドナド	PI	
9	マルシャ・フェラーリ	V6t	J.ビアンキ/M.チルトン	PI	
	ザウバー・フェラーリ	V6t	A.スーティル/E.グティエレス	PI	
	ケータハム・ルノー	V6t	M.エリクソン/小林可夢偉/W.スティーブンス/A.ロッテラー	PI	

結果欄の上段は完走車の順位、下段（赤い数字）は得点

2014

ドライバーズ・ポイント

	①3/16 オーストラリア[メルボルン]	②3/30 マレーシア[セパン]	③4/6 バーレーン[サクヒール]	④4/20 中国[上海]	⑤5/11 スペイン[カタルーニャ]	⑥5/25 モナコ[モンテカルロ]	⑦6/8 カナダ[モントリオール]	⑧6/22 オーストリア[シュピールベルク]	⑨7/6 イギリス[シルバーストン]	⑩7/20 ドイツ[ホッケンハイム]	⑪7/27 ハンガリー[ハンガロリンク]	⑫8/24 ベルギー[スパ・フランコルシャン]	⑬9/7 イタリア[モンツァ]	⑭9/27 シンガポール[シンガポール]	⑮10/5 日本[鈴鹿]	⑯10/12 ロシア[ソチ]	⑰11/2 アメリカ合衆国[オースティン]	⑱11/9 ブラジル[インテルラゴス]	⑲11/23 アブダビ[ヤス・マリーナ]	総得点	優勝回数	ポール・ポジション回数	最速ラップ回数	決勝出走回数	予選のみ出走回数
	1 R	1 1 25	2 1 25	1 1 25	1 1 25	2 2 18	2 R	9 2 18	6 1 25	*20 3 15	*22 3 15	2 R	1 1 25	1 1 25	2 1 25	1 1 25	2 2 18	2 2 18	2 1 50	384	11	7	7	19	-
	3 1 25	3 2 18	1 2 18	2 2 18	2 2 18	1 1 25	3 1 25	1 R	1 1 25	3 1 25	3 1 25	1 R	1 1 25	2 4 12	1 2 18	2 2 18	2 R	1 1 25	1 14	317	5	11	5	19	-
	2 dq	5 R	*13 4 12	4 2 12	4 3 15	3 3 15	1 1 25	8 3 15	3 3 15	5 6 8	4 1 25	5 1 25	9 5 10	3 3 15	6 4 12	6 7 6	5 3 15	9 R	*20 4 24	238	3	-	1	19	-
	*15 5 10	18 8 4	3 8 4	7 7 6	4 5 10	13 R	4 7 6	2 3 15	14 2 18	2 2 18	3 8 4	6 3 15	3 4 12	8 11	3 6 8	3 3 15	3 5 10	4 10 1	*19 8 8	186	-	-	2	19	-
	12 R	2 3 15	10 6 8	3 5 10	*15 4 12	4 R	3 3 15	12 R	2 5 10	6 4 12	2 7 6	3 5 10	8 6 8	4 2 18	9 3 15	10 8 4	*18 7 6	6 5 10	*19 8 8	167	-	-	2	19	-
	5 4 12	4 4 12	9 2 18	5 3 15	7 6 8	5 4 12	7 6 8	4 5 10	16 6 8	7 5 10	5 2 18	4 7 6	7 R	7 R	4 5 10	5 R	7 6 8	6 6 8	8 9 4	161	-	-	-	19	-
	9 R	13 7 6	7 7 6	6 15	9 13	16 7 6	5 12	1 4 12	15 R	3 R	6 5 10	9 13	4 3 15	6 5 10	18 11	4 4 12	3 3 15	4 2 36	134	-	1	1	19	-
	10 3 15	10 6 8	6 17	12 11	8 11	12 6 8	9 4 12	10 11	3 4 12	11 8 4	7 10 1	10 6 8	6 8 4	11 R	8 5 10	4 4 12	*12 10	5 4 12	6 5 20	126	-	-	-	19	-
	7 6 8	7 5 10	5 5 10	11 5 10	11 5 10	10 1	11 10 1	6 9 2	7 6 9	*21 12	7 12	5 10 1	9 10 1	13 8 4	13 12	6 8	*20 9 2	9 13	14 10 1	96	-	-	-	19	-
	16 10 1	14 R	4 3 15	16 9 2	11 9 2	10 R	13 11	*15 6 8	7 11	10 10 1	12 R	13 8 4	10 7 6	15 7 6	11 10 1	12 10 1	11 R	11 7 6	11 12	59	-	-	-	19	-
	4 2 18	8 9 2	8 R	15 13	14 12	8 10 1	12 9 2	6 7 6	5 7 6	4 9 2	*21 12	7 12	5 10 1	9 10 1	9 10 1	7 14	*11 5 10	7 8 4	7 9 2	55	-	-	-	19	-
	11 7 6	6 12	5 10 1	11 8 4	6 7 6	6 12	10 10 1	8 10 1	18 R	12 11	16 6 8	8 4 12	11 9 2	7 8 4	10 12	8 13	10 7 6	10 7 6	10 2	55	-	-	-	19	-
	6 8 4	9 R	14 R	9 12	*21 R	7 R	8 8 4	14 R	10 10 1	13 13	8 9 2	12 11	12 13	6 8	*20 9 2	9 13	14 10 1	15 13	10 12	22	-	-	-	19	-
	*22 R	15 11	16 12	10 R	5 8 4	14 8 4	14 R	*22 14	11 12	14 R	14 R	15 R	16 15	16 16	8 5 10	15 17	16 11	14 17	*18 13	8	-	-	-	19	-
	8 9 2	11 10 1	7 11	13 10 1	12 14	9 R	15 R	7 R	9 9 2	8 R	10 14	11 9 2	*21 11	10 14	12 11	5 14	*17 15	*17 11	5 R	8	-	-	-	19	-
	21 R	16 R	17 14	*22 14	*22 15	15 R	17 R	13 12	*20 17	18 12	*20 13	17 R	16 14	18 12	*22 16	*21 18	10 9 2	16 12	15 R	2	-	-	-	19	-
	18 nc	19 R	19 16	19 17	18 18	*21 9 2	19 R	18 15	12 14	17 15	15 15	16 18	19 18	18 20						2	-	-	-	15	-
---	---	---	---	---	---	---	---	---	---	---	---	---	---	---	---	---	---	---	---	---	---	---	---	---	---
	13 11	17 R	*22 R	14 R	16 17	18 R	16 13	16 13	13 13	13 13	15 R	11 11	14 14	14 15	17 R	14 21	14 16	9 R	13 16	0	-	-	-	19	-
	19 R	22 14	20 R	20 20	19 20	*22 11	20 R	20 18	21 R	*22 18	19 R	22 17	*22 19	22 15	17 17	16 19				0	-	-	-	16	-
	*20 12	12 R	15 R	17 16	13 16	17 R	*22 14	17 19	*19 R	*16 14	13 R	20 15	15 20	14 R	15 13	15 14	11 14	14 15		0	-	-	-	16	-
	17 13	21 15	21 13	21 19	17 19	19 14	18 R	*21 17	*17 16	21 17	18 16	19 16	20 R	21 17	21 18	*20 R				0	-	-	-	16	-
	14 R	20 13	18 15	18 18	20 R	20 13	*21 R	19 16	22 15	19 16	17 R		18 17	20 R	19 19	19 R			16 R	0	-	-	-	16	-
												21 R							17 17	0	-	-	-	1	-
		fp	fp	fp							fp	fp					fp	fp		-					
		fp	fp	fp										fp			fp	fp		-					
		fp	fp	fp		fp														-					
							fp				fp						fp			-					
						fp	fp													-					
						fp						fp					fp			-					
													fp	fp			fp			-					
													fp							-					
																fp		fp		-					
																		fp		-					
																			fp	-					
																			fp	-					

コンストラクターズ・ポイント

	①	②	③	④	⑤	⑥	⑦	⑧	⑨	⑩	⑪	⑫	⑬	⑭	⑮	⑯	⑰	⑱	⑲	総得点	優勝回数	ポール・ポジション回数	最速ラップ回数	決勝出走回数	予選のみ出走回数
	1 / 25	1+2 / 25+18	1+2 / 25+18	1+2 / 25+18	1+2 / 25+18	1+2 / 25+18	2 / 18	1+2 / 25+18	1 / 25	1+3 / 25+15	3+4 / 15+12	2 / 18	1+2 / 25+18	1 / 25	1+2 / 25+18	1+2 / 25+18	1+2 / 25+18	1+2 / 25+18	1+14 / 50	701	16	18	12	38	-
	dq	3 / 15	4+6 / 12+8	4+5 / 12+10	3+4 / 15+12	3 / 15	1+3 / 25+15	8 / 4	3+5 / 15+10	4+6 / 12+8	1+7 / 25+6	1+5 / 25+10	5+6 / 10+8	2+3 / 18+15	3+4 / 15+12	7+8 / 6+4	3+7 / 15+6	5 / 10	4+8 / 24+8	405	3	-	3	38	-
	5 / 10	7+8 / 6+4	7+8 / 6+4	7+15 / 6	5+13 / 10	7 / 6	7+12 / 6	3+4 / 15+12	2 / 18	2 / 18	5+8 / 10+4	3+13 / 15	3+4 / 15+12	5+11 / 10+1	6+7 / 8+6	3+11 / 15	4+5 / 12+10	3+10 / 15+1	2+3 / 36+30	320	-	1	2	38	-
	4+7 / 12+6	4+12 / 12	9+10 / 2+1	3+8 / 15+4	6+7 / 8+6	4+12 / 12	6+10 / 8+1	6+10 / 10+1	6 / 8	5+11 / 10	4+7 / 12+6	9 / 2	4+8 / 12+4	12	6+9 / 8+2	6+13 / 8	6+7 / 8+6	9+10 / 4+2		216	-	-	1	38	-
	2+3 / 18+15	6+9 / 8+2	17	11+13	11+12	6+10 / 8+1	4+9 / 12+2	7+11 / 6	4+7 / 12+6	8+9 / 4+2	10+12 / 1	6+12 / 8	8+10 / 4+1	10 / 1	5+14 / 10	4+5 / 12+10	8+12 / 4	4+9 / 12+2	5+11 / 20	181	-	-	-	38	-
	6+10 / 8+1	5 / 10	3+5 / 15+10	6+9 / 8+2	9+10 / 2+1	5 / 10	5+11 / 10	6+9 / 8+2	8+11 / 4	7+10 / 6+1		8+10 / 4+1	7+12 / 6	7+9 / 6+2	8+10 / 4+1	10+12		8+15 / 4	6+7 / 16+12	155	-	-	-	38	-
	8+9 / 4+2	10 / 1	11	10+12 / 1	14		8 / 4	9+10 / 2+1	13	9+14 / 2	9+11 / 2	11+13	6+14 / 8	9+11 / 2	13+14	10+15 / 1		8+15 / 4	12	30	-	-	-	38	-
		11	12+14	14	8+15 / 4	8 / 4		12+14	12+17	12	13		14+16	12+13	15+16	17+18	9+11 / 2	12+17	13	10	-	-	-	38	-
	13	15	13+16	17+19	18+19	9+14 / 2		15+17	14+16	15+17	15+16	16+18	18	16+17	18+20		13+21	15+16	14+16	2	-	-	-	31	-
	11+12		16	16+17		13+14	13+19	13	14	11	14+15	15+19		13+21	15+16		14+16	15+16		0	-	-	-	38	-
		13+14	15	18+20	20	11+13		16+18	15	16+18		17	17+20	19	17+19					0	-	-	-	34	-

Drivers' Champion — Lewis Hamilton

Constructors' Champion — Mercedes

1 5

メルセデスの絶対的優位変わらず
19戦16勝と再びシーズンを圧倒し
ハミルトンが2年連続王座に

新レギュレーション施行から続くメルセデスの独壇場。2年目もやはり彼らの技術的優位は揺るがず
チャンピオンのハミルトンは、前年以上に安定した強さでロズベルグを寄せつけず王座を防衛
心機一転フェラーリに移籍したベッテルが跳ね馬の復活に貢献したが、3勝止まり
ホンダと共闘して名門復活を目指したマクラーレンは、熟成不足でどん底の1年を送ることになった

新パワーユニット導入2年目のシーズンも、19戦16勝とメルセデスが圧勝。ルイス・ハミルトンは開幕戦から最終戦まで、一度も選手権首位の座を譲ることなく2連覇を達成し、通算3度目のタイトルを獲得した。ニコ・ロズベルグとのチームメイトバトルも終始ハミルトン優勢。ロズベルグは終盤3戦を制して何とか面目こそ保ったが、競り負けるレースも多く精神的な弱さを露呈した。

そんなロズベルグを尻目に、一時は選手権2位の座も射程距離に入れる勢いを見せたのがレッドブルからフェラーリに移籍したセバスチャン・ベッテルだった。前年はレッドブルで新加入のダニエル・リカルドにまったくかなわず引退を考えるほどだったが、新天地で完全復活。フェラーリ自体も戦闘力を取り戻し、選手権2位に返り咲いた。

この年はマクラーレン・ホンダのF1復帰も大きな話題を呼んだ。しかし復帰は時期尚早だったのか、ホンダ製パワーユニットは信頼性&パフォーマンスともにライバルたちのレベルに大きく及ばなかった。そのため、マクラーレンは完走すらおぼつかない。フェラーリから移籍してきたフェルナンド・アロンソ、2008年以来再びホンダと組んだジェンソン・バトンのチャンピオン・コンビを擁しながらも、選手権9位に沈んだ。

ハミルトンとロズベルグがフロントロウ独占。スタート直後の争いを制したどちらかが勝者、というレースが続いた2015年。ブラジルGPではこれまで競り負け気味だったロズベルグが意地を見せ、そのままトップを奪取し勝利した

95

開幕前の話題は本格的に始動したマクラーレン・ホンダの動向だった。2月には壮行会が行われ、歴代ホンダF1マシンが新たな門出を祝福した。しかしプレシーズンテストが始まると、新生マクラーレン・ホンダはトラブルが頻発しほとんど走れないという状況に

ハミルトンが前年以上に楽勝 ロズベルグに差をつける

パワーユニット新時代に突入し、その圧倒的な技術アドバンテージにより2014年シーズンを席巻したメルセデス。レッドブルやフェラーリといったライバルたちがその大差を1年で縮められるとは到底思えず、当然、この年もメルセデスの優位が予想された。

とはいえ冬のテストでは、フェラーリが一発の速さおよびロングランでも群を抜く速さを見せ、レッドブルもリカルドがトップタイムを叩き出すなど好調。一方メルセデスは周回数を稼ぐことだけにひたすら注力し、ふたりのドライバーの名前がタイミングモニターの一番上に来ることは一度もなかった。

この流れで開幕すれば、ひょっとすると上位三つ巴の展開もあり得るのかもしれない──、しかし、そんな淡い期待は、開幕戦メルボルンであっさりと裏切られてしまった。ハミルトンが楽勝のポール・トゥ・ウイン。ロズベルグも後に続く1-2フィニッシュ。3位ベッテル以下に30秒以上の大差をつけた。1年前の開幕戦はハミルトンがパワーユニットのトラブルでリタイアしていたが、15年になってからは、その後もパワーユニット由来の信頼性問題は激減。まさに死角なしの強さを発揮し続けた。

ちなみにこの年はパワーユニット年間使用基数が4基に制限強化されるなか、メルセデスだけはカスタマーチームを含む全4チーム8台が規定の年間4基以内に収まり、当該ドライバーたちは誰もペナルティを受けず。このシーズンもコンストラクターズ選手権3位を確保したウイリアムズ始め、フォース・インディア、ロータスの躍進はメルセデス製パワーユニットの恩恵なしにはあり得なかった。

ワークスのメルセデスは予選の速さも前年以上で、ライバルたちに1ラップ1秒近い大差をつけることも珍しくなかった。ここぞという時にエクストラパワーを発生する「予選モード」を、すでにこの年のメルセデスが自在に操っていたことは間違いなかった。こうしてメルセデスは、昨年に続きシンガポールGPを除く計18戦でポールポジションを奪った。

なかでもハミルトンの予選での速さは別格で、開幕戦から第12戦イタリアGPまで、第5戦スペインGPを除いてすべて予選1位。ロズベルグも終盤日本GPから6連続ポールポジションを決めたが、終わってみれば11勝7敗。両者の差は明らかだった。

緒戦を制したハミルトンは、その後も着々とポイントを重ねていく。ロズベルグやベッテルが制したレースも必ず表彰台に上がり、自身がリタイアを喫したシンガポールと6位に終わったハンガリー以外は優勝10回、2位6回、3位1回というすさまじい安定感で選手権首位の座を最後まで堅持。シーズン3戦を残した第16戦アメリカGPにて2年連続、自身3度目の戴冠を決めた。

対するロズベルグは、チームメイトに対し明らかに精彩を欠いていた。序盤は4戦連続して表彰台に上がったが、第5戦スペインGPまで優勝とは無縁。このレースは完璧なポール・トゥ・ウインを決めたが、続くモナコは予選でミスを連発し、レースでも首位を独走するハミルトンのペースにまったく追いつけない。

前年チームメイトのリカルドに完敗し、新天地を求めてフェラーリにやってきたベッテル。しかしマルキオンネ主導の新体制でチームは蘇り、開幕2戦目には勝利を掴んだ

開幕戦オーストラリアGPを1-2で席巻したメルセデス。チーム間格差が縮まるかという一縷の望みを完膚なきまでに打ち破る、圧倒的な強さをシーズン最初から見せつけた

ところがチームの無線指示のミスで、トップ走行中のハミルトンが不必要な2度目のピットインに向かったことで、まさかの2連勝を拾った。

その後はハミルトンに7戦連続ポールポジションを許すなど予選では明らかに劣勢だったものの、レースではしぶとさを見せ一進一退の攻防が続く。第9戦イギリスGPを終えた時点では、首位ハミルトンに17点差。まだ十分にタイトル獲得の目はあった。しかし次戦ハンガリーGPでは、ベッテルを逆転して優勝できる可能性が十分あったにもかかわらず、後方のハミルトンばかりに気を取られ保守的なタイヤを選択して8位と惨敗。

これで緊張の糸が切れてしまったのか、その後の6戦でハミルトンが5勝を挙げる間1勝もできず。ポールスタートの第16戦アメリカGPではターン1でハミルトンの強引な寄せに簡単に屈し、それでも後半には首位を奪い返したが単独スピンでハミルトンに完敗した。

あまりの負けっぷりの悪さに「これではロズベルグは永遠にチャンピオンになれない」という声も出たほどだった。ところが、次戦メキシコGPから最終戦アブダビGPまでロズベルグは3連勝を遂げる。それもハミルトンをまったく寄せつけない、人が変わったかのような完璧な勝ち方を披露。その勢いは衰えず、翌年悲願のタイトル獲得を果たす。

ベッテルはリフレッシュ成功 フェラーリが復調傾向

ベッテルが移籍を決めたこの年のフェラーリを、手厳しいイタリアメディアなどは沈みかけた泥舟に例えていた。アロンソや有力エンジニアたちの離脱や更迭。チーム代表の相次ぐ交替、ルカ・ディ・モンテゼモロ会長辞任に象徴されるチーム内抗争。そしてメルセデスとのあまりに大き過ぎるパフォーマンス差。移籍してきたベッテル自身、レッドブルでリカルドにさんざん打ち負かされた末の、いわば「都落ち」状態と言えた。

ところが、フェラーリはオフシーズンテストから速さを発揮した。この時点ではまだ本命メルセデスが本気を出していなかったのは確かだが、2年目を迎えたフェラーリのパワーユニットは構造を一新し、大幅なパワーアップに成功していた。車体デザインもショートノーズが主流のなかであえてロングノーズに固執し、重量配分もフロント寄りに変更。車体性能に限ればメルセデスをしのいでレッドブルに次ぐポテンシャルを持つと評価する声もあった。

開幕戦オーストラリアGPで、ベッテルはまず3位表彰台を獲得する。次戦マレーシアGPではタイヤの保ちの良さを存分に活かした戦略の巧みさでメルセデスを圧倒。フェラーリ移籍後わずか2戦目にして初勝利を飾った。ベッテル自身13年の最終戦以来、実に2年ぶりの優勝となった。

その後も真夏のハンガリーGPでスタートでハミルトンをかわして首位に立つと、一時はチームメイトのキミ・ライコネンと1-2態勢を構築。残念ながらライコネンはMGU-Kにトラブルを起こしリタイアを喫したが、ベッテルは悠々と2勝目を挙げた。チェッカー直後にはフランス語で「ありがとう、ジュール。こ

元マールボロのスポークスマンで、2014年終盤からフェラーリの現場指揮を執ることになったマウリツィオ・アリバベーネ代表。チーム体制、ドライバーとも一新したリフレッシュ効果は、早くもフェラーリを復活させたかに見えた

前年の大粛清をくぐり抜け、フェラーリに残留したライコネン。しかし早くから頭角を現したベッテルに対し大苦戦。オーストリアGPでの大クラッシュのように、集中力が切れた蛮勇を見せる場面も多くなり、引退説さえ囁かれた

メルセデス一強が確定し、シリーズの焦点はチームメイト対決に。だがここ一番で強引な攻めを見せるハミルトンに対し、ロズベルグは完敗を喫する場面が多く、タイトル決定戦のアメリカGPでもその差が明暗を分けることになった

予選ではハミルトンを凌ぐ速さを見せてきたロズベルグは、タイトル決定後の残り3戦を全勝。ハミルトンの意欲低下が原因とも言われたが、翌年の王座奪取へ大きな弾みをつけた

トロロッソが抜擢した若きスター、フェルスタッペン（左）とサインツJr.。ともに父親はスタードライバー。その才能はすぐに開花し、翌年以降の飛躍への期待を膨らませた

デビューイヤーにもかかわらず、関係者に大きな印象を残したサインツJr.とフェルスタッペンのルーキーコンビ。特にフェルスタッペンはハンガリーGPとアメリカGPで表彰台まであと一歩の4位入賞を果たした

2014年は4冠王者ベッテルを下し、唯一メルセデスに対抗したリカルドだったが、15年に入るとフェラーリにも追い越され、シーズン未勝利に。常に笑顔を絶やさない印象だった表情も、曇る場面が多かった

の勝利を君に捧げるよ」と、同グランプリ前に亡くなったジュール・ビアンキに追悼の言葉を贈った。

夏休み明けのベルギーGPは終盤、タイヤバーストに見舞われ完走できなかったが、フェラーリのホームレースであるイタリアGPで2位表彰台に上がってティフォシたちの大声援に応えた。さらに次戦シンガポールGPでは原因不明の失速に沈んだメルセデス勢を尻目に、自身2年ぶり、フェラーリとしても約3年ぶりのポールポジションを獲得。レース中に観客がコースに侵入するなど波乱の展開のなか、終始レースをコントロールして完勝。シーズン3勝目を挙げた。

そして第15戦ロシアGPで2位表彰台を得ると、ロズベルグを抜いてついにドライバーズランキング2番手に上がる。終盤のロズベルグ3連勝で最終的には3位に落ち着いたものの、フェラーリのコンストラクターズ選手権2位返り咲きにも大貢献を果たし、跳ね馬のナンバー1ドライバーとして見事な役割を果たした。

次世代スターを見出すも
レッドブルはルノーと仲違い

またこの年は、レッドブル・グループの若手育成チームであるトロロッソから、有望な新人ドライバーがふたりデビューした。前年のラインアップを一新して起用したのは、WRC王者、カルロス・サインツとヨス・フェルスタッペンの2世ドライバーたちだった。開幕戦ではカルロス・サインツJr.がいきなり予選8位、決勝9位入賞を果たすと、続く第2戦マレーシアではマックス・フェルスタッペンが予選6位、決勝7位入賞に飛び込む。なかでもわずか17歳でF1デビューを果たしたフェルスタッペンへの期待度は高く、レッドブルは翌16年スペインGPからワークス昇格させ、それに応えるように、フェルスタッペンはそのレースで初優勝を果たしている。

そのレッドブルだが、自然吸気V8時

代終盤2013年まで無敵を誇っていたものの、14年から新たなパワーユニット時代に突入するとルノー製パワーユニットの信頼性不足が露呈し、ついに選手権5連覇を逸してしまった。それでも14年は何とか選手権2位を確保できたものの、王者メルセデスには300ポイント近い大差をつけられた。

迎えた15年、レッドブルは当然雪辱を期していたが、彼らが直面したのは、前年以上のパフォーマンス差とルノーの信頼性の低さだった。オフシーズンテストこそ比較的順調に開発を進められたものの、開幕戦オーストラリアGPではトロロッソから昇格してきたダニール・クビアトがスタートもできずにリタイア。リカルドも6位入賞が精一杯だった。

その後も苦しいレースが続き、メルセデスやフェラーリは言うに及ばず、メルセデスカスタマーのウイリアムズにも大差をつけられてしまっていた。

パワーユニットの信頼性も一向に改善せず、早くも第8戦オーストリアGPで2台揃って5基目のエンジンに交換し、グリッド降格ペナルティを受けることになった。これらの相次ぐトラブルと「車体性能なら絶対にトップ」という強烈な自負から来るレッドブルは、歯に衣着せないルノー批判を展開し、両者の関係はもはや修復不可能なレベルに達した。

実はすでにレッドブルはこの年の夏前にはメルセデスと極秘交渉しており、16年からの供給契約は妥結寸前だったと言われている。ところが秋になって交渉は決裂。フェラーリからも「1年落ちであれば」と条件をつけられ破談。藁をもすがる気持ちでホンダにも接触したが、マクラーレンのロン・デニスから「独占契約がある」と横槍が入って頓挫した。

一方でルノーは再びフルワークスチームとして参戦する道を模索しており、破産寸前のロータスとの契約交渉が9月に妥結。12月には翌年からのワークス復活が正式に発表された。レッドブルにしてみれば、ルノーが供給してくれなければ搭載するパワーユニットがなくなり、最悪F1からの撤退もあり得る事態となった。最後はFIAやFOMのバーニー・エクレストンまでが仲裁に乗り出し、ルノー製パワーユニットにTAGホイヤーの冠をつけることで何とか合意した。この年のレッドブル・ルノーはコンストラクターズ選手権4位、ともに未勝利に終わったクビアトとリカルドは、ドライバーズ選手権も7、8位にとどまった。

栄光のマクラーレン・ホンダ
復活して直面した厳しい現実

その低迷ぶりは、衝撃的ですらあった。ポイント獲得どころか完走もままならず、あの名門マクラーレンがチーム創設以来最悪のコンストラクターズ選手権9位に沈んだ。かつてアイルトン・セナとアラン・プロストを擁した伝説のマクラーレン・ホンダが、こうまで簡単に弱体化してしまうものなのか。その責任の大半がホンダ側にあったことは明らかである。

そしてなぜホンダがここまで無様な負け方をしたかといえば、準備不足、情報収集不足、何よりかつての圧倒的な成功体験からくる「覇者の驕り」があったか

元世界王者には屈辱でしかない予選Q1落ちも散見された2015年のマクラーレン・ホンダ。ハンガリーGPでは予選Q2進出しながら開始早々ストップしたマシンをピットまで押すアロンソの執念の姿勢が、世界中のファンの胸を打った

壊れ続けるルノー製パワーユニットに不満山積のレッドブル。自分たちを容赦なく非難するクリスチャン・ホーナーとヘルムート・マルコにルノースポールF1のマネージングディレクター、シリル・アビテブルは態度を硬化させていった

パワーユニットウォーズで圧勝したメルセデスはカスタマーチームまでも好調。ウイリアムズは特に高速コースでその実力を発揮しカナダ、オーストリア、イタリア、メキシコで3位表彰台。前年に続きコンストラクターズ選手権3位となる

財政難にあえぐロータス。ついに鈴鹿ではホスピタリティ料の未払いで使用差し止め、雨天の中スタッフはピット裏で過ごす事態に。小松礼雄エンジニアはハースへ移籍。マルドナドもベネズエラ資金が底を尽き、シーズン終了後解雇された

らとしか言いようがない。「『あの』マクラーレンとホンダが組んで、勝てないはずがない」。上層部だけでなくエンジニアたちでさえそう考えていた節がある。

期待のニューマシンMP4-30が完成したオフシーズンテストから、ホンダ製パワーユニットは壊れまくった。トラブル続出で走行距離が稼げず、車体開発も深刻な影響をこうむった。合計周回数は参加9チーム中最下位。最終日にはアロンソがクラッシュして一時意識不明になるなど、散々なデビューとなってしまった。開幕後も状況は好転せず、アロンソの代役で走ったケビン・マグヌッセンは、パワーユニットトラブルでスタートすらできず。バトンも完走したものの最下位に終わった。この年の最高成績は、ハンガリーGPにおけるアロンソの5位。ダブル入賞も同グランプリの1回だけだった。

トラブルが頻発した最大の原因は、ICE（エンジン）本体やターボ、バッテリーなどが発生する大量の熱をうまく処理できないことだった。マクラーレンMP4-30は「サイズゼロ」と呼ぶ車体後部を極端に絞り込んだコンセプトを導入。ホンダ側にも、できるだけコンパクトな設計を求めた。その要求は当時の技術力からすれば過度と言えるものだったが、彼らは唯々諾々と従った。その結果、上述した冷却問題が噴出しただけでなく、コンプレッサーやターボを小型化し過ぎたことでMGU-Hが十分に発電できず、パワー不足に輪を掛けることになった。

そもそものICE本体の性能もライバルメーカーに大きく劣り、ドライバーたちは非力なパワーと燃費の悪さに常に悩まされた。1周のデプロイメント（エネルギーの効率的配分）も十分でなく、長いストレートではすぐに回生エネルギー切れしてしまい、なす術もなく抜かれてしまう場面が日常化した。

カナダGPのレース中に燃料セーブを指示されたアロンソは、「こんな燃費走行、まるでアマチュアだ」と怒りを隠さず、さらにホンダのホームレース日本GPでは、「こんなエンジン、GP2だ」と叫ぶ無線が世界中に流された。苦しい状況でも常に前向きなコメントを発信していたバトンでさえ「長い直線だと速度差があり過ぎて、抜かれるのが怖い」と漏らすほどの様相だった。

シーズン中の自由なパワーユニット開発を規制する「トークン制」が、ホンダの大きな足かせとなったことは間違いない。しかし、もし自由な開発が許されたとしても、果たしてどこまで追いつけたものか。1年先行したライバルたちとの差は、それほどまでに大きかった。何よりホンダは性能向上以前に、頻出するトラブル解消に追われるばかりであった。

年間4基と決められたパワーユニット使用制限規定は、ホンダのために特別に「新規参入メーカーのみ5基」という温情変更がなされたほどだ。しかし1基増えたところで大勢に影響はなく、最終的にICEだけでアロンソ車は12基、バトン車も11基を投入。メルセデスユーザーがすべて規定内で収めたのに比べると、彼我の差は途方もなかった。

一方でマクラーレンのマシン開発、チーム力が落ちていたことも事実だった。12年の最終戦ブラジルGP以来ずっと未勝利。優秀な技術陣の流出や有力スポンサーの契約打ち切りも続いて、弱体化に歯止めをかけることはできなかった。

興行不振とコスト高の
ダブルパンチがF1を襲う

この年、ニュルブルクリンクで開催される予定だったドイツGPは、同サーキ

この頃から中堅チームでもペイドライバーの起用が常識化。ザウバーは開幕戦でドライバーのダブルブッキングを起こしてしまう。結局ブラジル銀行の資金でナッセがシートを確保。契約したはずのバン・デル・ガルデはパドックを締め出された。

102

ットの財政難によりシーズン開幕直後に開催返上が申し出された。ホッケンハイムが代替する時間的余裕もなく、1961年以来開催され続けたドイツGPが中止になるという思わぬ事態に発展した。全世界的に見てF1興行成績は下降気味で、しかし開催権料は高騰の一途。それが臨界点に達したとも言える出来事だった。

また自然吸気V8エンジン時代は年間13億円程度だったエンジンコストが、14年からのパワーユニットでは30億円前後に急騰。すでに資金難にあえいでいた下位チームの財政事情が一気に悪化した。小林可夢偉も在籍したケータハムはすでに前年で消滅。撤退寸前だったマルシャは土壇場で投資家の資金注入で救済され、何とか最終戦まで出場した。しかしまともにレースできる状態からはほど遠くノーポイント＆選手権最下位でシーズン終了。翌16年はマノー名義で参戦したが、同年を最後に撤退した。

ワークス4チームとレッドブルを除くすべてのプライベーターは財政難にあえいでいると言われ、このシーズンでは選手権3位と健闘したウイリアムズも、その後徐々に衰退の道をたどっていく。

ビジェイ・マリア主宰の経営するキングフィッシャー航空が破綻し、一気に財政難に見舞われたフォース・インディア。ニューマシン開発リソースが足らず、オフシーズンテストでは旧型マシンでのデータ収集にとどまった

マルシャもチーム運営が完全にドライバーの持参金次第となり、シーズン途中での交代が常態化。ロッシは地元アメリカ中心にF1参戦しながら、GP2併催のレースでは選手権を重視し欠場という変則的な参戦形態を採る

日本GPで発覚し大騒ぎとなったバトンの引退説。日本のファンにも縁深い彼のニュースは衝撃的だった。マクラーレンが契約金を準備できないというのが理由で、結局ホンダが肩代わりしバトンは現役続行を宣言

2014年鈴鹿で頭部負傷したビアンキが7月17日に永眠。F1レース中の事故で死亡したドライバーはセナ以来21年ぶり。直後のハンガリーGPでは決勝前に追悼セレモニーが行われた

(44) (3) **メルセデスF1 W06 ハイブリッド**
メルセデス・ベンツ PU106Bハイブリッド V6ターボ

(3) (26) **レッドブルRB11**
ルノーEnergy F1-2015 V6ターボ

(14) (22) (20) **マクラーレンMP4-30**
ホンダRA615H V6ターボ

(27) (11) **フォース・インディアVJM08**
メルセデス・ベンツPU106Bハイブリッド V6ターボ

(28) (98) (53) **マルシャMR03B**
フェラーリ・ティーポ059/3 V6ターボ

(9) (12) **ザウバーC34**
フェラーリ・ティーポ059/4 Hybrid V6ターボ

⑲ ㉗ ウイリアムズFW37
メルセデス・ベンツ PU106Bハイブリッド V6ターボ

⑤ ⑦ フェラーリSF15-T
フェラーリ・ティーポ059/4ハイブリッド V6ターボ

㉝ 55 トロロッソSTR10
ルノーEnergy F1-2015 V6ターボ

⑧ ⑬ ロータスE23
メルセデス・ベンツ PU106Bハイブリッド V6ターボ

Mercedes AMG Petronas Formula One Team ［メルセデス］

⑭ ルイス・ハミルトン
Lewis Hamilton・GBR・30歳

⑥ ニコ・ロズベルグ
Nico Rosberg・GER・29歳

ドライバー ── ルイス・ハミルトン
　　　　　　　ニコ・ロズベルグ
3年連続同じペア。ハミルトンは5月のモナコGPで2018年末まで3年間契約を延長した。チーム体制に大きな変更はなく、新車W06ハイブリッドとメルセデスPU106Bはシーズンを席巻した前年モデルの正常進化型で、この年も圧倒的な速さを誇った。メルセデスにとって、最も大きな変化はチームメイト同士の力関係。14年は予選でハミルトンに競り勝ち、一発の速さを武器にしていたロズベルグだったが、15年はハミルトンが予選での弱点を克服し圧倒。結果、最終戦を待たずして、アメリカGPでハミルトンがタイトルを決定した。パワーユニットはメルセデス・ベンツPU106B。メルセデス・ベンツ製8速セミオートマチックギヤボックス。スポンサーはペトロナス／ブラックベリー／SWISSQUOTE／他。

Infiniti Red Bull Racing ［レッドブル・ルノー］

③ ダニエル・リカルド
Daniel Ricciardo・AUS・25歳

㉖ ダニール・クビアト
Daniil Kvyat・RUS・21歳

ドライバー ── ダニエル・リカルド
　　　　　　　ダニール・クビアト
残留したリカルドとベッテルに代わってトロロッソから移籍してきたクビアトの新コンビ。ハンガリーGPで揃って表彰台を獲得したように車体性能は決して低くなかったが、メルセデスに追いつこうと改良を加えたルノーの新パワーユニットが不発。パワー不足だけでなく、信頼性にも問題を抱えて、コンストラクターズ選手権で4位に後退する。ハンガリーGPでF1での初表彰台を獲得したクビアトは、その後も安定した成績を残し、19戦中14レースで入賞ポイントを獲得。ドライバーズ選手権でリカルドを上まわり、レッドブルの抜擢にしっかりと応えた。パワーユニットはルノーEnergy F1-2015。レッドブル製8速セミオートマチックギヤボックス。スポンサーはインフィニティ／トタル／at&t／他。

Williams Martini Racing ［ウイリアムズ・メルセデス］

⑲ フェリペ・マッサ
Felipe Massa・BRA・33歳

⑰ バルテリ・ボッタス
Valtteri Bottas・FIN・25歳

㊶ スージー・ウォルフ
Susie Wolff
GBR・32歳

ドライバー ── フェリペ・マッサ
　　　　　　　バルテリ・ボッタス
前年に続いてボッタス、マッサのコンビ。新レギュレーション2年目に入り、ライバルたちが車体を進化させてきたのに対して、対応が遅れたために低速コーナーでのダウンフォース不足に苦しんだ。高速コースのイギリスGPではスタート直後に1-2体制を築くが、チームとしてのレース戦略が機能せずにメルセデスに簡単に逆転を許してしまうなど、ちぐはぐなレースが目立った。レッドブルの失速もあってコンストラクターズ選手権は3位をキープしたが、ポイントは前年の320点から257点へと大きく減点。課題の残るシーズンとなった。パワーユニットはメルセデス・ベンツPU106B。ウイリアムズ製8速セミオートマチックギヤボックス。スポンサーはマルティーニ／ランスタッド／ペトロブラス／他。

Scuderia Ferrari [フェラーリ]

ドライバー──セバスチャン・ベッテル
　　　　　　キミ・ライコネン

レッドブルから移籍のベッテルは、残留したライコネンとはプライベートでも仲良し。前年終盤に始動したセルジオ・マルキオンネ会長＆マウリツィオ・アリバベーネ代表の新体制の下、テクニカルディレクターのジェームス・アリソンによるSF15-Tは前年とは異なるロングノーズを採用するも、フロントサスペンションのプルロッドは継続し確実な進化を遂げた。新たにマティア・ビノットが仕上げたパワーユニットも信頼性、戦闘力ともに向上。2戦目に2シーズンぶりの勝利を挙げ、目標だった2勝を上まわる3勝を挙げた。パワーユニットはフェラーリ・ティーポ059/4 ハイブリッド。フェラーリ製8速セミオートマチックギヤボックス。スポンサーはサンタンデール／シェル／WEICHAI／他。

⑤ セバスチャン・ベッテル
Sebastian Vettel・GER・27歳

⑦ キミ・ライコネン
Kimi Raikkonen・FIN・35歳

McLaren Honda [マクラーレン・ホンダ]

ドライバー──フェルナンド・アロンソ
　　　　　　ジェンソン・バトン
　　　　　　ケビン・マグヌッセン

アロンソのチーム復帰の影響でマグヌッセンがリザーブへ。しかし、開幕直前アロンソが負傷し開幕戦はマグヌッセンが代役出場。1996年から提携してきたメルセデスと別れを告げ、2008年以来7年ぶりにF1復帰したホンダと組む。シーズン前半はロングノーズを採用していたが、前年に復帰したチーフデザイナーのピーター・プロドロモウによるショートノーズ仕様がオーストリアGPから投入。準備期間が短すぎたか、パワーユニット交換によるペナルティはふたり合わせて105グリッド（アロンソ55、バトン50）降格に。パワーユニットはホンダRA615H。マクラーレン製8速セミオートマチックギヤボックス。スポンサーはエクソン・モービル／SAP／CNN／他。

⑭ フェルナンド・アロンソ
Fernando Alonso・ESP・33歳

㉒ ジェンソン・バトン
Jenson Button・GER・35歳

⑳ ケビン・マグヌッセン
Kevin Magnussen・DEN・22歳

Sahara Force India F1 Team [フォース・インディア・メルセデス]

ドライバー──ニコ・ヒュルケンベルグ
　　　　　　セルジオ・ペレス

ドライバーふたりとも残留。財政難から最初のプレシーズンテストを欠席し、2回目も昨年型VJM07を走らせるという厳しい状況のなかでシーズンをスタートさせる。イギリスGPに2015年の新車と言えるVJM08Bスペックを投入。ノーズの先端にふたつの穴を持つユニークなデザインは同年に変更されたレギュレーションを満たしつつ、クラッシュテストを合格しやすくするためのアイデア。Bスペック投入以降は成績が向上。ロシアGPではペレスが表彰台を獲得し、コンストラクターズ選手権でチーム創設以来、最高位となる5位を獲得。パワーユニットはメルセデス・ベンツPU106B。メルセデス・ベンツ製8速セミオートマチックギヤボックス。スポンサーはキングフィッシャー／Claro／HYPE／他。

㉗ ニコ・ヒュルケンベルグ
Nico Hulkenberg・GER・27歳
⑪ セルジオ・ペレス
Sergio Perez・MEX・25歳

Scuderia Toro Rosso［トロロッソ・ルノー］

㉝マックス・フェルスタッペン
Max Verstappen・NED・17歳

(55)カルロス・サインツJr.
Carlos Sainz Jr.・ESP・20歳

ドライバー――マックス・フェルスタッペン
カルロス・サインツJr.
クビアトのレッドブル昇格にともない、ベルニュが放出され、ドライバーは17歳のフェルスタッペンと20歳のサインツという若手に一新。フェルスタッペンは普通自動車免許を持たないF1ドライバーとして批判も受けたが、2戦目のマレーシアGPで最年少入賞（17歳180日）したほか、4位を2度獲得しルーキーのなかで最高の成績を収め、周囲の雑音を黙らせた。フェルスタッペンは年末のFIA表彰式でも「ルーキー・オブ・ザ・イヤー」に選出され、オーナーのレッドブルからも高い評価を受けた。パワーユニットはルノーEnergy F1 - 2015。トロロッソ製8速セミオートマチックギヤボックス。スポンサーはセプサ／SAPINDA／NOVAケミカルズ／他。

Lotus F1 Team［ロータス・メルセデス］

⑧ロマン・グロージャン
Romain Grosjean・FRA・28歳

⑬パストール・マルドナド
Pastor Maldonado・VEN・30歳

㉚ジョリオン・パーマー
Jolyon Palmer
GBR・24歳

ドライバー――ロマン・グロージャン
パストール・マルドナド
ドライバー2名とも残留。前年採用したツインキールを廃止してオーソドックスなロングノーズを採用し、空力パッケージを一新。またパワーユニットをルノーからメルセデスに変更。冷却システムにも大きな変更を加えられインダクションポッド周辺の処理が変わった。体制面では小松礼雄がチーフレースエンジニアに昇格。ベルギーGPではグロージャンが2年ぶりに表彰台に立ったが、チームの財政事情は破綻寸前で、レース後に機材が差し押さえられた。また日本GPでもホスピタリティハウスが使えない事態となった。その後、ルノーがチームを買収し解散危機は脱出。パワーユニットはメルセデス・ベンツPU106B。ロータス製8速セミオートマチックギヤボックス。スポンサーはPDVSA／トタル／他。

Manor Marussia F1 Team［マルシャ・フェラーリ］

㉘ウィル・スティーブンス
Will Stevens・GBR・23歳

(98)ロベルト・メリ
Roberto Merhi・ESP・23歳

(53)アレクサンダー・ロッシ
Alexander Rossi・USA・23歳

㊷ファビオ・ライマー
Fabio Leimer
SUI・25歳

ドライバー――ウィル・スティーブンス
ロベルト・メリ
アレクサンダー・ロッシ
前年のシーズン終了後に資産が競売にかけられ、消滅目前だったチームだが、開幕直前に投資家に救済され存続。国籍はロシアから本拠地のイギリスに帰った。開幕戦はソフトウェア不備で欠場。2戦目以降も予選タイム107%以内に達しない苦しい状況が続いた。第13戦シンガポールGPからメリに代わってロッシが走るが、ロッシはGP2タイトルを重視し併催2戦はメリが出走した。シーズン終了後にはジョン・ブース代表とグレアム・ロードン社長がオーナーのスティーブン・フィッツパトリックと対立して離脱。パワーユニットはフェラーリ・ティーポ059/3。フェラーリ製8速セミオートマチックギヤボックス。スポンサーはマルシャ／airbnb／Shazam／他。

Sauber F1 Team ［ザウバー・フェラーリ］

ドライバー────マーカス・エリクソン
　　　　　　　　フェリペ・ナッセ

ケータハムから移籍してきたエリクソンとGP2からステップアップしてきたナッセの新コンビでスタートする予定だったが、開幕前に多重契約問題が発生。前年リザーブドライバーを務めていたギド・バン・デル・ガルデが開幕戦メルボルンで裁判を起こし勝訴。シートは獲得したものの、結局ザウバー側が多額の違約金を払って和解し、ラインアップを変えなかった。その開幕戦でナッセ5位、エリクソン8位とダブル入賞。その後もナッセは5回、エリクソンも4回の入賞を果たし、マクラーレンを上まわるコンストラクターズ選手権8位を獲得した。パワーユニットはフェラーリ・ティーポ059/4ハイブリッド。フェラーリ製8速セミオートマチックギヤボックス。スポンサーはSilanna／ブラジル銀行／他。

⑨ マーカス・エリクソン
Marcus Ericsson・SWE・24歳

⑫ フェリペ・ナッセ
Felipe Nasr・BRA・22歳

㊱ ラファエーレ・マルチェロ
Raffaele Marciello
SUI・20歳

2015 ドライバーズ・ポイント

順位	ドライバー	国籍	マシン	タイヤ	
1	ルイス・ハミルトン	GBR	メルセデスF1 W06	PI	
2	ニコ・ロズベルグ	GER	メルセデスF1 W06	PI	
3	セバスチャン・ベッテル	GER	フェラーリSF15	PI	
4	キミ・ライコネン	FIN	フェラーリSF15	PI	
5	バルテリ・ボッタス	FIN	ウィリアムズFW37・メルセデス	PI	
6	フェリペ・マッサ	BRA	ウィリアムズFW37・メルセデス	PI	
7	ダニール・クビアト	RUS	レッドブルRB11・ルノー	PI	
8	ダニエル・リカルド	AUS	レッドブルRB11・ルノー	PI	
9	セルジオ・ペレス	MEX	フォース・インディアVJM08・メルセデス	PI	
10	ニコ・ヒュルケンベルグ	GER	フォース・インディアVJM08・メルセデス	PI	
11	ロマン・グロージャン	FRA	ロータスE23・メルセデス	PI	
12	マックス・フェルスタッペン	NLD	トロロッソSTR10・ルノー	PI	
13	フェリペ・ナッセ	BRA	ザウバーC34・フェラーリ	PI	
14	パストール・マルドナド	VEN	ロータスE23・メルセデス	PI	
15	カルロイ・サインツJr.	ESP	トロロッソSTR10・ルノー	PI	
16	ジェンソン・バトン	GBR	マクラーレンMP4-30・ホンダ	PI	
17	フェルナンド・アロンソ	ESP	マクラーレンMP4-30・ホンダ	PI	
18	マーカス・エリクソン	SWE	ザウバーC34・フェラーリ	PI	
	ロベルト・メリ	ESP	マルシャMR03B・フェラーリ	PI	
	アレクサンダー・ロッシ	USA	マルシャMR03B・フェラーリ	PI	
	ウィル・スティーブンス	GBR	マルシャMR03B・フェラーリ	PI	
	ケビン・マグヌッセン	DEN	マクラーレンMP4-30・ホンダ	PI	
	ラファエーレ・マルチェロ	ITA	ザウバーC34・フェラーリ	PI	
	ジョリオン・パーマー	GBR	ロータスE23・メルセデス	PI	
	スージー・ウォルフ	GBR	ウィリアムズFW37・メルセデス	PI	
	ファビオ・ライマー	SUI	マルシャMR03B・フェラーリ	PI	

得点は各戦上位10位までに25-18-15-12-10-8-6-4-2-1の各点
タイヤ欄の略号はPI=ピレリ。結果欄は、左より、グリッド順位・決勝順位・得点（赤い数字）の順
結果欄の略号は、nc=最後まで走行していたが規定完走周回数不足により順位なし、R=リタイア、dq=失格、ns=予選通過タイムを出したが決勝出走せず、
fp=金曜最初のプラクティスのみ走行、*=予選終了後グリッドペナルティを受けた後の順位

2015 コンストラクターズ・ポイント

順位				タイヤ	
1	メルセデス	V6t	L.ハミルトン/N.ロズベルグ	PI	
2	フェラーリ	V6t	S.ベッテル/K.ライコネン	PI	
3	ウイリアムズ・メルセデス	V6t	V.ボッタス/F.マッサ	PI	
4	レッドブル・ルノー	V6t	D.クビアト/D.リカルド	PI	
5	フォース・インディア・メルセデス	V6t	S.ペレス/N.ヒュルケンベルグ	PI	
6	ロータス・メルセデス	V6t	R.グロージャン/P.マルドナド	PI	
7	トロロッソ・ルノー	V6t	M.フェルスタッペン/C.サインツJr.	PI	
8	ザウバー・フェラーリ	V6t	F.ナッセ/M.エリクソン	PI	
9	マクラーレン・ホンダ	V6t	J.バトン/F.アロンソ/K.マグヌッセン	PI	
	マルシャ・フェラーリ	V6t	R.メリ/A.ロッシ/W.スティーブンス	PI	

結果欄の上段は完走車の順位、下段（赤い数字）は得点

2015

ドライバー

❶3/15 オーストラリア[メルボルン]	❷3/29 マレーシア[セパン]	❸4/12 中国[上海]	❹4/19 バーレーン[サクヒール]	❺5/10 スペイン[カタルーニャ]	❻5/24 モナコ[モンテカルロ]	❼6/7 カナダ[モントリオール]	❽6/21 オーストリア[シュピールベルク]	❾7/5 イギリス[シルバーストン]	❿7/26 ハンガリー[ハンガロリンク]	⓫8/23 ベルギー[スパ・フランコルシャン]	⓬9/6 イタリア[モンツァ]	⓭9/20 シンガポール[シンガポール]	⓮9/27 日本[鈴鹿]	⓯10/11 ロシア[ソチ]	⓰10/25 アメリカ合衆国[オースティン]	⓱11/1 メキシコ[メキシコ・シティ]	⓲11/15 ブラジル[インテルラゴス]	⓳11/29 アブダビ[ヤス・マリーナ]	総得点	優勝回数	ポールポジション回数	最速ラップ回数	決勝出走回数	予選のみ出走回数
1 1 25	1 2 18	1 1 25	1 1 25	2 2 18	1 3 15	1 1 25	1 2 18	1 1 25	1 6 8	1 1 25	1 1 25	5 R	2 1 25	2 1 25	2 1 25	2 2 18	2 2 18	2 2 18	381	10	11	8	19	-
2 2 18	3 3 15	2 2 18	3 3 15	1 1 25	2 1 25	2 2 18	2 1 25	2 2 18	2 8 4	2 2 18	2 2 18	4 17	6 4 12	1 2 18	1 R	1 2 18	1 1 25	1 1 25	322	6	7	5	19	-
4 3 15	2 1 25	3 3 15	2 5 10	3 3 15	3 2 18	*18 5 10	3 4 12	6 3 15	3 1 25	8 12	3 2 18	1 1 25	4 3 15	4 2 18	*13 3 15	3 R	3 3 15	15 4 12	278	3	1	1	19	-
5 R	11 4 12	6 4 12	4 2 18	7 5 10	6 6 8	3 4 12	14 R	5 8 4	5 R	*16 7 6	2 5 10	3 3 15	6 4 12	5 8 4	*18 R	*19 R	4 4 12	3 3 15	150	-	-	-	18	1
(6) ns	8 5 10	5 6 8	5 4 12	16 14	4 3 15	6 5 10	4 3 15	3 9 2	4 2 18	3 5 10	3 12	7 3 15	3 5 10	3 12	3 5 10	*16 R	*7 5 10	6 13	136	-	-	-	18	1
3 4 12	7 6 8	4 5 10	6 10 1	9 6 8	12 15	15 6 8	4 3 15	3 4 12	8 12	6 6 8	5 3 15	9 R	5 17	15 4 12	7 R	7 6 8	8 dq	8 8 4	121	-	-	-	19	-
12 R	5 9 2	12 R	17 9 2	8 10 1	5 4 12	8 9 2	*15 12	7 6 8	7 2 18	12 4 12	*18 10 1	4 6 8	*20 13	11 5 10	4 R	4 4 12	6 7 6	9 10 1	95	-	-	3	19	-
6 6 8	4 10 1	7 9 2	7 6 8	10 7 6	4 5 10	9 13	*18 10 1	10 R	4 3 15	5 R	*19 8 4	2 2 18	7 15	10 15	3 10 1	5 5 10	*19 11	5 6 8	92	-	-	-	19	-
14 10 1	14 13	15 11	11 8	13	17 15	11 11	7 8 4	5 6 8	9 7 6	11 R	11 R	9 7 6	13 7 6	9 12	7 3 15	5 5 10	9 8 4	*11 12	4 5 10	78	-	-	-	19	-
13 7 6	13 14	16 R	8 13	17 15	11 11	7 8 4	5 6 8	9 13	11 R	11 R	9 7 6	11 R	3 7 6	5 5 10	9 8 4	7 7 6	58	-	-	-	19	-
8 R	*10 11	8 7 6	10 7 6	11 8 4	*15 12	5 10 1	9 R	12 R	10 7 6	*9 3 15	8 R	10 13	8 7 6	8 R	10 R	12 10 1	14 8 4	*18 9 2	51	-	-	-	19	-
11 R	6 7 6	13 17	15 R	6 11	9 R	*19 15	7 8 4	13 R	9 4 12	*18 8 4	*20 12	8 8 4	*17 9 2	9 10 1	8 4 12	8 9 2	9 9 2	11 16	49	-	-	-	19	-
10 5 10	16 12	9 8 4	12 12	15 12	14 9 4	14 16	8 11	16 R	18 11	14 11	11 13	16 10 1	16 20	12 6 8	15 9 2	15 R	*13 13	14 15	27	-	-	-	19	-
9 R	12 R	11 R	16 15	12 R	8 R	6 7 6	10 7 6	14 R	14 14	7 R	10 R	18 12	11 8 4	14 7 6	12 8 4	13 11	15 10 1	13 R	27	-	-	-	19	-
7 9 2	15 8 4	14 13	9 R	5 9 2	*20 10 1	11 12	12 R	8 R	12 R	10 R	*17 11	14 9 2	10 10 1	*20 R	20 7 6	11 13	10 R	10 11	18	-	-	-	19	-
16 11	17 R	17 14	20 ns	14 16	10 8 4	*20 R	*20 R	18 R	16 9 2	*19 14	*15 14	15 R	14 16	13 9 2	11 6 8	*20 14	16 14	12 12	16	-	-	-	18	1
	18 R	18 12	14 11	13 R	13 R	13 R	*19 R	17 10 1	15 5 10	*20 13	*16 18	12 R	12 11	*19 11	9 11	*18 R	*20 15	16 17	11	-	-	-	18	-
15 8 4	9 R	10 10 1	13 14	16 12	17 13	12 14	11 13	15 11	17 10 1	13 10 1	*12 9 2	17 11	15 14	16 R	14 R	12 16	9	-	-	-	19	-
	19 15	20 16	19 17	20 18	19 16	16 R	16 14	20 12	19 15	17 15	14 16			*18 13				*20 19	0	-	-	-	13	-
										*20 14	19 18		17 12	16 15	17 18			0	-	-	-	5	-
	20 ns	19 15	18 16	19 17	18 17	17 17	17 R	19 13	20 16	15 16	13 15	*19 15	18 19	17 14	*19 R	17 16	18 17	*19 18	0	-	-	-	17	-
17 R																			0	-	-	-	1	-
	fp		fp			fp							fp						-
		fp	fp	fp		fp	fp	fp	fp		fp	fp	fp	fp	fp	fp	fp	fp	-
			fp			fp													-
						fp													-

コンストラクター

❶	❷	❸	❹	❺	❻	❼	❽	❾	❿	⓫	⓬	⓭	⓮	⓯	⓰	⓱	⓲	⓳	総得点	優勝回数	ポールポジション回数	最速ラップ回数	決勝出走回数	予選のみ出走回数
1+2 25+18	2+3 18+15	1+2 25+18	1+3 25+15	1+2 25+18	1+3 25+15	1+2 25+18	1+2 25+18	1+2 25+18	6+8 8+4	1+2 25+18	1+17 25	4 12	1+2 25+18	1 25	1+2 25+18	1+2 25+18	1+2 25+18	1+2 25+18	703	16	18	13	38	-
3 15	1+4 25+12	3+4 15+12	2+5 18+10	3+5 15+10	2+6 18+8	4+5 12+10	4 12	3+8 15+4	1 25	7+12 6	2+5 18+10	1+3 25+15	3+4 15+12	2+8 18+4	3 15		3+4 15+12	3+4 15+12	428	3	1	3	38	-
4 12	5+6 10+8	5+6 10+8	4+10 12+1	4+6 12+8	14+15	3+6 15+8	3+5 15+10	4+5 12+10	12+13	6+9 8+2	3+4 15+12	5 10	5+17 10	4+12 12		3+6 15+8	5 10	8+13 4	257	-	-	-	37	1
6 8	9+10 2+1	9 2	6+9 8+2	7+10 6+1	4+5 12+10	9+13 2	10+12 1	6 8	2+3 18+15	4 12	8+10 4+1	2+6 18+8	13+15	5+15 10	10 1	4+5 12+10	7+11 6	6+10 8+1	187	-	-	3	38	-
7+10 6+1	13+14	11	8+13 4	13+15	7+11 6	8+11 4	6+9 8+2	7+9 6+2		5 10	6+7 8+6	7 6	6+12 6+4	3 15	5 10	7+8 6+4	6+12 8	5+7 10+6	136	-	-	-	38	-
	11	7 6	7+15 6	8 4	12	7+10 6+1	7 6		7+14 6	3 15		12+13	7+8 6+4	7 6	8 4	10+11 1	8+10 4+1	9 2	78	-	-	-	38	-
9 2	7+8 6+4	13+17		9+11 2	10 1	12+15	8 4		4 12	8 4	11+12	8+9 4+2	9+10 2+1	10 1	4+7 12+6	9+13 2	9 2	11+16	67	-	-	-	38	-
5+8 10+4	12	8+10 4+1	12+14	12+14	9+13 2	14+16	11+13	11	10+11 1	10+11 1	14+20	6 8	9 2	12	13+16	14+15	36	-	-	-	38	-
11		12+14	11	16	8 4		10 1	5+9 10+2	13+14	14+18		11+16	9+11 2	6+11 8	14	14+15	12+17	27	-	-	-	37	1
	15	15+16	16+17	17+18	16+17	17	14	12+13	15+16	15+16	15+16	14+15	18+19	13+14	12	15+16	17+18	18+19	0	-	-	-	35	1

全グランプリ リザルト総覧

FULL RESULTS OF ALL GRAND PRIX 2011—2015

2011

ROUND 1
オーストラリアGP
3／27

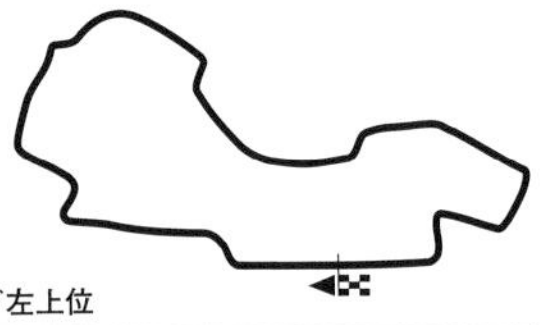

メルボルン；オーストラリア
Albert Park, Melbourne
天候：晴れ　路面状況：ドライ　グリッド：2列スタッガード左上位

●5.303km×58周=307.574km　予選出走24(+3)台　決勝出走22台完走　14台

順位	No.	ドライバー	マシン	タイヤ	周回数	タイム	予選順位／タイム
1	1	S.ベッテル	レッドブルRB7・ルノー	PI	58	1:29'30"259	1/1'23"529/Q3
2	3	L.ハミルトン	マクラーレンMP4-26A・メルセデス	PI	58	1:29'52"556	2/1'24"307/Q3
3	10	V.ペトロフ	ルノーR31	PI	58	1:30'00"819	6/1'25"247/Q3
4	5	F.アロンソ	フェラーリ150° Italia	PI	58	1:30'02"031	5/1'24"974/Q3
5	2	M.ウェーバー	レッドブルRB7・ルノー	PI	58	1:30'08"430	3/1'24"395/Q3
6	4	J.バトン	マクラーレンMP4-26A・メルセデス	PI	58	1:30'24"563	4/1'24"779/Q3
dq	17	S.ペレス	ザウバーC30・フェラーリ	PI	58	1:30'36"104	13/1'26"108/Q2
dq	16	小林可夢偉	ザウバーC30・フェラーリ	PI	58	1:30'47"131	9/1'25"626/Q3
7	6	F.マッサ	フェラーリ150° Italia	PI	58	1:30'56"445	8/1'25"599/Q3
8	18	S.ブエミ	トロロッソSTR6・フェラーリ	PI	57	1:29'38"705	10/1'27"066/Q3
9	14	A.スーティル	フォース・インディアVJM04・メルセデス	PI	57	1:29'54"794	16/1'31"407/Q2
10	15	P.ディ・レスタ	フォース・インディアVJM04・メルセデス	PI	57	1:30'23"766	14/1'26"739/Q2
11	19	J.アルグエルスアリ	トロロッソSTR6・フェラーリ	PI	57	1:30'28"923	12/1'26"103/Q2
12	9	N.ハイドフェルド	ルノーR31	PI	57	1:30'43"901	18/1'27"239/Q1
13	21	J.トゥルーリ	ロータスT128・ルノー	PI	56	1:30'53"536	20/1'29"342/Q1
14	25	J.ダンブロジオ	ヴァージンMVR02・コスワース	PI	54	1:29'34"518	22/1'30"822/Q1
nc	24	T.グロック	ヴァージンMVR02・コスワース	PI	49	1:31'02"637	21/1'29"858/Q1
	11	R.バリチェロ	ウイリアムズFW33・コスワース	PI	48	トランスミッション	17/no time/Q2
	8	N.ロズベルグ	メルセデスGP W02	PI	22	アクシデント	7/1'25"421/Q3
	20	H.コバライネン	ロータスT128・ルノー	PI	19	水もれ	19/1'29"254/Q1
	7	M.シューマッハー	メルセデスGP W02	PI	19	アクシデント	11/1'25"971/Q2
	12	P.マルドナド	ウイリアムズFW33・コスワース	PI	9	トランスミッション	15/1'26"768/Q2
ns	23	V.リウッツィ	HRT F111・コスワース	PI	--	DNQ	23/1'32"978/Q1
ns	22	N.カーティケヤン	HRT F111・コスワース	PI	--	DNQ	24/1'34"293/Q1
ns	19f	D.リカルド	トロロッソSTR6・フェラーリ	PI	--	金曜P1のみ	--/(1'29"468)
ns	15f	N.ヒュルケンベルグ	フォース・インディアVJM04・メルセデス	PI	--	金曜P1のみ	--/(1'31"002)
ns	21f	K.チャンドック	ロータスT128・ルノー	PI	--	金曜P1のみ	--/(no time)

優勝スピード：206.184km/h
最速ラップ：F.マッサ(フェラーリ)　1'28"947　214.631km/h　55周目
ラップリーダー：1-13=ベッテル、14-16=ハミルトン、17-58=ベッテル
ペナルティ：ペレスと小林は再車検の結果、リヤウイング違反により失格

ROUND 2
マレーシアGP
4／10

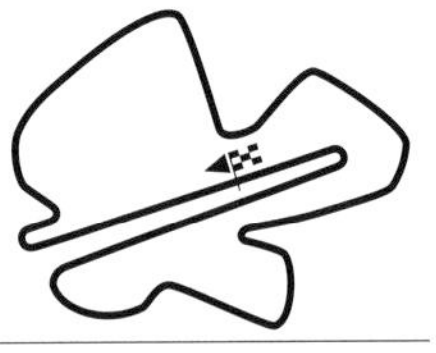

セパン；マレーシア
Sepang International Circuit, Kuala Lumpur
天候：曇　路面状況：ドライ　グリッド：2列スタッガード右上位

●5.543km×56周＝310.408km　参加24(+3)台　決勝出走24台　完走17台

順位	No.	ドライバー	マシン	タイヤ	周回数	タイム	予選順位／タイム
1	1	S.ベッテル	レッドブルRB7・ルノー	PI	56	1:37'39"832	1/1'34"870/Q3
2	4	J.バトン	マクラーレンMP4-26A・メルセデス	PI	56	1:37'43"093	4/1'35"200/Q3
3	9	N.ハイドフェルド	ルノーR31	PI	56	1:38'04"907	6/1'36"124/Q3
4	2	M.ウェーバー	レッドブルRB7・ルノー	PI	56	1:38'06"216	3/1'35"179/Q3
5	6	F.マッサ	フェラーリ150° Italia	PI	56	1:38'16"790	7/1'36"251/Q3
6	5	F.アロンソ	フェラーリ150° Italia	PI	56	1:38'17"080+20"	5/1'35"802/Q3
7	16	小林可夢偉	ザウバーC30・フェラーリ	PI	56	1:38'46"271	10/1'36"820/Q3
8	3	L.ハミルトン	マクラーレンMP4-26A・メルセデス	PI	56	1:38'29"789+20"	2/1'34"974/Q3
9	7	M.シューマッハー	メルセデスGP W02	PI	56	1:39'04"728	11/1'37"035/Q2
10	15	P.ディ・レスタ	フォース・インディアVJM04・メルセデス	PI	56	1:39'11"395	14/1'37"370/Q2
11	14	A.スーティル	フォース・インディアVJM04・メルセデス	PI	56	1:39'21"211	17/1'37"593/Q2
12	8	N.ロズベルグ	メルセデスGP W02	PI	55	1:37'45"770	9/1'36"809/Q3
13	18	S.ブエミ	トロロッソSTR6・フェラーリ	PI	55	1:38'13"721	12/1'37"160/Q2
14	19	J.アルグエルスアリ	トロロッソSTR6・フェラーリ	PI	55	1:38'23"108	13/1'37"347/Q2
15	20	H.コバライネン	ロータスT128・ルノー	PI	55	1:38'23"523	19/1'38"645/Q1
16	24	T.グロック	ヴァージンMVR02・コスワース	PI	54	1:37'52"361	21/1'40"648/Q1
17	10	V.ペトロフ	ルノーR31	PI	52	ステアリング	8/1'36"324/Q3
	23	V.リウッツィ	HRT F111・コスワース	PI	46	ハンドリング	23/1'41"549/Q1
	25	J.ダンブロジオ	ヴァージンMVR02・コスワース	PI	42	電気系統	22/1'41"001/Q1
	21	J.トゥルーリ	ロータスT128・ルノー	PI	31	クラッチ	20/1'38"791/Q1
	17	S.ペレス	ザウバーC30・フェラーリ	PI	23	電気系統	16/1'37"528/Q2
	11	R.バリチェロ	ウイリアムズFW33・コスワース	PI	22	ハイドロリック	15/1'37"496/Q2
	22	N.カーティケヤン	HRT F111・コスワース	PI	14	オーバーヒート	24/1'42"574/Q1
	12	P.マルドナド	ウイリアムズFW33・コスワース	PI	8	ミスファイア	18/1'38"276/Q1
ns	15f	N.ヒュルケンベルグ	フォース・インディアVJM04・メルセデス	PI	--	金曜P1のみ	--/(1'40"377)
ns	18f	D.リカルド	トロロッソSTR6・フェラーリ	PI	--	金曜P1のみ	--/(1'40"748)
ns	20f	D.バルセッキ	ロータスT128・ルノー	PI	--	金曜P1のみ	--/(1'44"054)

優勝スピード：190.699km/h
最速ラップ：M.ウェーバー(レッドブル・ルノー)　1'40"571　198.415km/h　46周目
ラップリーダー：1-13=ベッテル、14=アロンソ、15-25=ベッテル、26=アロンソ、27-56=ベッテル
ペナルティ：アロンソは衝突原因により、ハミルトンは防御時の進路変更により、それぞれ20秒加算

ROUND 3
中国GP
4／17

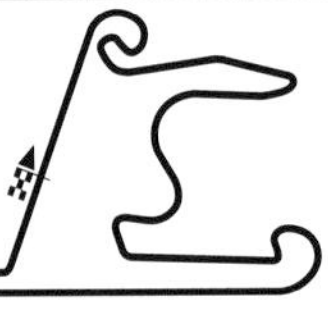

上海；中国
Shanghai International Circuit, Shanghai
天候：晴れ　路面状況：ドライ　グリッド：2列スタッガード左上位

●5.451km×56周(-0.190km)＝305.066km　参加24(+3)台　決勝出走24台　完走23台

順位	No.	ドライバー	マシン	タイヤ	周回数	タイム	予選順位／タイム
1	3	L.ハミルトン	マクラーレンMP4-26A・メルセデス	PI	56	1:36'58"226	3/1'34"463/Q3
2	1	S.ベッテル	レッドブルRB7・ルノー	PI	56	1:37'03"424	1/1'33"706/Q3
3	2	M.ウェーバー	レッドブルRB7・ルノー	PI	56	1:37'06"781	18/1'36"468/Q1
4	4	J.バトン	マクラーレンMP4-26A・メルセデス	PI	56	1:37'08"226	2/1'34"421/Q3
5	8	N.ロズベルグ	メルセデスGP W02	PI	56	1:37'11"674	4/1'34"670/Q3
6	6	F.マッサ	フェラーリ150° Italia	PI	56	1:37'14"066	6/1'35"145/Q3
7	5	F.アロンソ	フェラーリ150° Italia	PI	56	1:37'28"848	5/1'35"119/Q3
8	7	M.シューマッハー	メルセデスGP W02	PI	56	1:37'29"252	14/1'36"457/Q2
9	10	V.ペトロフ	ルノーR31	PI	56	1:37'55"630	10/no time/Q3
10	16	小林可夢偉	ザウバーC30・フェラーリ	PI	56	1:38'01"499	13/1'36"236/Q2
11	15	P.ディ・レスタ	フォース・インディアVJM04・メルセデス	PI	56	1:38'06"983	8/1'36"190/Q3
12	9	N.ハイドフェルド	ルノーR31	PI	56	1:38'10"965	16/1'36"611/Q2
13	11	R.バリチェロ	ウイリアムズFW33・コスワース	PI	56	1:38'28"415	15/1'36"465/Q2
14	18	S.ブエミ	トロロッソSTR6・フェラーリ	PI	56	1:38'28"897	9/1'36"203/Q3
15	14	A.スーティル	フォース・インディアVJM04・メルセデス	PI	55	1:36'58"956	11/1'35"874/Q2
16	20	H.コバライネン	ロータスT128・ルノー	PI	55	1:37'12"024	19/1'37"894/Q1
17	17	S.ペレス	ザウバーC30・フェラーリ	PI	55	1:37'15"434	12/1'36"053/Q2
18	12	P.マルドナド	ウイリアムズFW33・コスワース	PI	55	1:37'20"363	17/1'36"956/Q2
19	21	J.トゥルーリ	ロータスT128・ルノー	PI	55	1:37'34"174	20/1'38"318/Q1
20	25	J.ダンブロジオ	ヴァージンMVR02・コスワース	PI	54	1:37'24"115	21/1'39"119/Q1
21	24	T.グロック	ヴァージンMVR02・コスワース	PI	54	1:37'54"356	22/1'39"708/Q1
22	23	V.リウッツィ	HRT F111・コスワース	PI	54	1:38'12"137	23/1'40"212/Q1
23	22	N.カーティケヤン	HRT F111・コスワース	PI	54	1:38'13"309	24/1'40"445/Q1
	19	J.アルグエルスアリ	トロロッソSTR6・フェラーリ	PI	9	ホイール外れ	7/1'36"158/Q3
ns	14f	N.ヒュルケンベルグ	フォース・インディアVJM04・メルセデス	PI	--	金曜P1のみ	--/(1'41"494)
ns	19f	D.リカルド	トロロッソSTR6・フェラーリ	PI	--	金曜P1のみ	--/(1'41"752)
ns	21f	L.ラジア	ロータスT128・ルノー	PI	--	金曜P1のみ	--/(1'44"542)

優勝スピード：188.758km/h
最速ラップ：M.ウェーバー(レッドブル・ルノー)　1'38"993　198.232km/h　42周目
ラップリーダー：1-13=バトン、14=ハミルトン、15-16=アロンソ、17-24=ロズベルグ、25-30=ベッテル、31-33=マッサ、34-39=ロズベルグ、40-51=ベッテル、52-56=ハミルトン

ROUND 4
トルコGP
5／8

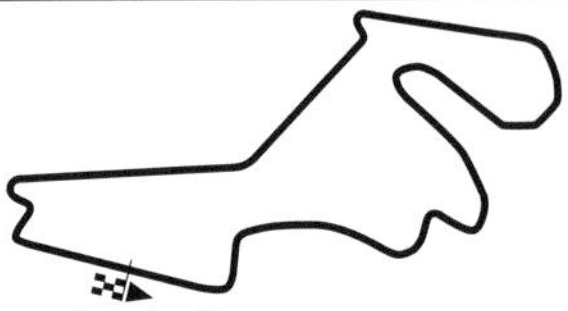

イスタンブール；トルコ
Istanbul Park, Istanbul
天候：晴れ　路面状況：ドライ　グリッド：2列スタッガード右上位

●5.338km×58周(-0.208km)=309.396km　予選出走24(+3)台　決勝出走24台　完走22台

順位	No.	ドライバー	マシン	タイヤ	周回数	タイム	予選順位／タイム
1	1	S.ベッテル	レッドブルRB7・ルノー	PI	58	1:30'17"558	1/1'25"049/Q3
2	2	M.ウェーバー	レッドブルRB7・ルノー	PI	58	1:30'26"365	2/1'25"454/Q3
3	5	F.アロンソ	フェラーリ150° Italia	PI	58	1:30'27"633	5/1'25"851/Q3
4	3	L.ハミルトン	マクラーレンMP4-26A・メルセデス	PI	58	1:30'57"790	4/1'25"595/Q3
5	8	N.ロズベルグ	メルセデスGP W02	PI	58	1:31'05"097	3/1'25"574/Q3
6	4	J.バトン	マクラーレンMP4-26A・メルセデス	PI	58	1:31'16"989	6/1'25"982/Q3
7	9	N.ハイドフェルド	ルノーR31	PI	58	1:31'18"415	9/1'26"659/Q3
8	10	V.ペトロフ	ルノーR31	PI	58	1:31'25"726	7/1'26"296/Q3
9	18	S.ブエミ	トロロッソSTR6・フェラーリ	PI	58	1:31'26"952	16/1'27"255/Q2
10	16	小林可夢偉	ザウバーC30・フェラーリ	PI	58	1:31'35"579	24/no time/Q1
11	6	F.マッサ	フェラーリ150° Italia	PI	58	1:31'37"381	10/no time/Q3
12	7	M.シューマッハー	メルセデスGP W02	PI	58	1:31'43"002	8/1'26"646/Q3
13	14	A.スーティル	フォース・インディアVJM04・メルセデス	PI	57	1:30'20"932	12/1'27"027/Q2
14	17	S.ペレス	ザウバーC30・フェラーリ	PI	57	1:30'20"963	15/1'27"244/Q2
15	11	R.バリチェロ	ウイリアムズFW33・コスワース	PI	57	1:30'31"456	11/1'26"764/Q2
16	19	J.アルグエルスアリ	トロロッソSTR6・フェラーリ	PI	57	1:30'31"610	17/1'27"572/Q2
17	12	P.マルドナド	ウイリアムズFW33・コスワース	PI	57	1:30'52"155	14/1'27"236/Q2
18	21	J.トゥルーリ	ロータスT128・ルノー	PI	57	1:31'23"869	19/1'29"673/Q1
19	20	H.コバライネン	ロータスT128・ルノー	PI	56	1:30'21"373	18/1'28"780/Q1
20	25	J.ダンブロジオ	ヴァージンMVR02・コスワース	PI	56	1:31'07"701	20/1'30"445/Q1
21	22	N.カーティケヤン	HRT F111・コスワース	PI	55	1:30'26"738	23/1'31"564/Q1
22	23	V.リウッツィ	HRT F111・コスワース	PI	53	1:30'24"932	21/1'30"692/Q1
	15	P.ディ・レスタ	フォース・インディアVJM04・メルセデス	PI	44	ホイール緩み	13/1'27"145/Q2
	24	T.グロック	ヴァージンMVR02・コスワース	PI	--	ギヤボックス	22/1'30"813/Q1
ns	19f	D.リカルド	トロロッソSTR6・フェラーリ	PI	--	金曜P1のみ	--/(1'41"094)
ns	14f	N.ヒュルケンベルグ	フォース・インディアVJM04・メルセデス	PI	--	金曜P1のみ	--/(1'41"347)
ns	20f	K.チャンドック	ロータスT128・ルノー	PI	--	金曜P1のみ	--/(1'51"676)

優勝スピード：205.595km/h
最速ラップ：M.ウェーバー(レッドブル・ルノー)　1'29"703　214.226km/h　48周目
ラップリーダー：1-11=ベッテル、12=バトン、13-58=ベッテル
グリッド・ペナルティ：ダンブロジオは黄旗無視により5位分降格

ROUND 5
スペインGP
5／22

カタルーニャ；スペイン
Circuit de Catalunya, Barcelona
天候：晴れ　路面状況：ドライ　グリッド：2列スタッガード左上位

●4.655km×66周(-0.126km)=307.104km　予選出走24(+2)台　決勝出走24台　完走21台

順位	No.	ドライバー	マシン	タイヤ	周回数	タイム	予選順位／タイム
1	1	S.ベッテル	レッドブルRB7・ルノー	PI	66	1:39'03"301	2/1'21"181/Q3
2	3	L.ハミルトン	マクラーレンMP4-26A・メルセデス	PI	66	1:39'03"931	3/1'21"961/Q3
3	4	J.バトン	マクラーレンMP4-26A・メルセデス	PI	66	1:39'38"998	5/1'21"996/Q3
4	2	M.ウェーバー	レッドブルRB7・ルノー	PI	66	1:39'51"267	1/1'20"981/Q3
5	5	F.アロンソ	フェラーリ150° Italia	PI	65	1:39'13"856	4/1'21"964/Q3
6	7	M.シューマッハー	メルセデスGP W02	PI	65	1:39'31"695	10/no time/Q3
7	8	N.ロズベルグ	メルセデスGP W02	PI	65	1:39'32"570	7/1'22"599/Q3
8	9	N.ハイドフェルド	ルノーR31	PI	65	1:39'33"015	24/no time/Q1
9	17	S.ペレス	ザウバーC30・フェラーリ	PI	65	1:39'53"605	12/1'23"367/Q2
10	16	小林可夢偉	ザウバーC30・フェラーリ	PI	65	1:39'58"323	14/1'23"702/Q2
11	10	V.ペトロフ	ルノーR31	PI	65	1:40'11"150	6/1'22"471/Q3
12	15	P.ディ・レスタ	フォース・インディアVJM04・メルセデス	PI	65	1:40'17"511	16/1'26"126/Q2
13	14	A.スーティル	フォース・インディアVJM04・メルセデス	PI	65	1:40'23"337	17/1'26"571/Q2
14	18	S.ブエミ	トロロッソSTR6・フェラーリ	PI	65	1:40'29"839	11/1'23"231/Q2
15	12	P.マルドナド	ウイリアムズFW33・コスワース	PI	65	1:40'30"081	9/1'22"952/Q3
16	19	J.アルグエルスアリ	トロロッソSTR6・フェラーリ	PI	64	1:39'13"809	13/1'23"694/Q2
17	11	R.バリチェロ	ウイリアムズFW33・コスワース	PI	64	1:39'15"964	19/1'26"910/Q1
18	21	J.トゥルーリ	ロータスT128・ルノー	PI	64	1:40'11"203	18/1'26"521/Q1
19	24	T.グロック	ヴァージンMVR02・コスワース	PI	63	1:40'27"140	20/1'27"315/Q1
20	25	J.ダンブロジオ	ヴァージンMVR02・コスワース	PI	62	1:39'18"879	23/1'28"556/Q1
21	22	N.カーティケヤン	HRT F111・コスワース	PI	61	1:39'10"631	22/1'27"908/Q1
	6	F.マッサ	フェラーリ150° Italia	PI	58	ギヤボックス	8/1'22"888/Q3
	20	H.コバライネン	ロータスT128・ルノー	PI	48	アクシデント	15/1'25"403/Q2
	23	V.リウッツィ	HRT F111・コスワース	PI	28	ギヤボックス	21/1'27"809/Q1
ns	18f	D.リカルド	トロロッソSTR6・フェラーリ	PI	--	金曜P1のみ	--/(1'27"471)
ns	15f	N.ヒュルケンベルグ	フォース・インディアVJM04・メルセデス	PI	--	金曜P1のみ	--/(1'28"027)

優勝スピード：186.020km/h
最速ラップ：L.ハミルトン(マクラーレン・メルセデス)　1'26"727　193.227km/h　52周目
ラップリーダー：1-10=アロンソ、11=ハミルトン、12-18=アロンソ、19-23=ハミルトン、24-33=ベッテル、34-35=ハミルトン、36-47=ベッテル、48-49=ハミルトン、50-66=ベッテル

ROUND 6
モナコGP
5／29

モンテカルロ；モナコ
Circuit de Monaco, Monte Carlo
天候：晴れ　路面状況：ドライ　グリッド：2列スタッガード右上位

●3.340km×78周=260.520km　予選出走24(+1)台　決勝出走23台　完走18台

順位	No.	ドライバー	マシン	タイヤ	周回数	タイム	予選順位／タイム
1	1	S.ベッテル	レッドブルRB7・ルノー	PI	78	2:09'38"373	1/1'13"556/Q3
2	5	F.アロンソ	フェラーリ150° Italia	PI	78	2:09'39"511	4/1'14"483/Q3
3	4	J.バトン	マクラーレンMP4-26A・メルセデス	PI	78	2:09'40"751	2/1'13"997/Q3
4	2	M.ウェーバー	レッドブルRB7・ルノー	PI	78	2:10'01"474	3/1'14"019/Q3
5	16	小林可夢偉	ザウバーC30・フェラーリ	PI	78	2:10'05"289	13/1'15"973/Q2
6	3	L.ハミルトン	マクラーレンMP4-26A・メルセデス	PI	78	2:10'05"583+20"	7/1'15"280/Q3
7	14	A.スーティル	フォース・インディアVJM04・メルセデス	PI	77	2:09'54"910	15/1'16"121/Q2
8	9	N.ハイドフェルド	ルノーR31	PI	77	2:09'58"699	16/1'16"214/Q2
9	11	R.バリチェロ	ウイリアムズFW33・コスワース	PI	77	2:10'09"135	12/1'15"826/Q2
10	18	S.ブエミ	トロロッソSTR6・フェラーリ	PI	77	2:10'09"637	17/1'16"300/Q2
11	8	N.ロズベルグ	メルセデスGP W02	PI	76	2:09'54"060	8/1'15"766/Q3
12	15	P.ディ・レスタ	フォース・インディアVJM04・メルセデス	PI	76	2:09'55"850	14/1'16"118/Q2
13	21	J.トゥルーリ	ロータスT128・ルノー	PI	76	2:10'19"445	19/1'17"381/Q1
14	20	H.コバライネン	ロータスT128・ルノー	PI	76	2:10'19"884	18/1'17"343/Q1
15	25	J.ダンブロジオ	ヴァージンMVR02・コスワース	PI	75	2:10'18"135	22/1'18"736/Q1
16	23	V.リウッツィ	HRT F111・コスワース	PI	75	2:10'21"400	23/no time/Q1
17	22	N.カーティケヤン	HRT F111・コスワース	PI	74	2:10'34"524	24/no time/Q1
18	12	P.マルドナド	ウイリアムズFW33・コスワース	PI	73	アクシデント	9/1'16"528/Q3
	10	V.ペトロフ	ルノーR31	PI	67	アクシデント	11/1'15"815/Q2
	19	J.アルグエルスアリ	トロロッソSTR6・フェラーリ	PI	66	アクシデント	20/1'17"820/Q1
	6	F.マッサ	フェラーリ150° Italia	PI	32	アクシデント	6/1'14"877/Q3
	7	M.シューマッハー	メルセデスGP W02	PI	32	エアボックス火災	5/1'14"682/Q3
	24	T.グロック	ヴァージンMVR02・コスワース	PI	30	サスペンション	21/1'17"914/Q1
ns	17	S.ペレス	ザウバーC30・フェラーリ	PI	--	予選事故で負傷	10/no time/Q3
ns	19f	D.リカルド	トロロッソSTR6・フェラーリ	PI	--	木曜P1のみ	--/(1'19"463)

優勝スピード：120.574km/h
最速ラップ：M.ウェーバー(レッドブル・ルノー)　1'16"234　157.724km/h　78周目
ラップリーダー：1-15=ベッテル、16=アロンソ、17-32=バトン、33-78=ベッテル
アクシデントによりコースがブロックされたため72周目に赤旗中断、残り周回数で再スタート
ペナルティ：ハミルトンは避けられる衝突の原因を作り20秒加算
グリッド・ペナルティ:ハミルトンのタイムはシケイン・カットにより無効で2位分降格

ROUND 7
カナダGP
6／12

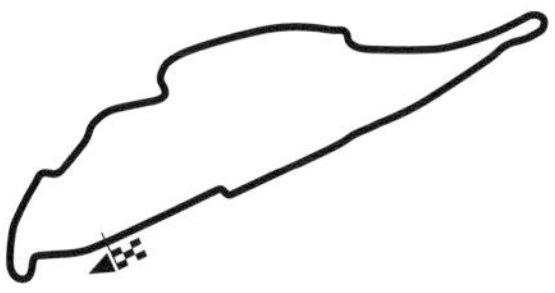

モントリオール；カナダ
Circuit Gilles Villeneuve, Montreal
天候：雨　路面状況：ウエット　グリッド：2列スタッガード左上位

●4.361km×70周=305.270km　予選出走24(+3)台　決勝出走24台　完走18台

順位	No.	ドライバー	マシン	タイヤ	周回数	タイム	予選順位／タイム
1	4	J.バトン	マクラーレンMP4-26A・メルセデス	PI	70	4:04'39"537	7/1'13"838/Q3
2	1	S.ベッテル	レッドブルRB7・ルノー	PI	70	4:04'42"246	1/1'13"014/Q3
3	2	M.ウェーバー	レッドブルRB7・ルノー	PI	70	4:04'53"365	4/1'13"429/Q3
4	7	M.シューマッハー	メルセデスGP W02	PI	70	4:04'53"756	8/1'13"864/Q3
5	10	V.ペトロフ	ルノーR31	PI	70	4:04'59"932	10/1'14"085/Q3
6	6	F.マッサ	フェラーリ150° Italia	PI	70	4:05'12"762	3/1'13"217/Q3
7	16	小林可夢偉	ザウバーC30・フェラーリ	PI	70	4:05'12"807	13/1'15"285/Q2
8	19	J.アルグエルスアリ	トロロッソSTR6・フェラーリ	PI	70	4:05'15"501	18/1'16"294/Q1
9	11	R.バリチェロ	ウイリアムズFW33・コスワース	PI	70	4:05'24"654	16/1'15"361/Q2
10	18	S.ブエミ	トロロッソSTR6・フェラーリ	PI	70	4:05'26"593	15/1'15"334/Q2
11	8	N.ロズベルグ	メルセデスGP W02	PI	70	4:05'29"991	6/1'13"814/Q3
12	17	P.デ・ラ・ロサ	ザウバーC30・フェラーリ	PI	70	4:05'43"144	17/1'15"587/Q2
13	23	V.リウッツィ	HRT F111・コスワース	PI	69	4:05'53"138	21/1'18"424/Q1
14	25	J.ダンブロジオ	ヴァージンMVR02・コスワース	PI	69	4:06'01"652	24/1'19"414/Q1
15	24	T.グロック	ヴァージンMVR02・コスワース	PI	69	4:06'01"982	22/1'18"537/Q1
16	21	J.トゥルーリ	ロータスT128・ルノー	PI	69	4:06'02"312	19/1'16"745/Q1
17	22	N.カーティケヤン	HRT F111・コスワース	PI	69	4:06'00"698+20"	23/1'18"574/Q1
18	15	P.ディ・レスタ	フォース・インディアVJM04・メルセデス	PI	67	アクシデント	11/1'14"752/Q2
	12	P.マルドナド	ウイリアムズFW33・コスワース	PI	61	アクシデント	12/1'15"043/Q2
	9	N.ハイドフェルド	ルノーR31	PI	55	アクシデント	9/1'14"062/Q3
	14	A.スーティル	フォース・インディアVJM04・メルセデス	PI	49	サスペンション	14/1'15"287/Q2
	5	F.アロンソ	フェラーリ150° Italia	PI	36	アクシデント	2/1'13"199/Q3
	20	H.コバライネン	ロータスT128・ルノー	PI	28	ドライブシャフト	20/1'16"786/Q1
	3	L.ハミルトン	マクラーレンMP4-26A・メルセデス	PI	7	アクシデント	5/1'13"565/Q3
ns	14f	N.ヒュルケンベルグ	フォース・インディアVJM04・メルセデス	PI	--	金曜P1のみ	--/(1'17"549)
ns	17f	S.ペレス	ザウバーC30・フェラーリ	PI	--	金曜P1のみ。体調不良	--/(1'17"662)
ns	18f	D.リカルド	トロロッソSTR6・フェラーリ	PI	--	金曜P1のみ	--/(1'18"648)

優勝スピード：74.864km/h
最速ラップ：J.バトン(マクラーレン・メルセデス)　1'16"956　204.007km/h　69周目
ラップリーダー：1-19=ベッテル、20=マッサ、21-69=ベッテル、70=バトン
ペナルティ：カーティケヤンはコーナーカットで順位上昇により20秒加算
レースは大雨のため25周目に赤旗中断、予定の周回数で再スタート。レースタイムには中断時間も含む

ROUND 8
ヨーロッパGP
6／26

バレンシア；スペイン
Valencia Street Circuit
天候：晴れ　路面状況：ドライ　グリッド：2列スタッガード右上位

●5.419km×57周=308.883km　予選出走24(+3)台　決勝出走24台　完走24台

順位	No.	ドライバー	マシン	タイヤ	周回数	タイム	予選順位／タイム
1	1	S.ベッテル	レッドブルRB7・ルノー	PI	57	1:39'36"169	1/1'36"975/Q3
2	5	F.アロンソ	フェラーリ150° Italia	PI	57	1:39'47"060	4//1'37"454/Q3
3	2	M.ウェーバー	レッドブルRB7・ルノー	PI	57	1:40'03"424	2/1'37"163/Q3
4	3	L.ハミルトン	マクラーレンMP4-26A・メルセデス	PI	57	1:40'22"359	3/1'37"380/Q3
5	6	F.マッサ	フェラーリ150° Italia	PI	57	1:40'27"874	5/1'37"535/Q3
6	4	J.バトン	マクラーレンMP4-26A・メルセデス	PI	57	1:40'36"234	6/1'37"645/Q3
7	8	N.ロズベルグ	メルセデスGP W02	PI	57	1:41'14"259	7/1'38"231/Q3
8	19	J.アルグエルスアリ	トロロッソSTR6・フェラーリ	PI	56	1:39'43"385	18/1'40"232/Q1
9	14	A.スーティル	フォース・インディアVJM04・メルセデス	PI	56	1:39'43"880	10/no time/Q3
10	9	N.ハイドフェルド	ルノーR31	PI	56	1:39'52"277	9/no time/Q3
11	17	S.ペレス	ザウバーC30・フェラーリ	PI	56	1:39'59"029	16/1'39"657/Q2
12	11	R.バリチェロ	ウイリアムズFW33・コスワース	PI	56	1:40'04"146	13/1'39"489/Q2
13	18	S.ブエミ	トロロッソSTR6・フェラーリ	PI	56	1:40'05"383	17/1'39"711/Q2
14	15	P.ディ・レスタ	フォース・インディアVJM04・メルセデス	PI	56	1:40'07"378	12/1'39"422/Q2
15	10	V.ペトロフ	ルノーR31	PI	56	1:40'11"044	11/1'39"068/Q2
16	16	小林可夢偉	ザウバーC30・フェラーリ	PI	56	1:40'12"498	14/1'39"525/Q2
17	7	M.シューマッハー	メルセデスGP W02	PI	56	1:40'27"320	8/1'38"240/Q3
18	12	P.マルドナド	ウイリアムズFW33・コスワース	PI	56	1:40'45"308	15/1'39"645/Q2
19	20	H.コバライネン	ロータスT128・ルノー	PI	55	1:39'47"875	19/1'41"664/Q1
20	21	J.トゥルーリ	ロータスT128・ルノー	PI	55	1:40'25"816	20/1'42"234/Q1
21	24	T.グロック	ヴァージンMVR02・コスワース	PI	55	1:40'41"990	21/1'42"553/Q1
22	25	J.ダンブロジオ	ヴァージンMVR02・コスワース	PI	55	1:41'02"650	23/1'43"735/Q1
23	23	V.リウッツィ	HRT F111・コスワース	PI	54	1:39'42"633	22/1'43"584/Q1
24	22	N.カーティケヤン	HRT F111・コスワース	PI	54	1:41'18"345	24/1'44"363/Q1
ns	18f	D.リカルド	トロロッソSTR6・フェラーリ	PI	--	金曜P1のみ	--/(1'42"412)
ns	15f	N.ヒュルケンベルグ	フォース・インディアVJM04・メルセデス	PI	--	金曜P1のみ	--/(1'43"769)
ns	21f	K.チャンドック	ロータスT128・ルノー	PI	--	金曜P1のみ	-/(no time)

優勝スピード：186.068km/h
最速ラップ：S.ベッテル(レッドブル・ルノー)　1'41"852　191.536km/h　53周目
ラップリーダー：1-13=ベッテル、14=マッサ、15-57=ベッテル

ROUND 9
イギリスGP
7／10

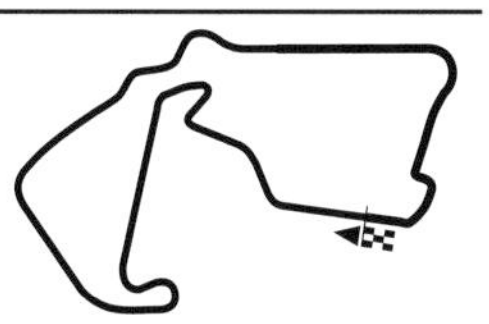

シルバーストン；イギリス
Silverstone Grand Prix Circuit
天候：晴れ　路面状況：ウェット→ドライ　グリッド：2列スタッガード左上位

●5.891km×52周(-0.134km)=306.198km　予選出走24(+2)台　決勝出走24台　完走19台

順位	No.	ドライバー	マシン	タイヤ	周回数	タイム	予選順位／タイム
1	5	F.アロンソ	フェラーリ150° Italia	PI	52	1:28'41"196	3/1'30"516/Q3
2	1	S.ベッテル	レッドブルRB7・ルノー	PI	52	1:28'57"707	2/1'30"431/Q3
3	2	M.ウェーバー	レッドブルRB7・ルノー	PI	52	1:28'58"143	1/1'30"399/Q3
4	3	L.ハミルトン	マクラーレンMP4-26AA・メルセデス	PI	52	1:29'10"182	10/1'32"376/Q3
5	6	F.マッサ	フェラーリ150° Italia	PI	52	1:29'10"206	4/1'31"124/Q3
6	8	N.ロズベルグ	メルセデスGP W02	PI	52	1:29'41"861	9/1'32"209/Q3
7	17	S.ペレス	ザウバーC30・フェラーリ	PI	52	1:29'46"786	12/1'32"624/Q2
8	9	N.ハイドフェルド	ルノーR31	PI	52	1:29'56"738	16/1'33"805/Q2
9	7	M.シューマッハー	メルセデスGP W02	PI	52	1:29'59"108	13/1'32"656/Q2
10	19	J.アルグエルスアリ	トロロッソSTR6・フェラーリ	PI	52	1:30'00"304	18/1'35"245/Q1
11	14	A.スーティル	フォース・インディアVJM04・メルセデス	PI	52	1:30'00"908	11/1'32"617/Q2
12	10	V.ペトロフ	ルノーR31	PI	52	1:30'01"877	14/1'32"734/Q2
13	11	R.バリチェロ	ウイリアムズFW33・コスワース	PI	51	1:28'42"272	15/1'33"119/Q2
14	12	P.マルドナド	ウイリアムズFW33・コスワース	PI	51	1:28'43"098	7/1'31"933/Q3
15	15	P.ディ・レスタ	フォース・インディアVJM04・メルセデス	PI	51	1:29'33"432	6/1'31"929/Q3
16	24	T.グロック	ヴァージンMVR02・コスワース	PI	50	1:29'28"458	20/1'36"203/Q1
17	25	J.ダンブロジオ	ヴァージンMVR02・コスワース	PI	50	1:29'55"381	22/1'37"154/Q1
18	23	V.リウッツィ	HRT F111・コスワース	PI	50	1:30'03"141	23/1'37"484/Q1
19	22	D.リカルド	HRT F111・コスワース	PI	49	1:29'43"466	24/1'38"059/Q1
	4	J.バトン	マクラーレンMP4-26・メルセデス	PI	39	ホイール外れ	5/1'31"898/Q3
	18	S.ブエミ	トロロッソSTR6・フェラーリ	PI	25	タイヤ・パンク	19/1'35"749/Q1
	16	小林可夢偉	ザウバーC30・フェラーリ	PI	23	オイルもれ	8/1'32"128/Q3
	21	J.トゥルーリ	ロータスT128・ルノー	PI	10	オイルもれ	21/1'36"456/Q1
	20	H.コバライネン	ロータスT128・ルノー	PI	2	ギヤボックス	17/1'34"821/Q2
ns	14f	N.ヒュルケンベルグ	フォース・インディアVJM04・メルセデス	PI	--	金曜P1のみ	--/(1'48"598)
ns	20f	K.チャンドック	ロータスT128・ルノー	PI	--	金曜P1のみ	--/(1'51"119)

優勝スピード：207.156km/h
最速ラップ：F.アロンソ(フェラーリ)　1'34"908　223.454km/h　41周目
ラップリーダー：1-27=ベッテル、28-52=アロンソ

ROUND 10
ドイツGP
7／24

ニュルブルクリンク；ドイツ
Nurburgring, Nurburg
天候：曇り一時小雨　路面状況：ドライ　グリッド：2列スタッガード左上位

●5.148km×60周(-0.257km)=308.623km　予選出走24(+2)台・決勝出走24台・完走20台

順位	No.	ドライバー	マシン	タイヤ	周回数	タイム	予選順位／タイム
1	3	L.ハミルトン	マクラーレンMP4-26A・メルセデス	PI	60	1:37'30"334	2/1'30"134/Q3
2	5	F.アロンソ	フェラーリ150° Italia	PI	60	1:37'34"314	4/1'30"442/Q3
3	2	M.ウェーバー	レッドブルRB7・ルノー	PI	60	1:37'40"122	1/1'30"079/Q3
4	1	S.ベッテル	レッドブルRB7・ルノー	PI	60	1:38'18"255	3/1'30"216/Q3
5	6	F.マッサ	フェラーリ150° Italia	PI	60	1:38'22"586	5/1'30"910/Q3
6	14	A.スーティル	フォース・インディアVJM04・メルセデス	PI	60	1:38'56"542	8/1'32"010/Q3
7	8	N.ロズベルグ	メルセデスGP W02	PI	59	1:37'36"053	6/1'31"263/Q3
8	7	M.シューマッハー	メルセデスGP W02	PI	59	1:37'45"987	10/1'32"482/Q3
9	16	小林可夢偉	ザウバーC30・フェラーリ	PI	59	1:37'54"841	18/1'33"786/Q1
10	10	V.ペトロフ	ルノーR31	PI	59	1:37'55"160	91'32"187/Q3
11	17	S.ペレス	ザウバーC30・フェラーリ	PI	59	1:38'08"511	151'33"176/Q2
12	19	J.アルグエルスアリ	トロロッソSTR6・フェラーリ	PI	59	1:38'14"571	171'33"698/Q2
13	15	P.ディ・レスタ	フォース・インディアVJM04・メルセデス	PI	59	1:38'15"040	121'32"560/Q2
14	12	P.マルドナド	ウイリアムズFW33・コスワース	PI	59	1:38'21"319	131'32"635/Q2
15	18	S.ブエミ	トロロッソSTR6・フェラーリ	PI	59	1:38'52"794	161'33"546/Q2
16	20	H.コバライネン	ロータスT128・ルノー	PI	58	1:38'10"881	191'35"599/Q1
17	24	T.グロック	ヴァージンMVR02・コスワース	PI	57	1:37'51"795	201'36"400/Q1
18	25	J.ダンブロジオ	ヴァージンMVR02・コスワース	PI	57	1:38'02"125	221'36"641/Q1
19	22	D.リカルド	HRT F111・コスワース	PI	57	1:38'28"184	241'37"036/Q1
20	21	K.チャンドック	ロータスT128・ルノー	PI	56	1:38'26"941	211'36"422/Q1
	23	V.リウッツィ	HRT F111・コスワース	PI	37	エレクトロニクス	231'37"011/Q1
	4	J.バトン	マクラーレンMP4-26A・メルセデス	PI	35	ハイドロリック	71'31"288/Q3
	11	R.バリチェロ	ウイリアムズFW33・コスワース	PI	16	エンジン	141'33"043/Q2
	9	N.ハイドフェルド	ルノーR31	PI	9	アクシデント	111'32"215/Q2
ns	15f	N.ヒュルケンベルグ	フォース・インディアVJM04・メルセデス	PI	--	金曜P1のみ	--(1'33"358)
ns	23f	N.カーティケヤン	HRT F111・コスワース	PI	--	金曜P1のみ	--(1'38"504)

優勝スピード：189.910km/h
最速ラップ：L.ハミルトン(マクラーレン・メルセデス)　1'34"302　196.526km/h　59周目
ラップリーダー：1-11=ハミルトン、12=ウェーバー、13-16=ハミルトン、17-29=ウェーバー、30=ハミルトン、31-32=アロンソ、33-50=ハミルトン、51-53=アロンソ、54-56=ウェーバー、57-60=ハミルトン
グリッド・ペナルティ：リウッツィはギヤボックス交換により5位分降格。ブエミは車両違反により予選タイム無効

ROUND 11
ハンガリーGP
7／31

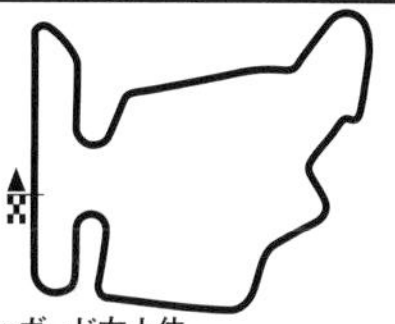

ハンガロリンク；ハンガリー
Hungaroring Mogyorod, Budapest
天候：雨→曇り　路面状況：ウエット→ドライ　グリッド：2列スタッガード左上位

●4.381km×70周(-0.040km)=306.630km　予選出走24(+2)台　決勝出走24台　完走20台

順位	No.	ドライバー	マシン	タイヤ	周回数	タイム	予選順位／タイム
1	4	J.バトン	マクラーレンMP4-26A・メルセデス	PI	70	1:46'42"337	3/1'20"024/Q3
2	1	S.ベッテル	レッドブルRB7・ルノー	PI	70	1:46'45"925	1/1'19"815/Q3
3	5	F.アロンソ	フェラーリ150° Italia	PI	70	1:47'02"156	5/1'20"365/Q3
4	3	L.ハミルトン	マクラーレンMP4-26A・メルセデス	PI	70	1:47'30"675	2/1'19"978/Q3
5	2	M.ウェーバー	レッドブルRB7・ルノー	PI	70	1:47'32"079	6/1'20"474/Q3
6	6	F.マッサ	フェラーリ150° Italia	PI	70	1:48'05"513	4/1'20"350/Q3
7	15	P.ディ・レスタ	フォース・インディアVJM04・メルセデス	PI	69	1:47'33"222	11/1'22"256/Q2
8	18	S.ブエミ	トロロッソSTR6・フェラーリ	PI	69	1:47'34"154	18/1'24"070/Q1
9	8	N.ロズベルグ	メルセデスGP W02	PI	69	1:47'34"736	7/1'21"098/Q3
10	19	J.アルグエルスアリ	トロロッソSTR6・フェラーリ	PI	69	1:47'41"807	16/1'22"979/Q2
11	16	小林可夢偉	ザウバーC30・フェラーリ	PI	69	1:48'01"397	13/1'22"435/Q2
12	10	V.ペトロフ	ルノーR31	PI	69	1:48'03"493	12/1'22"284/Q2
13	11	R.バリチェロ	ウイリアムズFW33・コスワース	PI	68	1:47'03"295	15/1'22"684/Q2
14	14	A.スーティル	フォース・インディアVJM04・メルセデス	PI	68	1:47'39"661	8/1'21"445/Q3
15	17	S.ペレス	ザウバーC30・フェラーリ	PI	68	1:47'42"320	10/no time/Q3
16	12	P.マルドナド	ウイリアムズFW33・コスワース	PI	68	1:47'50"742	17/no time/Q2
17	24	T.グロック	ヴァージンMVR02・コスワース	PI	66	1:46'58"179	21/1'26"294/Q1
18	22	D.リカルド	HRT F111・コスワース	PI	66	1:47'37"531	23/1'26"479/Q1
19	25	J.ダンブロジオ	ヴァージンMVR02・コスワース	PI	65	1:46'59"876	24/1'26"510/Q1
20	23	V.リウッツィ	HRT F111・コスワース	PI	65	1:47'19"517	22/1'26"323/Q1
	20	H.コバライネン	ロータスT128・ルノー	PI	55	冷却水もれ	19/1'24"362/Q1
	7	M.シューマッハー	メルセデスGP W02	PI	26	ギヤボックス	9/1'21"907/Q3
	9	N.ハイドフェルド	ルノーR31	PI	23	エンジン火災	14/1'22"470/Q2
	21	J.トゥルーリ	ロータスT128・ルノー	PI	17	冷却水もれ	20/1'24"534/Q1
ns	14f	N.ヒュルケンベルグ	フォース・インディアVJM04・メルセデス	PI	--	金曜P1のみ	--/(1'25"357)
ns	9f	B.セナ	ルノーR31	PI	--	金曜P1のみ	--/(1'25"855)

優勝スピード：172.416km/h
最速ラップ：F.マッサ(フェラーリ)　1'23"415　189.073km/h　61周目
ラップリーダー：1-4=ベッテル、5-26=ハミルトン、27=バトン、28=ベッテル、29-40=ハミルトン、41-42=バトン、43-46=ハミルトン、47-50=バトン、51=ハミルトン、52-70=バトン
グリッド・ペナルティ：ブエミは衝突原因により5位分降格

ROUND 12
ベルギーGP
8／28

スパ・フランコルシャン；ベルギー
Circuit de Spa-Francorchamps
天候：曇り　路面状況：ドライ　グリッド：2列スタッガード右上位

●7.004km×44周(-0.124km)=308.052km　予選出走24(+2)台　決勝出走24台　完走19台

順位	No.	ドライバー	マシン	タイヤ	周回数	タイム	予選順位／タイム
1	1	S.ベッテル	レッドブルRB7・ルノー	PI	44	1:26'44"893	1/1'48"298/Q3
2	2	M.ウェーバー	レッドブルRB7・ルノー	PI	44	1:26'48"634	3/1'49"376/Q3
3	4	J.バトン	マクラーレンMP4-26A・メルセデス	PI	44	1:26'54"562	13/2'05"150/Q2
4	5	F.アロンソ	フェラーリ150° Italia	PI	44	1:26'57"915	8/1'51"251/Q3
5	7	M.シューマッハー	メルセデスGP W02	PI	44	1:27'32"357	24/no time/Q1
6	8	N.ロズベルグ	メルセデスGP W02	PI	44	1:27'33"567	5/1'50"552/Q3
7	14	A.スーティル	フォース・インディアVJM04・メルセデス	PI	44	1:27'44"606	15/2'07"777/Q2
8	6	F.マッサ	フェラーリ150° Italia	PI	44	1:27'50"969	4/1'50"256/Q3
9	10	V.ペトロフ	ルノーR31	PI	44	1:27'56"810	10/1'52"303/Q3
10	12	P.マルドナド	ウイリアムズFW33・コスワース	PI	44	1:28'02"508	16/2'08"106/Q2
11	15	P.ディ・レスタ	フォース・インディアVJM04・メルセデス	PI	44	1:28'08"887	18/2'07"758/Q1
12	16	小林可夢偉	ザウバーC30・フェラーリ	PI	44	1:28'16"869	12/2'04"757/Q2
13	9	B.セナ	ルノーR31	PI	44	1:28'17"878	7/1'51"121/Q3
14	21	J.トゥルーリ	ロータスT128・ルノー	PI	43	1:26'55"773	19/2'08"770/Q1
15	20	H.コバライネン	ロータスT128・ルノー	PI	43	1:27'02"556	17/2'08"354/Q2
16	11	R.バリチェロ	ウイリアムズFW33・コスワース	PI	43	1:27'02"594	14/2'07"349/Q2
17	25	J.ダンブロジオ	ヴァージンMVR02・コスワース	PI	43	1:27'52"627	21/2'11"601/Q1
18	24	T.グロック	ヴァージンMVR02・コスワース	PI	43	1:27'54"328	20/2'09"566/Q1
19	23	V.リウッツィ	HRT F111・コスワース	PI	43	1:28'33"305	22/2'11"616/Q1
	17	S.ペレス	ザウバーC30・フェラーリ	PI	27	アクシデント	9/1'51"374/Q3
	22	D.リカルド	HRT F111・コスワース	PI	13	リア・エンド	23/2'13"077/Q1
	3	L.ハミルトン	マクラーレンMP4-26A・メルセデス	PI	12	アクシデント	2/1'48"730/Q3
	18	S.ブエミ	トロロッソSTR6・フェラーリ	PI	6	リア・ウイング	11/2'04"692/Q2
	19	J.アルグエルスアリ	トロロッソSTR6・フェラーリ	PI	0	アクシデント	6/1'50"773/Q3
ns	20f	K.チャンドック	ロータスT128・ルノー	PI	--	金曜P1のみ	--/(2'13"090)
ns	14f	N.ヒュルケンベルグ	フォース・インディアVJM04・メルセデス	PI	--	金曜P2のみ	--/(1'51"725)

優勝スピード：213.066km/h
最速ラップ：M.ウェーバー(レッドブル・ルノー)　1'49"883　229.465km/h　33周目
ラップリーダー：1-2=ロズベルグ、3-5=ベッテル、6=ロズベルグ、7=アロンソ、8-10=ハミルトン、11-13=ベッテル、14-17=アロンソ、18-30=ベッテル、31=バトン、32-44=ベッテル
グリッド・ペナルティ：マルドナドは衝突原因により5位分降格

2011

ROUND 13
イタリアGP
9／11

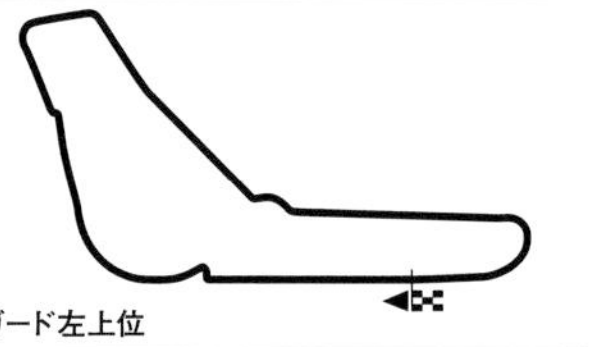

モンツァ；イタリア
Autodromo Nazionale di Monza
天候：晴れ　路面状況：ドライ　グリッド：2列スタッガード左上位

●5.793km×53周(-0.309km)=306.720km　予選出走24(+2)台　決勝出走24台　完走15台

順位	No.	ドライバー	マシン	タイヤ	周回数	タイム	予選順位／タイム
1	1	S.ベッテル	レッドブルRB7・ルノー	PI	53	1:20'46"172	1/1'22"275/Q3
2	4	J.バトン	マクラーレンMP4-26A・メルセデス	PI	53	1:20'55"762	3/1'22"777/Q3
3	5	F.アロンソ	フェラーリ150° Italia	PI	53	1:21'03"081	4/1'22"841/Q3
4	3	L.ハミルトン	マクラーレンMP4-26A・メルセデス	PI	53	1:21'03"589	2/1'22"725/Q3
5	7	M.シューマッハー	メルセデスGP W02	PI	53	1:21'18"849	8/1'23"777/Q3
6	6	F.マッサ	フェラーリ150° Italia	PI	53	1:21'29"165	6/1'23"188/Q3
7	19	J.アルグエルスアリ	トロロッソSTR6・フェラーリ	PI	52	1:20'54"891	18/1'25"334/Q1
8	15	P.ディ・レスタ	フォース・インディアVJM04・メルセデス	PI	52	1:20'58"821	11/1'24"163/Q2
9	9	B.セナ	ルノーR31	PI	52	1:20'59"687	10/no time/Q3
10	18	S.ブエミ	トロロッソSTR6・フェラーリ	PI	52	1:21'10"095	16/1'24"932/Q2
11	12	P.マルドナド	ウイリアムズFW33・コスワース	PI	52	1:21'22"769	14/1'24"726/Q2
12	11	R.バリチェロ	ウイリアムズFW33・コスワース	PI	52	1:21'38"443	13/1'24"648/Q2
13	20	H.コバライネン	ロータスT128・ルノー	PI	51	1:20'47"072	20/1'27"184/Q1
14	21	J.トゥルーリ	ロータスT128・ルノー	PI	51	1:21'18"239	19/1'26"647/Q1
15	24	T.グロック	ヴァージンMVR02・コスワース	PI	51	1:21'36"845	21/1'27"591/Q1
nc	22	D.リカルド	HRT F111・コスワース	PI	39	1:22'09"502	23/1'28"054/Q1
	17	S.ペレス	ザウバーC30・フェラーリ	PI	32	ギヤボックス	15/1'24"845/Q2
	16	小林可夢偉	ザウバーC30・フェラーリ	PI	21	ギヤボックス	17/1'25"065/Q2
	14	A.スーティル	フォース・インディアVJM04・メルセデス	PI	9	ギヤボックス	12/1'24"209/Q2
	2	M.ウェーバー	レッドブルRB7・ルノー	PI	4	アクシデント	5/1'22"972/Q3
	25	J.ダンブロジオ	ヴァージンMVR02・コスワース	PI	1	ギヤボックス	22/1'27"609/Q1
	10	V.ペトロフ	ルノーR31	PI	0	アクシデント	7/1'23"530/Q3
	8	N.ロズベルグ	メルセデスGP W02	PI	0	アクシデント	9/1'24"477/Q3
	23	V.リウッツィ	HRT F111・コスワース	PI	0	アクシデント	24/1'28"231/Q1
ns	15f	N.ヒュルケンベルグ	フォース・インディアVJM04・メルセデス	PI	--	金曜P1のみ	--/(1'26"826)
ns	21f	K.チャンドック	ロータスT128・ルノー	PI	--	金曜P1のみ	--/(1'30"148)

優勝スピード：227.848km/h
最速ラップ：L.ハミルトン(マクラーレン・メルセデス)　1'26"187　241.971km/h　52周目
ラップリーダー：1-4=アロンソ、5-53=ベッテル

ROUND 14
シンガポールGP
9／25

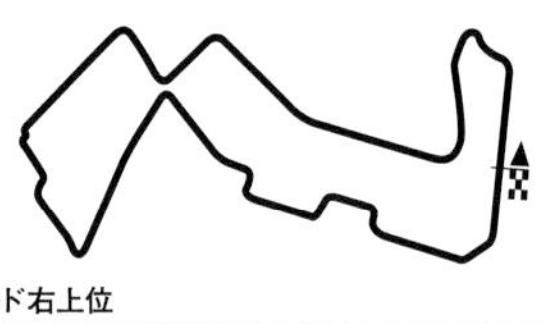

シンガポール；シンガポール
Marina Bay Street Circuit, Singapore
天候：夜間　路面状況：ドライ　グリッド：2列スタッガード右上位

●5.073km×61周(-0.137km)=309.316km　予選出走24(+1)台　決勝出走24台　完走21台

順位	No.	ドライバー	マシン	タイヤ	周回数	タイム	予選順位／タイム
1	1	S.ベッテル	レッドブルRB7・ルノー	PI	61	1:59'06"757	1/1'44"381/Q3
2	4	J.バトン	マクラーレンMP4-26A・メルセデス	PI	61	1:59'08"494	3/1'44"804/Q3
3	2	M.ウェーバー	レッドブルRB7・ルノー	PI	61	1:59'36"036	2/1'44"732/Q3
4	5	F.アロンソ	フェラーリ150° Italia	PI	61	2:00'02"206	5/1'44"874/Q3
5	3	L.ハミルトン	マクラーレンMP4-26A・メルセデス	PI	61	2:00'14"523	4/1'44"809/Q3
6	15	P.ディ・レスタ	フォース・インディアVJM04・メルセデス	PI	61	2:00'57"824	10/no time/Q3
7	8	N.ロズベルグ	メルセデスGP W02	PI	60	1:59'07"583	7/1'46"013/Q3
8	14	A.スーティル	フォース・インディアVJM04・メルセデス	PI	60	1:59'07"965	9/no time/Q3
9	6	F.マッサ	フェラーリ150° Italia	PI	60	1:59'08"346	6/1'45"800/Q3
10	17	S.ペレス	ザウバーC30・フェラーリ	PI	60	1:59'10"653	11/1'47"616/Q2
11	12	P.マルドナド	ウイリアムズFW33・コスワース	PI	60	1:59'19"332	13/1'48"270/Q2
12	18	S.ブエミ	トロロッソSTR6・フェラーリ	PI	60	1:59'19"941	14/1'48"634/Q2
13	11	R.バリチェロ	ウイリアムズFW33・コスワース	PI	60	1:59'35"807	12/1'48"082/Q2
14	16	小林可夢偉	ザウバーC30・フェラーリ	PI	59	1:59'40"313	17/no time/Q2
15	9	B.セナ	ルノーR31	PI	59	1:59'58"610	15/1'48"662/Q2
16	20	H.コバライネン	ロータスT128・ルノー	PI	59	2:00'20"977	19/1'50"948/Q1
17	10	V.ペトロフ	ルノーR31	PI	59	2:00'36"150	18/1'49"835/Q1
18	25	J.ダンブロジオ	ヴァージンMVR02・コスワース	PI	59	2:01'08"205	22/1'52"363/Q1
19	22	D.リカルド	HRT F111・コスワース	PI	57	1:59'46"220	23/1'52"404/Q1
20	23	V.リウッツィ	HRT F111・コスワース	PI	57	2:00'50"864	24/1'52"810/Q1
21	19	J.アルグエルスアリ	トロロッソSTR6・フェラーリ	PI	56	アクシデント	16/1'49"862/Q2
	21	J.トゥルーリ	ロータスT128・ルノー	PI	47	ギヤボックス	20/1'51"012/Q1
	7	M.シューマッハー	メルセデスGP W02	PI	28	アクシデント	8/no time/Q3
	24	T.グロック	ヴァージンMVR02・コスワース	PI	9	アクシデント	21/1'52"154/Q1
ns	23f	N.カーティケヤン	HRT F111・コスワース	PI	--	金曜P1のみ	--/(1'59"214)

優勝スピード：155.810km/h
最速ラップ：J.バトン(マクラーレン・メルセデス)　1'48"454　168.392km/h　54周目
ラップリーダー：1-61=ベッテル
グリッド・ペナルティ：リウッツィは前戦での危険走行により5位分降格

ROUND 15
日本GP
10／9

鈴鹿；日本
Suzuka International Circuit, Suzuka
天候：晴れ　路面状況：ドライ　グリッド：2列スタッガード左上位

●5.807km×53周(-0.300km)=307.471km　予選出走24(+3)台　決勝出走24台　完走23台

順位	No.	ドライバー	マシン	タイヤ	周回数	タイム	予選順位／タイム
1	4	J.バトン	マクラーレンMP4-26A・メルセデス	PI	53	1:30'53"427	2/1'30"475/Q3
2	5	F.アロンソ	フェラーリ150° Italia	PI	53	1:30'54"587	5/1'30"886/Q3
3	1	S.ベッテル	レッドブルRB7・ルノー	PI	53	1:30'55"433	1/1'30"466/Q3
4	2	M.ウェーバー	レッドブルRB7・ルノー	PI	53	1:31'01"498	6/1'31"156/Q3
5	3	L.ハミルトン	マクラーレンMP4-26A・メルセデス	PI	53	1:31'17"695	3/1'30"617/Q3
6	7	M.シューマッハー	メルセデスGP W02	PI	53	1:31'20"547	8/no time/Q3
7	6	F.マッサ	フェラーリ150° Italia	PI	53	1:31'21"667	4/1'30"804/Q3
8	17	S.ペレス	ザウバーC30・フェラーリ	PI	53	1:31'32"804	17/no time/Q2
9	10	V.ペトロフ	ルノーR31	PI	53	1:31'36"034	10/no time/Q3
10	8	N.ロズベルグ	メルセデスGP W02	PI	53	1:31'37"749	23/no time/Q1
11	14	A.スーティル	フォース・インディアVJM04・メルセデス	PI	53	1:31'47"874	11/1'32"463/Q2
12	15	P.ディ・レスタ	フォース・インディアVJM04・メルセデス	PI	53	1:31'55"753	12/1'32"746/Q2
13	16	小林可夢偉	ザウバーC30・フェラーリ	PI	53	1:31'57"132	7/no time/Q3
14	12	P.マルドナド	ウイリアムズFW33・コスワース	PI	53	1:31'57"621	14/1'33"224/Q2
15	19	J.アルグエルスアリ	トロロッソSTR6・フェラーリ	PI	53	1:32'00"050	16/1'33"427/Q2
16	9	B.セナ	ルノーR31	PI	53	1:32'06"655	9/no time/Q3
17	11	R.バリチェロ	ウイリアムズFW33・コスワース	PI	53	1:32'07"618	13/1'33"079/Q2
18	20	H.コバライネン	ロータスT128・ルノー	PI	53	1:32'21"251	18/1'35"454/Q1
19	21	J.トゥルーリ	ロータスT128・ルノー	PI	53	1:32'29"567	19/1'35"514/Q1
20	24	T.グロック	ヴァージンMVR02・コスワース	PI	51	1:31'41"117	21/1'36"507/Q1
21	25	J.ダンブロジオ	ヴァージンMVR02・コスワース	PI	51	1:31'42"392	20/1'36"439/Q1
22	22	D.リカルド	HRT F111・コスワース	PI	51	1:31'44"888	22/1'37"846/Q1
23	23	V.リウッツィ	HRT F111・コスワース	PI	50	1:30'59"218	24/no time/Q1
	18	S.ブエミ	トロロッソSTR6・フェラーリ	PI	11	ホイール外れ	15/1'33"227/Q2
ns	14f	N.ヒュルケンベルグ	フォース・インディアVJM04・メルセデス	PI	--	金曜P1のみ	--/(1'36"700)
ns	20f	K.チャンドック	ロータスT128・ルノー	PI	--	金曜P1のみ	--/(1'39"946)
ns	23f	N.カーティケヤン	HRT F111・コスワース	PI	--	金曜P1のみ	--/(1'41"775)

優勝スピード：202.972km/h
最速ラップ：J.バトン(マクラーレン・メルセデス)　1'36"568　216.481km/h　52周目
ラップリーダー：1-9=ベッテル、10=バトン、11=マッサ、12-18=ベッテル、19-20=バトン、21=アロンソ、22=マッサ、23-36=バトン、37=アロンソ、38-40=シューマッハー、41-53=バトン

ROUND 16
韓国GP
10／16

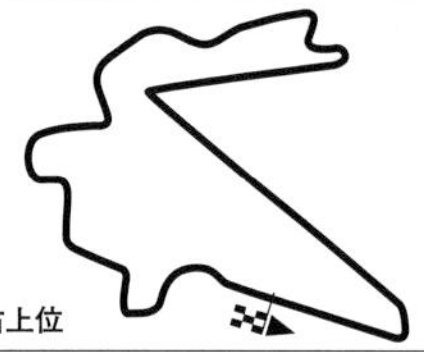

霊岩；韓国
Korean International Circuit, Yeongam
天候：曇り　路面状況：ドライ　グリッド：2列スタッガード右上位

●5.615km×55周(-0.195km)=308.630km　予選出走24(+3)台　決勝出走24台　完走21台

順位	No.	ドライバー	マシン	タイヤ	周回数	タイム	予選順位／タイム
1	1	S.ベッテル	レッドブルRB7・ルノー	PI	55	1:38'01"994	2/1'36"042/Q3
2	3	L.ハミルトン	マクラーレンMP4-26A・メルセデス	PI	55	1:38'14"013	1/1'35"820/Q3
3	2	M.ウェーバー	レッドブルRB7・ルノー	PI	55	1:38'14"471	4/1'36"468/Q3
4	4	J.バトン	マクラーレンMP4-26A・メルセデス	PI	55	1:38'16"688	3/1'36"126/Q3
5	5	F.アロンソ	フェラーリ150° Italia	PI	55	1:38'17"683	6/1'36"980/Q3
6	6	F.マッサ	フェラーリ150° Italia	PI	55	1:38'27"127	5/1'36"831/Q3
7	19	J.アルグエルスアリ	トロロッソSTR6・フェラーリ	PI	55	1:38'51"532	11/1'38"315/Q2
8	8	N.ロズベルグ	メルセデスGP W02	PI	55	1:38'56"047	7/1'37"754/Q3
9	18	S.ブエミ	トロロッソSTR6・フェラーリ	PI	55	1:39'04"756	13/1'38"508/Q2
10	15	P.ディ・レスタ	フォース・インディアVJM04・メルセデス	PI	55	1:39'10"596	9/no time/Q3
11	14	A.スーティル	フォース・インディアVJM04・メルセデス	PI	55	1:39'13"223	10/no time/Q3
12	11	R.バリチェロ	ウイリアムズFW33・コスワース	PI	55	1:39'35"062	18/1'39"538/Q1
13	9	B.セナ	ルノーR31	PI	54	1:38'08"447	15/1'38"791/Q2
14	20	H.コバライネン	ロータスT128・ルノー	PI	54	1:38'10"371	19/1'40"522/Q1
15	16	小林可夢偉	ザウバーC30・フェラーリ	PI	54	1:38'23"507	14/1'38"775/Q2
16	17	S.ペレス	ザウバーC30・フェラーリ	PI	54	1:38'23"897	17/1'39"443/Q2
17	21	J.トゥルーリ	ロータスT128・ルノー	PI	54	1:38'45"660	20/1'41"101/Q1
18	24	T.グロック	ヴァージンMVR02・コスワース	PI	54	1:39'25"059	21/1'42"091/Q1
19	22	D.リカルド	HRT F111・コスワース	PI	54	1:39'33"977	24/no time/Q1
20	25	J.ダンブロジオ	ヴァージンMVR02・コスワース	PI	54	1:39'36"409	22/1'43"483/Q1
21	23	V.リウッツィ	HRT F111・コスワース	PI	52	1:38'34"293	23/1'43"758/Q1
	12	P.マルドナド	ウイリアムズFW33・コスワース	PI	30	エンジン	16/1'39"189/Q2
	10	V.ペトロフ	ルノーR31	PI	16	アクシデント	8/1'38"124/Q3
	7	M.シューマッハー	メルセデスGP W02	PI	15	アクシデント	12/1'38"354/Q2
ns	21f	K.チャンドック	ロータスT128・ルノー	PI	--	金曜P1のみ	--/(2'06"350)
ns	19f	J-E.ベルニュ	トロロッソSTR6・フェラーリ	PI	--	金曜P1のみ	--/(2'07"541)
ns	23f	N.カーティケヤン	HRT F111・コスワース	PI	--	金曜P1のみ	--/(2'08"832)

優勝スピード：188.893km/h
最速ラップ：S.ベッテル(レッドブル・ルノー)　1'39"605　202.941km/h　55周目
ラップリーダー：1-34=ベッテル、35-36=アロンソ、37-55=ベッテル

ROUND 17
インドGP
10／30

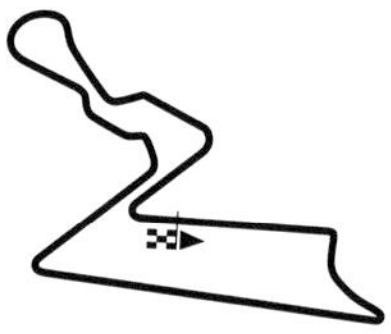

ニューデリー；インド
Buddh International Circuit, New Delhi
天候：晴れ　路面状況：ドライ　グリッド：2列スタッガード左上位

●5.125km×60周(-0.251km)=307.249km　予選出走24(+1)台　決勝出走24台　完走19台

順位	No.	ドライバー	マシン	タイヤ	周回数	タイム	予選順位／タイム
1	1	S.ベッテル	レッドブルRB7・ルノー	PI	60	1:30'35"002	1/1'24"178/Q3
2	4	J.バトン	マクラーレンMP4-26A・メルセデス	PI	60	1:30'43"435	5/1'24"950/Q3
3	5	F.アロンソ	フェラーリ150° Italia	PI	60	1:30'59"303	4/1'24"519/Q3
4	2	M.ウェーバー	レッドブルRB7・ルノー	PI	60	1:31'00"531	3/1'24"508/Q3
5	7	M.シューマッハー	メルセデスGP W02	PI	60	1:31'40"423	12/1'26"337/Q2
6	8	N.ロズベルグ	メルセデスGP W02	PI	60	1:31'41"853	7/1'25"451/Q3
7	3	L.ハミルトン	マクラーレンMP4-26A・メルセデス	PI	60	1:31'59"185	2/1'24"474/Q3
8	19	J.アルグエルスアリ	トロロッソSTR6・フェラーリ	PI	59	1:30'54"422	10/no time/Q3
9	14	A.スーティル	フォース・インディアVJM04・メルセデス	PI	59	1:31'10"160	8/no time/Q3
10	17	S.ペレス	ザウバーC30・フェラーリ	PI	59	1:31'12"750	17/1'27"562/Q2
11	10	V.ペトロフ	ルノーR31	PI	59	1:31'13"627	11/1'26"319/Q2
12	9	B.セナ	ルノーR31	PI	59	1:31'25"298	15/1'26"651/Q2
13	15	P.ディ・レスタ	フォース・インディアVJM04・メルセデス	PI	59	1:31'29"243	13/1'26"503/Q2
14	20	H.コバライネン	ロータスT128・ルノー	PI	58	1:30'41"595	19/1'28"565/Q1
15	11	R.バリチェロ	ウイリアムズFW33・コスワース	PI	58	1:30'56"557	16/1'27"247/Q2
16	25	J.ダンブロジオ	ヴァージンMVR02・コスワース	PI	57	1:30'51"481	23/1'30"866/Q1
17	22	N.カーティケヤン	HRT F111・コスワース	PI	57	1:30'52"067	22/1'30"238/Q1
18	23	D.リカルド	HRT F111・コスワース	PI	57	1:31'23"903	21/1'30"216/Q1
19	21	J.トゥルーリ	ロータスT128・ルノー	PI	55	1:30'58"490	20/1'28"752/Q1
	6	F.マッサ	フェラーリ150° Italia	PI	32	サスペンション	6/1'25"122/Q3
	18	S.ブエミ	トロロッソSTR6・フェラーリ	PI	24	エンジン	9/no time/Q3
	12	P.マルドナド	ウイリアムズFW33・コスワース	PI	12	ギヤボックス	14/1'26"537/Q2
	24	T.グロック	ヴァージンMVR02・コスワース	PI	2	アクシデント	24/1'34"046/Q1
	16	小林可夢偉	ザウバーC30・フェラーリ	PI	0	アクシデント	18/1'27"876/Q1
ns	20f	K.チャンドック	ロータスT128・ルノー	PI	--	金曜P1のみ	--/(1'32"487)

優勝スピード：205.513km/h
最速ラップ：S.ベッテル(レッドブル・ルノー)　1'27"249　211.463km/h　60周目
ラップリーダー：1-60=ベッテル
グリッド・ペナルティ：ハミルトンとペレスは黄旗振動を無視したため3位分降格。ペトロフは前戦での衝突により5位分降格。リカルドはギヤボックス交換により5位分降格。カーティケヤンは他車を妨げたため5位分降格

ROUND 18
アブダビGP
11／13

ヤス・マリーナ；アブダビ
Yas Marina Circuit, Abu Dhabi
天候：晴れ→夜間　路面状況：ドライ　グリッド：2列スタッガード右上位

●5.554km×55周(-0.115km)=305.355km　予選出走24(+3)台　決勝出走24台　完走20台

順位	No.	ドライバー	マシン	タイヤ	周回数	タイム	予選順位／タイム
1	3	L.ハミルトン	マクラーレンMP4-26A・メルセデス	PI	55	1:37'11"886	2/1'38"622/Q3
2	5	F.アロンソ	フェラーリ150° Italia	PI	55	1:37'20"343	5/1'39"058/Q3
3	4	J.バトン	マクラーレンMP4-26A・メルセデス	PI	55	1:37'37"767	3/1'38"631/Q3
4	2	M.ウェーバー	レッドブルRB7・ルノー	PI	55	1:37'47"670	4/1'38"858/Q3
5	6	F.マッサ	フェラーリ150° Italia	PI	55	1:38'02"464	6/1'39"695/Q3
6	8	N.ロズベルグ	メルセデスGP W02	PI	55	1:38'04"203	7/1'39"773/Q3
7	7	M.シューマッハー	メルセデスGP W02	PI	55	1:38'27"850	8/1'40"862?/Q3
8	14	A.スーティル	フォース・インディアVJM04・メルセデス	PI	55	1:38'29"008	9/1'40"768?/Q3
9	15	P.ディ・レスタ	フォース・インディアVJM04・メルセデス	PI	55	1:38'52"973	10/no time/Q3
10	16	小林可夢偉	ザウバーC30・フェラーリ	PI	54	1:37'13"417	16/1'41"240/Q2
11	17	S.ペレス	ザウバーC30・フェラーリ	PI	54	1:37'26"738	11/1'40"874/Q2
12	11	R.バリチェロ	ウイリアムズFW33・コスワース	PI	54	1:37'27"448	24/no time/Q1
13	10	V.ペトロフ	ルノーR31	PI	54	1:37'31"300	12/1'40"919/Q2
14	12	P.マルドナド	ウイリアムズFW33・コスワース	PI	54	1:37'54"633+30"	17/1'41"760/Q2
15	19	J.アルグエルスアリ	トロロッソSTR6・フェラーリ	PI	54	1:38'05"938+20"	15/1'41"162/Q2
16	9	B.セナ	ルノーR31	PI	54	1:38'34"408	14/1'41"079/Q2
17	20	H.コバライネン	ロータスT128・ルノー	PI	54	1:38'37"753	18/1'42"979/Q1
18	21	J.トゥルーリ	ロータスT128・ルノー	PI	53	1:37'53"904	19/1'43"884/Q1
19	24	T.グロック	ヴァージンMVR02・コスワース	PI	53	1:38'23"176	20/1'44"515/Q1
20	23	V.リウッツィ	HRT F111・コスワース	PI	53	1:38'55"177	23/1'45"159/Q1
	22	D.リカルド	HRT F111・コスワース	PI	48	電気系統	21/1'44"641/Q1
	18	S.ブエミ	トロロッソSTR6・フェラーリ	PI	19	ハイドロリック	13/1'41"009/Q2
	25	J.ダンブロジオ	ヴァージンMVR02・コスワース	PI	18	ブレーキ	22/1'44"699/Q1
	1	S.ベッテル	レッドブルRB7・ルノー	PI	1	タイヤ・パンク	1/1'38"481/Q3
ns	18f	J-E.ベルニュ	トロロッソSTR6・フェラーリ	PI	--	金曜P1のみ	--/(1'42"633)
ns	9f	R.グロージャン	ルノーR31	PI	--	金曜P1のみ	--/(1'42"685)
ns	25f	R.ウィッケンズ	ヴァージンMVR02・コスワース	PI	--	金曜P1のみ	--/(1'48"551)

優勝スピード：188.494km/h
最速ラップ：M.ウェーバー(レッドブル・ルノー)　1'42"612　194.854km/h　51周目
ラップリーダー：1-16=ハミルトン、17=ウェーバー、18-40=ハミルトン、41-43=アロンソ、44-55=ハミルトン
ペナルティ：マルドナドとアルグエルスアリは青旗無視によりそれぞれ30秒と20秒を加算
グリッド・ペナルティ：マルドナドはエンジン交換により10位分降格

ROUND 19
ブラジルGP
11/27

インテルラゴス；ブラジル
Autodromo Jose Carlos Pace, Interlagos
天候：晴れ　路面状況：ドライ　グリッド：2列スタッガード右上位

●4.309km×71周(-0.030km)=305.909km　予選出走24(+5)台　決勝出走24台　完走20台

順位	No.	ドライバー	マシン	タイヤ	周回数	タイム	予選順位／タイム
1	2	M.ウェーバー	レッドブルRB7・ルノー	PI	71	1:32'17"464	2/1'12"099/Q3
2	1	S.ベッテル	レッドブルRB7・ルノー	PI	71	1:32'34"447	1/1'11"918/Q3
3	4	J.バトン	マクラーレンMP4-26A・メルセデス	PI	71	1:32'45"102	3/1'12"283/Q3
4	5	F.アロンソ	フェラーリ150° Italia	PI	71	1:32'52"512	5/1'12"591/Q3
5	6	F.マッサ	フェラーリ150° Italia	PI	71	1:33'24"197	7/1'13"068/Q3
6	14	A.スーティル	フォース・インディアVJM04・メルセデス	PI	70	1:32'24"235	8/1'13"298/Q3
7	8	N.ロズベルグ	メルセデスGP W02	PI	70	1:32'33"036	6/1'13"050/Q3
8	15	P.ディ・レスタ	フォース・インディアVJM04・メルセデス	PI	70	1:32'42"985	11/1'13"584/Q2
9	16	小林可夢偉	ザウバーC30・フェラーリ	PI	70	1:32'47"575	16/1'14"129/Q2
10	10	V.ペトロフ	ルノーR31	PI	70	1:32'50"293	15/1'14"053/Q2
11	19	J.アルグエルスアリ	トロロッソSTR6・フェラーリ	PI	70	1:32'53"541	13/1'13"804/Q2
12	18	S.ブエミ	トロロッソSTR6・フェラーリ	PI	70	1:33'04"884	14/1'13"919/Q2
13	17	S.ペレス	ザウバーC30・フェラーリ	PI	70	1:33'15"629	17/1'14"182/Q2
14	11	R.バリチェロ	ウイリアムズFW33・コスワース	PI	70	1:33'19"956	12/1'13"801/Q2
15	7	M.シューマッハー	メルセデスGP W02	PI	70	1:33'24"115	10/no time/Q3
16	20	H.コバライネン	ロータスT128・ルノー	PI	69	1:32'56"493	19/1'15"068/Q1
17	9	B.セナ	ルノーR31	PI	69	1:33'26"183	9/1'13"761/Q3
18	21	J.トゥルーリ	ロータスT128・ルノー	PI	69	1:33'34"391	20/1'15"358/Q1
19	25	J.ダンブロジオ	ヴァージンMVR02・コスワース	PI	68	1:33'06"717	23/1'17"019/Q1
20	22	D.リカルド	HRT F111・コスワース	PI	68	1:33'27"563	22/1'16"890/Q1
	23	V.リウッツィ	HRT F111・コスワース	PI	61	電気系統	21/1'16"631/Q1
	3	L.ハミルトン	マクラーレンMP4-26A・メルセデス	PI	46	ギヤボックス	4/1'12"480/Q3
	12	P.マルドナド	ウイリアムズFW33・コスワース	PI	26	アクシデント	18/1'14"625/Q1
	24	T.グロック	ヴァージンMVR02・コスワース	PI	21	ホイール外れ	24/1'17"060/Q1
ns	14f	N.ヒュルケンベルグ	フォース・インディアVJM04・メルセデス	PI	--	金曜P1のみ	--/(1'15"178)
ns	10f	R.グロージャン	ルノーR31	PI	--	金曜P1のみ	--/(1'15"547)
ns	18f	J-E.ベルニュ	トロロッソSTR6・フェラーリ	PI	--	金曜P1のみ	--/(1'16"052)
ns	21f	L.ラジア	ロータスT128・ルノー	PI	--	金曜P1のみ	--/(1'17"595)
ns	23f	J.チャロウズ	HRT F111・コスワース	PI	--	金曜P1のみ	--/(1'19"577)

優勝スピード：198.876km/h
最速ラップ：M.ウェーバー(レッドブル・ルノー)　1'15"324　205.942km/h　71周目
ラップリーダー：1-16=ベッテル、17-18=ウェーバー、19-20=マッサ、21-29=ベッテル、30-37=ウェーバー、38-39=ベッテル、40-58=ウェーバー、59=ベッテル、60-71=ウェーバー

2012

ROUND 1
オーストラリアGP
3／18

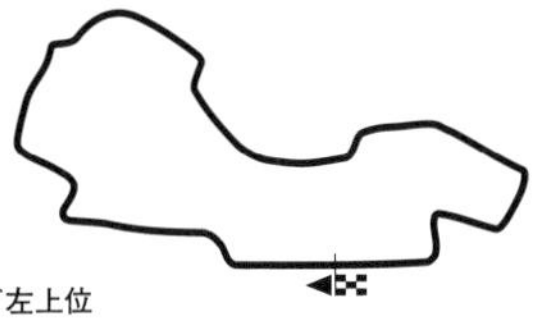

メルボルン；オーストラリア
Albert Park, Melbourne
天候：晴れ　路面状況：ドライ　グリッド：2列スタッガード左上位

●5.303km×58周=307.574km　予選出走24台　決勝出走22台　完走16台

順位	No.	ドライバー	マシン	タイヤ	周回数	タイム	予選順位／タイム
1	3	J.バトン	マクラーレンMP4-27A・メルセデス	PI	58	1:34'09"565	2/1'25"074/Q3
2	1	S.ベッテル	レッドブルRB8・ルノー	PI	58	1:34'11"704	6/1'25"668/Q3
3	4	L.ハミルトン	マクラーレンMP4-27A・メルセデス	PI	58	1:34'13"640	1/1'24"922/Q3
4	2	M.ウェーバー	レッドブルRB8・ルノー	PI	58	1:34'14"112	5/1'25"651/Q3
5	5	F.アロンソ	フェラーリF2012	PI	58	1:34'31"130	12/1'26"494/Q2
6	14	小林可夢偉	ザウバーC31・フェラーリ	PI	58	1:34'46"331	13/1'26"590/Q2
7	9	K.ライコネン	ロータスE20・ルノー	PI	58	1:34'47"579	18/1'27"758/Q1
8	15	S.ペレス	ザウバーC31・フェラーリ	PI	58	1:34'49"023	17/no time/Q2
9	16	D.リカルド	トロロッソSTR7・フェラーリ	PI	58	1:34'49"121	10/no time/Q3
10	11	P.ディ・レスタ	フォース・インディアVJM05・メルセデス	PI	58	1:34'49"302	15/1'27"086/Q2
11	17	J-E.ベルニュ	トロロッソSTR7・フェラーリ	PI	58	1:34'49"413	11/1'26"429/Q2
12	8	N.ロズベルグ	メルセデスF1 W03	PI	58	1:35'07"207	7/1'25"686/Q3
13	18	P.マルドナド	ウイリアムズFW34・ルノー	PI	57	アクシデント	8/1'25"908/Q3
14	24	T.グロック	マルシャMR01・コスワース	PI	57	1:34'54"824	21/1'30"923/Q1
15	25	C.ピック	マルシャMR01・コスワース	PI	53	油圧低下	22/1'31"670/Q1
16	19	B.セナ	ウイリアムズFW34・ルノー	PI	52	アクシデント	14/1'26"663/Q2
	6	F.マッサ	フェラーリF2012	PI	46	アクシデント	16/1'27"497/Q2
	20	H.コバライネン	ケータハムCT01・ルノー	PI	38	サスペンション	19/1'28"679/Q1
	21	V.ペトロフ	ケータハムCT01・ルノー	PI	34	ステアリング	20/1'29"018/Q1
	7	M.シューマッハー	メルセデスF1 W03	PI	10	トランスミッション	4/1'25"336/Q3
	10	R.グロージャン	ロータスE20・ルノー	PI	1	アクシデント	3/1'25"302/Q3
	12	N.ヒュルケンベルグ	フォース・インディアVJM05・メルセデス	PI	0	アクシデント	9/1'26"451/Q3
ns	22	P.デ・ラ・ロサ	HRT F112・コスワース	PI	--	DNQ	23/1'33"495/Q1
ns	23	N.カーティケヤン	HRT F112・コスワース	PI	--	DNQ	24/1'33"643/Q1

優勝スピード：195.991km/h
最速ラップ：J.バトン（マクラーレン・メルセデス）　1'29"187　214.054km/h　56周目
ラップリーダー：1-15=バトン、16=ハミルトン、17-35=バトン、36=ベッテル、37-58=バトン
グリッド・ペナルティ：ペレスはギヤボックス交換により5位分降格

ROUND 2
マレーシアGP
3／25

セパン；マレーシア
Sepang International Circuit, Kuala Lumpur
天候：雨→曇り　路面状況：ウエット→ドライ　グリッド：2列スタッガード右上位

●5.543km×56周=310.408km　予選出走24（+1）台　決勝出走24台　完走22台

順位	No.	ドライバー	マシン	タイヤ	周回数	タイム	予選順位／タイム
1	5	F.アロンソ	フェラーリF2012	PI	56	2:44'51"812	9/1'37"566/Q3
2	15	S.ペレス	ザウバーC31・フェラーリ	PI	56	2:44'54"075	10/1'37"698/Q3
3	4	L.ハミルトン	マクラーレンMP4-27A・メルセデス	PI	56	2:45'06"403	1/1'36"219/Q3
4	2	M.ウェーバー	レッドブルRB8・ルノー	PI	56	2:45'09"500	4/1'36"461/Q3
5	9	K.ライコネン	ロータスE20・ルノー	PI	56	2:45'21"268	5/1'36"461/Q3
6	19	B.セナ	ウイリアムズFW34・ルノー	PI	56	2:45'29"479	13/1'37"841/Q2
7	11	P.ディ・レスタ	フォース・インディアVJM05・メルセデス	PI	56	2:45'36"224	14/1'37"877/Q2
8	17	J-E.ベルニュ	トロロッソSTR7・フェラーリ	PI	56	2:45'38"797	18/1'39"077/Q1
9	12	N.ヒュルケンベルグ	フォース・インディアVJM05・メルセデス	PI	56	2:45'39"704	16/1'37"890/Q2
10	7	M.シューマッハー	メルセデスF1 W03	PI	56	2:45'41"808	3/1'36"391/Q3
11	1	S.ベッテル	レッドブルRB8・ルノー	PI	56	2:46'07"339	6/1'36"634/Q3
12	16	D.リカルド	トロロッソSTR7・フェラーリ	PI	56	2:46'08"640	15/1'37"883/Q2
13	8	N.ロズベルグ	メルセデスF1 W03	PI	56	2:46'10"405	8/1'36"664/Q3
14	3	J.バトン	マクラーレンMP4-27A・メルセデス	PI	56	2:46'11"531	2/1'36"368/Q3
15	6	F.マッサ	フェラーリF2012	PI	56	2:46'29"131	12/1'37"731/Q2
16	21	V.ペトロフ	ケータハムCT01・ルノー	PI	55	2:45'05"170	20/1'39"567/Q1
17	24	T.グロック	マルシャMR01・コスワース	PI	55	2:45'47"835	21/1'40"903/Q1
18	20	H.コバライネン	ケータハムCT01・ルノー	PI	55	2:45'51"814	19/1'39"306/Q1
19	18	P.マルドナド	ウイリアムズFW34・ルノー	PI	54	エンジン	11/1'37"589/Q2
20	25	C.ピック	マルシャMR01・コスワース	PI	54	2:44'56"936	22/1'41"250/Q1
21	22	P.デ・ラ・ロサ	HRT F112・コスワース	PI	54	2:46'22"889	23/1'42"914/Q1
22	23	N.カーティケヤン	HRT F112・コスワース	PI	54	2:46'09"679+20"	24/1'43"655/Q1
	14	小林可夢偉	ザウバーC31・フェラーリ	PI	46	ブレーキ	17/1'38"069/Q2
	10	R.グロージャン	ロータスE20・ルノー	PI	3	スピン	7/1'36"658/Q3
ns	19f	V.ボッタス	ウイリアムズFW34・ルノー	PI	--	金曜P1のみ	--/（1'39"724）

優勝スピード：112.969km/h
最速ラップ：K.ライコネン（ロータス・ルノー）　1'40"722　198.118km/h　53周目
ラップリーダー：1-13=ハミルトン、14-15=ペレス、16-39=アロンソ、40-41=ペレス、42-56=アロンソ
ペナルティ：カーティケヤンは衝突原因により20秒加算　グリッド・ペナルティ：ライコネンはギヤボックス交換により5位分降格。コバライネンは前戦セーフティカー導入中の追越しにより5位分降格

ROUND 3
中国GP
4／15

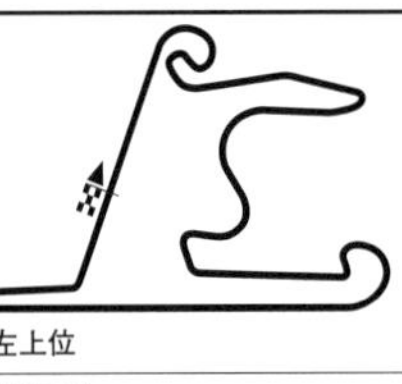

上海；中国
Shanghai International Circuit, Shanghai
天候：曇り・晴れ　路面状況：ドライ　グリッド：2列スタッガード左上位

●5.451km×56周(-0.190k)=305.066km　予選出走24(+3)台　決勝出走24台　完走23台

順位	No.	ドライバー	マシン	タイヤ	周回数	タイム	予選順位／タイム
1	8	N.ロズベルグ	メルセデスF1 W03	PI	56	1:36'26"929	1/1'35"121/Q3
2	3	J.バトン	マクラーレンMP4-27A・メルセデス	PI	56	1:36'47"555	6/1'36"191/Q3
3	4	L.ハミルトン	マクラーレンMP4-27A・メルセデス	PI	56	1:36'52"941	2/1'35"626/Q3
4	2	M.ウェーバー	レッドブルRB8・ルノー	PI	56	1:36'54"853	7/1'36"290/Q3
5	1	S.ベッテル	レッドブルRB8・ルノー	PI	56	1:36'57"412	11/1'36"031/Q2
6	10	R.グロージャン	ロータスE20・ルノー	PI	56	1:36'58"420	10/no time/Q3
7	19	B.セナ	ウイリアムズFW34・ルノー	PI	56	1:37'01"526	14/1'36"289/Q2
8	18	P.マルドナド	ウイリアムズFW34・ルノー	PI	56	1:37'02"572	13/1'36"283/Q2
9	5	F.アロンソ	フェラーリF2012	PI	56	1:37'04"185	9/1'36"622/Q3
10	14	小林可夢偉	ザウバーC31・フェラーリ	PI	56	1:37'05"649	4/1'35"784/Q3
11	15	S.ペレス	ザウバーC31・フェラーリ	PI	56	1:37'07"995	8/1'36"524/Q3
12	11	P.ディ・レスタ	フォース・インディアVJM05・メルセデス	PI	56	1:37'09"202	15/1'36"317/Q2
13	6	F.マッサ	フェラーリF2012	PI	56	1:37'09"708	12/1'36"255/Q2
14	9	K.ライコネン	ロータスE20・ルノー	PI	56	1:37'17"502	5/1'35"898/Q3
15	12	N.ヒュルケンベルグ	フォース・インディアVJM05・メルセデス	PI	56	1:37'18"142	16/1'36"745/Q2
16	17	J-E.ベルニュ	トロロッソSTR7・フェラーリ	PI	56	1:37'18"685	18/1'37"714/Q1
17	16	D.リカルド	トロロッソSTR7・フェラーリ	PI	56	1:37'30"085	17/1'36"956/Q2
18	21	V.ペトロフ	ケータハムCT01・ルノー	PI	55	1:36'30"554	20/1'38"677/Q1
19	24	T.グロック	マルシャMR01・コスワース	PI	55	1:37'20"154	21/1'39"282/Q1
20	25	C.ピック	マルシャMR01・コスワース	PI	55	1:37'20"552	22/1'39"717/Q1
21	22	P.デ・ラ・ロサ	HRT F112・コスワース	PI	55	1:38'03"223	23/1'40"411/Q1
22	23	N.カーティケヤン	HRT F112・コスワース	PI	54	1:37'15"280	24/1'41"000/Q1
	7	M.シューマッハー	メルセデスF1 W03	PI	12	ホイール緩み	3/1'35"691/Q3
ns	19f	V.ボッタス	ウイリアムズFW34・ルノー	PI	--	金曜P1のみ	--/（1'40"298）
ns	21f	G.バン・デル・ガルデ	ケータハムCT01・ルノー	PI	--	金曜P1のみ	--/（1'42"521）
ns	11f	J.ビアンキ	フォース・インディアVJM05・メルセデス	PI	--	金曜P1のみ	--/（1'44"118）

優勝スピード：189.778km/h
最速ラップ：小林可夢偉（ザウバー・フェラーリ）　1'39"960　196.314km/h　40周目
ラップリーダー：1-13=ロズベルグ、14-16=ペレス、17-34=ロズベルグ、35-39=バトン、40-56=ロズベルグ
グリッド・ペナルティ：ハミルトンはギヤボックス交換により5位分降格。ベルニュはパルク・フェルメでモディファイによりピットレーン・スタート

ROUND 4
バーレーンGP
4／22

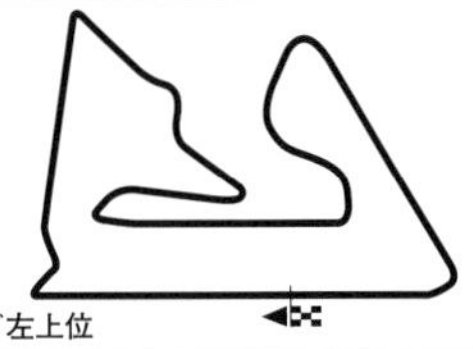

サクヒール；バーレーン
Bahrain International Circuit, Sakhir
天候：曇り　路面状況：ドライ　グリッド：2列スタッガード左上位

●5.412km×57周(-0.246km)=308.238km　予選出走24(+1)台　決勝出走24台　完走22台

順位	No.	ドライバー	マシン	タイヤ	周回数	タイム	予選順位／タイム
1	1	S.ベッテル	レッドブルRB8・ルノー	PI	57	1:35'10"990	1/1'32"422/Q3
2	9	K.ライコネン	ロータスE20・ルノー	PI	57	1:35'14"323	11/1'33"789/Q2
3	10	R.グロージャン	ロータスE20・ルノー	PI	57	1:35'21"184	7/1'33"008/Q3
4	2	M.ウェーバー	レッドブルRB8・ルノー	PI	57	1:35'49"378	3/1'32"637/Q3
5	8	N.ロズベルグ	メルセデスF1 W03	PI	57	1:36'06"450	5/1'32"821/Q3
6	11	P.ディ・レスタ	フォース・インディアVJM05・メルセデス	PI	57	1:36'08"533	10/no time/Q3
7	5	F.アロンソ	フェラーリF2012	PI	57	1:36'08"793	9/no time/Q3
8	4	L.ハミルトン	マクラーレンMP4-27A・メルセデス	PI	57	1:36'09"974	2/1'32"520/Q3
9	6	F.マッサ	フェラーリF2012	PI	57	1:36'15"989	14/1'33"912/Q2
10	7	M.シューマッハー	メルセデスF1 W03	PI	57	1:36'22"480	18/1'34"865/Q1
11	15	S.ペレス	ザウバーC31・フェラーリ	PI	57	1:36'23"692	8/1'33"394/Q3
12	12	N.ヒュルケンベルグ	フォース・インディアVJM05・メルセデス	PI	57	1:36'27"529	13/1'33"807/Q2
13	14	小林可夢偉	ザウバーC31・フェラーリ	PI	57	1:36'41"324	12/1'33"806/Q2
14	17	J-E.ベルニュ	トロロッソSTR7・フェラーリ	PI	57	1:36'44"713	19/1'35"014/Q1
15	16	D.リカルド	トロロッソSTR7・フェラーリ	PI	56	1:35'16"866	6/1'32"912/Q3
16	21	V.ペトロフ	ケータハムCT01・ルノー	PI	56	1:35'30"905	20/1'35"823/Q1
17	20	H.コバライネン	ケータハムCT01・ルノー	PI	56	1:35'42"092	16/1'36"132/Q2
18	3	J.バトン	マクラーレンMP4-27A・メルセデス	PI	55	ディファレンシャル	4/1'32"711/Q3
19	24	T.グロック	マルシャMR01・コスワース	PI	55	1:35'59"562	23/1'37"905/Q1
20	22	P.デ・ラ・ロサ	HRT F112・コスワース	PI	55	1:36'30"175	22/1'37"883/Q1
21	23	N.カーティケヤン	HRT F112・コスワース	PI	55	1:36'30"771	24/1'38"314/Q1
22	19	B.セナ	ウイリアムズFW34・ルノー	PI	54	ハンドリング	15/1'34"017/Q2
	18	P.マルドナド	ウイリアムズFW34・ルノー	PI	25	タイヤ・パンク	17/no time/Q2
	25	C.ピック	マルシャMR01・コスワース	PI	24	エンジン	21/1'37"683/Q1
ns	19f	V.ボッタス	ウイリアムズFW34・ルノー	PI	--	金曜P1のみ	--/（1'35"497）

優勝スピード：194.302km/h
最速ラップ：S.ベッテル（レッドブル・ルノー）　1'36"379　202.152km/h　41周目
ラップリーダー：1-11=ベッテル、12=ディ・レスタ、13-39=ベッテル、40=グロージャン、41-57=ベッテル
グリッド・ペナルティ：マルドナドとシューマッハーはギヤボックス交換により5位分降格

ROUND 5
スペインGP
5／13

カタルーニャ；スペイン
Circuit de Catalunya, Barcelona
天候：晴れ　路面状況：ドライ　グリッド：2列スタッガード左上位

●4.655km×66周(-0.126km)=307.104km　予選出走24(+4)台　決勝出走24台　完走19台

順位	No.	ドライバー	マシン	タイヤ	周回数	タイム	予選順位／タイム
1	18	P.マルドナド	ウイリアムズFW34・ルノー	PI	66	1:39'09"145	2/1'22"285/Q3
2	5	F.アロンソ	フェラーリF2012	PI	66	1:39'12"340	3/1'22"302/Q3
3	9	K.ライコネン	ロータスE20・ルノー	PI	66	1:39'13"029	5/1'22"487/Q3
4	10	R.グロージャン	ロータスE20・ルノー	PI	66	1:39'23"944	4/1'22"424/Q3
5	14	小林可夢偉	ザウバーC31・フェラーリ	PI	66	1:40'13"786	10/no time/Q3
6	1	S.ベッテル	レッドブルF1・ルノー	PI	66	1:40'16"721	8/no time/Q3
7	8	N.ロズベルグ	メルセデスF1 W03	PI	66	1:40'27"064	7/1'23"005/Q3
8	4	L.ハミルトン	マクラーレンMP4-27A・メルセデス	PI	66	1:40'27"285	1/1'21"707/Q3
9	3	J.バトン	マクラーレンMP4-27A・メルセデス	PI	66	1:40'34"391	11/1'22"944/Q2
10	12	N.ヒュルケンベルグ	フォース・インディアVJM05・メルセデス	PI	65	1:39'09"709	14/1'23"177/Q2
11	2	M.ウェーバー	レッドブルRB8・ルノー	PI	65	1:39'09"928	12/1'22"977/Q2
12	17	J-E.ベルニュ	トロロッソSTR7・フェラーリ	PI	65	1:39'16"101	15/1'23"265/Q2
13	16	D.リカルド	トロロッソSTR7・フェラーリ	PI	65	1:39'20"967	16/1'23"442/Q2
14	11	P.ディ・レスタ	フォース・インディアVJM05・メルセデス	PI	65	1:39'25"660	13/1'23"125/Q2
15	6	F.マッサ	フェラーリF2012	PI	65	1:39'27"047	17/1'23"444/Q2
16	20	H.コバライネン	ケータハムCT01・ルノー	PI	65	1:39'51"054	20/1'25"507/Q1
17	21	V.ペトロフ	ケータハムCT01・ルノー	PI	65	1:40'06"205	19/1'25"277/Q1
18	24	T.グロック	マルシャMR01・コスワース	PI	64	1:39'23"541	22/1'27"032/Q1
19	22	P.デ・ラ・ロサ	HRT F112・コスワース	PI	63	1:39'46"180	23/1'27"555/Q1
	15	S.ペレス	ザウバーC31・フェラーリ	PI	37	トランスミッション	6/1'22"533/Q3
	25	C.ピック	マルシャMR01・コスワース	PI	35	ドライブシャフト	21/1'26"582/Q1
	23	N.カーティケヤン	HRT F112・コスワース	PI	22	ホイール外れ	24/1'31"122/Q1
	19	B.セナ	ウイリアムズFW34・ルノー	PI	12	アクシデント	18/1'24"981/Q1
	7	M.シューマッハー	メルセデスF1 W03	PI	12	アクシデント	9/no time/Q3
ns	19f	V.ボッタス	ウイリアムズFW34・ルノー	PI	--	金曜P1のみ	--/（1'25"120）
ns	11f	J.ビアンキ	フォース・インディアVJM05・メルセデス	PI	--	金曜P1のみ	--/（1'26"630）
ns	20f	A.ロッシ	ケータハムCT01・ルノー	PI	--	金曜P1のみ	--/（1'28"448）
ns	23f	D.クロス	HRT F112・コスワース	PI	--	金曜P1のみ	--/（1'31"618）

優勝スピード：185.837km/h　最速ラップ：R.グロージャン（ロータス・ルノー）　1'26"250　194.295km/h　53周目
ラップリーダー：1-9=アロンソ、10-11=マルドナド、12-26=アロンソ、27-41=マルドナド、42-44=アロンソ、45-46=ライコネン、47-66=マルドナド
ペナルティ：ハミルトンは予選後の燃料チェックを受けずタイム無効、決勝最後尾からの出走は認められる

ROUND 6
モナコGP
5／27

モンテカルロ；モナコ
Circuit de Monaco, Monte Carlo
天候：曇り一時雨　路面状況：ドライ一時ウェット　グリッド：2列スタッガード右上位

●3.340km×78周=260.520km　予選出走24台　決勝出走24台　完走15台

順位	No.	ドライバー	マシン	タイヤ	周回数	タイム	予選順位／タイム
1	2	M.ウェーバー	レッドブルRB8・ルノー	PI	78	1:46'06"557	2/1'14"381/Q3
2	8	N.ロズベルグ	メルセデスF1 W03	PI	78	1:46'07"200	3/1'14"448/Q3
3	5	F.アロンソ	フェラーリF2012	PI	78	1:46'07"504	6/1'14"948/Q3
4	1	S.ベッテル	レッドブルRB8・ルノー	PI	78	1:46'07"900	10/no time/Q3
5	4	L.ハミルトン	マクラーレンMP4-27A・メルセデス	PI	78	1:46'10"658	4/1'14"583/Q3
6	6	F.マッサ	フェラーリF2012	PI	78	1:46'12"752	7/1'15"049/Q3
7	11	P.ディ・レスタ	フォース・インディアVJM05・メルセデス	PI	78	1:46'48"094	15/1'15"718/Q2
8	12	N.ヒュルケンベルグ	フォース・インディアVJM05・メルセデス	PI	78	1:46'49"119	11/1'15"421/Q2
9	9	K.ライコネン	ロータスE20・ルノー	PI	78	1:46'50"593	8/1'15"199/Q3
10	19	B.セナ	ウイリアムズFW34・ルノー	PI	78	1:46'51"073	14/1'15"709/Q2
11	15	S.ペレス	ザウバーC31・フェラーリ	PI	77	1:46'13"000	24/no time/Q1
12	17	J-E.ベルニュ	トロロッソSTR7・フェラーリ	PI	77	1:46'47"649	17/1'16"885/Q2
13	20	H.コバライネン	ケータハムCT01・ルノー	PI	77	1:46'53"421	18/1'16"538/Q1
14	24	T.グロック	マルシャMR01・コスワース	PI	77	1:46'57"671	20/1'17"947/Q1
15	23	N.カーティケヤン	HRT F112・コスワース	PI	76	1:47'16"134	23/1'19"310/Q1
	3	J.バトン	マクラーレンMP4-27A・メルセデス	PI	70	タイヤ・パンク	13/1'15"536/Q2
	16	D.リカルド	トロロッソSTR7・フェラーリ	PI	65	ステアリング	16/1'15"878/Q2
	25	C.ピック	マルシャMR01・コスワース	PI	64	電気系統	22/1'18"476/Q1
	7	M.シューマッハー	メルセデスF1 W03	PI	63	燃圧低下	1/1'14"301/Q3
	21	V.ペトロフ	ケータハムCT01・ルノー	PI	15	電気系統	19/1'17"404/Q1
	14	小林可夢偉	ザウバーC31・フェラーリ	PI	5	サスペンション	12/1'15"508/Q2
	10	R.グロージャン	ロータスE20・ルノー	PI	0	サスペンション	5/1'14"639/Q3
	22	P.デ・ラ・ロサ	HRT F112・コスワース	PI	0	アクシデント	21/1'18"096/Q1
	18	P.マルドナド	ウイリアムズFW34・ルノー	PI	0	アクシデント	9/1'15"245/Q3

優勝スピード：147.312km/h
最速ラップ：S.ペレス（ザウバー・フェラーリ）　1'17"296　155.557km/h　49周目
ラップリーダー：1-28=ウェーバー、29=アロンソ、30=マッサ、31-45=ベッテル、46-78=ウェーバー
グリッド・ペナルティ：シューマッハーは前戦で衝突原因により5位分降格。ペレスはギヤボックス交換により5位分降格。マルドナドは衝突原因とギヤボックス交換により10位分降格。

ROUND 7
カナダGP
6／10

モントリオール；カナダ
Circuit Gilles Villeneuve, Montreal
天候：晴れ　路面状況：ドライ　グリッド：2列スタッガード左上位

●4.361km×70周=305.270km　予選出走24台　決勝出走24台　完走20台

順位	No.	ドライバー	マシン	タイヤ	周回数	タイム	予選順位／タイム
1	4	L.ハミルトン	マクラーレンMP4-27A・メルセデス	PI	70	1:32'29"586	2/1'14"087/Q3
2	10	R.グロージャン	ロータスE20・ルノー	PI	70	1:32'32"099	7/1'14"645/Q3
3	15	S.ペレス	ザウバーC31・フェラーリ	PI	70	1:32'34"846	15/1'15"156/Q2
4	1	S.ベッテル	レッドブルRB8・ルノー	PI	70	1:32'36"881	1/1'13"784/Q3
5	5	F.アロンソ	フェラーリF2012	PI	70	1:32'42"997	3/1'14"151/Q3
6	8	N.ロズベルグ	メルセデスF1 W03	PI	70	1:32'43"428	5/1'14"411/Q3
7	2	M.ウェーバー	レッドブルRB8・ルノー	PI	70	1:32'44"671	4/1'14"346/Q3
8	9	K.ライコネン	ロータスE20・ルノー	PI	70	1:32'45"153	12/1'14"734/Q2
9	14	小林可夢偉	ザウバーC31・フェラーリ	PI	70	1:32'54"018	11/1'14"688/Q2
10	6	F.マッサ	フェラーリF2012	PI	70	1:32'54"858	6/1'14"465/Q3
11	11	P.ディ・レスタ	フォース・インディアVJM05・メルセデス	PI	70	1:33'07"279	8/1'14"705/Q3
12	12	N.ヒュルケンベルグ	フォース・インディアVJM05・メルセデス	PI	70	1:33'15"822	13/1'14"748/Q2
13	18	P.マルドナド	ウイリアムズFW34・ルノー	PI	70	1:33'16"638	17/1'15"231/Q2
14	16	D.リカルド	トロロッソSTR7・フェラーリ	PI	70	1:33'34"061	14/1'15"078/Q2
15	17	J-E.ベルニュ	トロロッソSTR7・フェラーリ	PI	69	1:32'44"636	20/1'16"602/Q1
16	3	J.バトン	マクラーレンMP4-27A・メルセデス	PI	69	1:32'49"820	10/1'15"182/Q3
17	19	B.セナ	ウイリアムズFW34・ルノー	PI	69	1:32'51"248	16/1'15"170/Q2
18	20	H.コバライネン	ケータハムCT01・ルノー	PI	69	1:33'04"336	18/1'16"263/Q1
19	21	V.ペトロフ	ケータハムCT01・ルノー	PI	69	1:33'08"933	19/1'16"482/Q1
20	25	C.ピック	マルシャMR01・コスワース	PI	67	1:32'32"961	23/1'18"255/Q1
	24	T.グロック	マルシャMR01・コスワース	PI	56	ブレーキ	22/1'17"901/Q1
	7	M.シューマッハー	メルセデスF1 W03	PI	43	ハイドロリック/DRS	9/1'14"812/Q3
	22	P.デ・ラ・ロサ	HRT F112・コスワース	PI	24	ブレーキ	21/1'17"492/Q1
	23	N.カーティケヤン	HRT F112・コスワース	PI	22	ブレーキ	24/1'18"330/Q1

優勝スピード：198.027km/h
最速ラップ：S.ベッテル（レッドブル・ルノー）　1'15"752　207.250km/h　70周目
ラップリーダー：1-15=ベッテル、16=ハミルトン、17-19=アロンソ、20=グロージャン、21-49=ハミルトン、50-63=アロンソ、64-70=ハミルトン
グリッド・ペナルティ：マルドナドはギヤボックス交換により5位分降格

ROUND 8
ヨーロッパGP
6／24

バレンシア；スペイン
Valencia Street Circuit
天候：曇り・晴れ　路面状況：ドライ　グリッド：2列スタッガード右上位

●5.419km×57周=308.883km　予選出走24(+9)台　決勝出走23台　完走19台

順位	No.	ドライバー	マシン	タイヤ	周回数	タイム	予選順位／タイム
1	5	F.アロンソ	フェラーリF2012	PI	57	1:44'16"649	11/1'38"707/Q2
2	9	K.ライコネン	ロータスE20・ルノー	PI	57	1:44'23"070	5/1'38"513/Q3
3	7	M.シューマッハー	メルセデスF1 W03	PI	57	1:44'29"288	12/1'38"770/Q2
4	2	M.ウェーバー	レッドブルRB8・ルノー	PI	57	1:44'30"277	19/1'40"395/Q1
5	12	N.ヒュルケンベルグ	フォース・インディアVJM05・メルセデス	PI	57	1:44'36"642	8/1'38"752/Q3
6	8	N.ロズベルグ	メルセデスF1 W03	PI	57	1:44'37"825	6/1'38"623/Q3
7	11	P.ディ・レスタ	フォース・インディアVJM05・メルセデス	PI	57	1:44'39"515	10/1'38"992/Q3
8	3	J.バトン	マクラーレンMP4-27A・メルセデス	PI	57	1:44'41"302	9/1'38"801/Q3
9	15	S.ペレス	ザウバーC31・フェラーリ	PI	57	1:44'44"426	15/1'39"358/Q2
10	19	B.セナ	ウイリアムズFW34・ルノー	PI	57	1:44'52"610	14/1'39"207/Q2
11	16	D.リカルド	トロロッソSTR7・フェラーリ	PI	57	1:44'53"690	17/1'40"358/Q2
12	18	P.マルドナド	ウイリアムズFW34・ルノー	PI	57	1:44'51"279+20"	3/1'38"475/Q3
13	21	V.ペトロフ	ケータハムCT01・ルノー	PI	57	1:45'32"520	20/1'40"457/Q1
14	20	H.コバライネン	ケータハムCT01・ルノー	PI	57	1:45'51"303	16/1'40"295/Q2
15	25	C.ピック	マルシャMR01・コスワース	PI	57	1:45'53"200	23/1'42"675/Q1
16	6	F.マッサ	フェラーリF2012	PI	56	1:44'19"382	13/1'38"780/Q2
17	22	P.デ・ラ・ロサ	HRT F112・コスワース	PI	56	1:44'28"435	21/1'42"171/Q1
18	23	N.カーティケヤン	HRT F112・コスワース	PI	56	1:44'37"702	22/1'42"527/Q1
19	4	L.ハミルトン	マクラーレンMP4-27A・メルセデス	PI	55	アクシデント	2/1'38"410/Q3
	10	R.グロージャン	ロータスE20・ルノー	PI	40	オルタネーター	4/1'38"505/Q3
	1	S.ベッテル	レッドブルRB8・ルノー	PI	33	オルタネーター	1/1'38"086/Q3
	14	小林可夢偉	ザウバーC31・フェラーリ	PI	33	アクシデント	7/1'38"741/Q3
	17	J-E.ベルニュ	トロロッソSTR7・フェラーリ	PI	26	アクシデント	18/1'40"203/Q1
ns	24	T.グロック	マルシャMR01・コスワース	PI	--	P1～P3のみ。体調不良	--/（1'42"424）
ns	12f	J.ビアンキ	フォース・インディアVJM05・メルセデス	PI	--	金曜P1のみ	--/（1'42"175）
ns	19f	V.ボッタス	ウイリアムズFW34・ルノー	PI	--	金曜P1のみ	--/（1'42"299）

優勝スピード：177.727km/h
最速ラップ：N.ロズベルグ（メルセデス）　1'42"163　190.953km/h　54周目
ラップリーダー：1-33=ベッテル、34-57=アロンソ
ペナルティ：マルドナドは衝突原因を作ったため20秒加算

ROUND 9
イギリスGP
7／8

シルバーストン；イギリス
Silverstone Grand Prix Circuit
天候：曇り・晴れ　路面状況：ドライ　グリッド：2列スタッガード左上位

●5.891km×52周(-0.134km)=306.198km　予選出走24(+3)台　決勝出走24台　完走21台

順位	No.	ドライバー	マシン	タイヤ	周回数	タイム	予選順位／タイム
1	2	M.ウェーバー	レッドブルRB8・ルノー	PI	52	1:25'11"288	2/1'51"793/Q3
2	5	F.アロンソ	フェラーリF2012	PI	52	1:25'14"348	1/1'51"746/Q3
3	1	S.ベッテル	レッドブルRB8・ルノー	PI	52	1:25'16"124	4/1'52"199/Q3
4	6	F.マッサ	フェラーリF2012	PI	52	1:25'20"807	5/1'53"065/Q3
5	9	K.ライコネン	ロータスE20・ルノー	PI	52	1:25'21"602	6/1'53"290/Q3
6	10	R.グロージャン	ロータスE20・ルノー	PI	52	1:25'28"389	10/1'56"388/Q2
7	7	M.シューマッハー	メルセデスF1 W03	PI	52	1:25'40"441	3/1'52"020/Q3
8	4	L.ハミルトン	マクラーレンMP4-27A・メルセデス	PI	52	1:25'47"751	8/1'53"543/Q3
9	19	B.セナ	ウイリアムズFW34・ルノー	PI	52	1:25'54"635	15/1'57"426/Q2
10	3	J.バトン	マクラーレンMP4-27A・メルセデス	PI	52	1:25'55"732	18/1'48"044/Q1
11	14	小林可夢偉	ザウバーC31・フェラーリ	PI	52	1:25'56"658	12/1'57"071/Q2
12	12	N.ヒュルケンベルグ	フォース・インディアVJM05・メルセデス	PI	52	1:25'59"144	9/1'54"382/Q3
13	16	D.リカルド	トロロッソSTR7・フェラーリ	PI	52	1:26'02"529	14/1'57"132/Q2
14	17	J-E.ベルニュ	トロロッソSTR7・フェラーリ	PI	52	1:26'04"601	16/1'57"719/Q2
15	8	N.ロズベルグ	メルセデスF1 W03	PI	52	1:26'08"682	13/1'57"108/Q2
16	18	P.マルドナド	ウイリアムズFW34・ルノー	PI	51	1:25'49"169	7/1'53"539/Q3
17	20	H.コバライネン	ケータハムCT01・ルノー	PI	51	1:25'58"502	20/1'49"477/Q1
18	24	T.グロック	マルシャMR01・コスワース	PI	51	1:26'22"764	21/1'51"618/Q1
19	25	C.ピック	マルシャMR01・コスワース	PI	51	1:26'43"189	24/1'54"143/Q1
20	22	P.デ・ラ・ロサ	HRT F112・コスワース	PI	50	1:25'26"713	22/1'52"742/Q1
21	23	N.カーティケヤン	HRT F112・コスワース	PI	50	1:25'39"267	23/1'53"040/Q1
	15	S.ペレス	ザウバーC31・フェラーリ	PI	11	アクシデント	17/1'57"895/Q2
	11	P.ディ・レスタ	フォース・インディアVJM05・メルセデス	PI	2	アクシデント	11/1'57"009/Q2
	21	V.ペトロフ	ケータハムCT01・ルノー	PI	0	燃料ポンプ	19/1'49"027/Q1
ns	19f	V.ボッタス	ウイリアムズFW34・ルノー	PI	--	金曜P1のみ	--/（1'59"733）
ns	23f	D.クロス	HRT F112・コスワース	PI	--	金曜P1のみ	--/（2'05"022）
ns	12f	J.ビアンキ	フォース・インディアVJM05・メルセデス	PI	--	金曜P1のみ	--/（no time）

優勝スピード：215.662km/h　最速ラップ：K.ライコネン（ロータス・ルノー）　1'34"661　224.037km/h　50周目
ラップリーダー：1-15=アロンソ、16-18=ハミルトン、19-47=アロンソ、48-52=ウェーバー
グリッド・ペナルティ：ヒュルケンベルグとピックはギヤボックス交換により5位分降格。小林は前戦の危険行為により5位分降格。ベルニュは前戦の危険行為により10位分降格

ROUND 10
ドイツGP
7／22

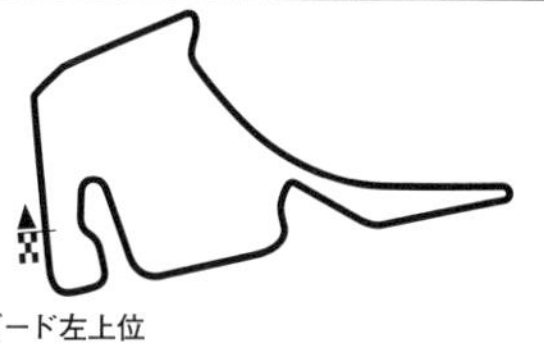

ホッケンハイム；ドイツ
Hockenheim-ring, Hockenheim
天候：晴れ　路面状況：ドライ　グリッド：2列スタッガード左上位

●4.574km×67周=306.458km　予選出走24（+3）台・決勝出走24台・完走23台

順位	No.	ドライバー	マシン	タイヤ	周回数	タイム	予選順位／タイム
1	5	F.アロンソ	フェラーリF2012	PI	67	1:31'05"862	1/1'40"621/Q3
2	3	J.バトン	マクラーレンMP4-27A・メルセデス	PI	67	1:31'12"811	7/1'44"113/Q3
3	9	K.ライコネン	ロータスE20・ルノー	PI	67	1:31'22"271	10/1'45"811/Q3
4	14	小林可夢偉	ザウバーC31・フェラーリ	PI	67	1:31'27"787	13/1'39"985/Q2
5	1	S.ベッテル	レッドブルRB8・ルノー	PI	67	1:31'09"594+20"	2/1'41"026/Q3
6	15	S.ペレス	ザウバーC31・フェラーリ	PI	67	1:31'33"758	12/1'39"933/Q2
7	7	M.シューマッハー	メルセデスF1 W03	PI	67	1:31'34"832	4/1'42"459/Q3
8	2	M.ウェーバー	レッドブルRB8・ルノー	PI	67	1:31'52"803	3/1'41"496/Q3
9	12	N.ヒュルケンベルグ	フォース・インディアVJM05・メルセデス	PI	67	1:31'54"024	5/1'43"501/Q3
10	8	N.ロズベルグ	メルセデスF1 W03	PI	67	1:31'54"751	17/1'41"551/Q2
11	11	P.ディ・レスタ	フォース・インディアVJM05・メルセデス	PI	67	1:32'05"089	9/1'44"889/Q3
12	6	F.マッサ	フェラーリF2012	PI	67	1:32'17"290	14/1'40"212/Q2
13	16	D.リカルド	トロロッソSTR7・フェラーリ	PI	67	1:32'22"691	11/1'39"789/Q2
14	17	J-E.ベルニュ	トロロッソSTR7・フェラーリ	PI	67	1:32'22"827	18/1'16"741/Q1
15	18	P.マルドナド	ウイリアムズFW34・ルノー	PI	66	1:31'22"663	6/1'43"950/Q3
16	21	V.ペトロフ	ケータハムCT01・ルノー	PI	66	1:31'50"478	20/1'18"531/Q1
17	19	B.セナ	ウイリアムズFW34・ルノー	PI	66	1:31'51"024	16/1'40"752/Q2
18	10	R.グロージャン	ロータスE20・ルノー	PI	66	1:32'10"268	15/1'40"574/Q2
19	20	H.コバライネン	ケータハムCT01・ルノー	PI	65	1:31'25"408	19/1'17"620/Q1
20	25	C.ピック	マルシャMR01・コスワース	PI	65	1:31'38"057	21/1'19"220/Q1
21	22	P.デ・ラ・ロサ	HRT F112・コスワース	PI	64	1:31'14"225	23/1'19"912/Q1
22	24	T.グロック	マルシャMR01・コスワース	PI	64	1:31'19"377	22/1'19"291/Q1
23	23	N.カーティケヤン	HRT F112・コスワース	PI	64	1:31'19"708	24/1'20"230/Q1
	4	L.ハミルトン	マクラーレンMP4-27A・メルセデス	PI	56	ボディワーク	8/1'44"186/Q3
ns	19f	V.ボッタス	ウイリアムズFW34・ルノー	PI	--	金曜P1のみ	--/（1'18"422）
ns	11f	J.ビアンキ	フォース・インディアVJM05・メルセデス	PI	--	金曜P1のみ	--/（1'18"972）
ns	23f	D.クロス	HRT F112・コスワース	PI	--	金曜P1のみ	--/（1'21"740）

優勝スピード：201.843km/h
最速ラップ：M.シューマッハー（メルセデス）　1'18"725　209.164km/h　57周目
ラップリーダー：1-17=アロンソ、18-20=ベッテル、21-67=アロンソ
ペナルティ：ベッテルはコース外走行でアドバンテージを得たため20秒加算
グリッド・ペナルティ：ウェーバーとグロージャンとロズベルグはギヤボックス交換により5位分降格。ペレスは他車を妨げたため5位分降格

ROUND 11
ハンガリーGP
7／29

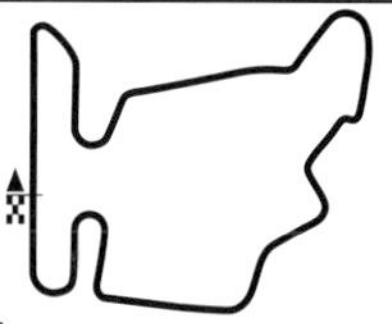

ハンガロリンク；ハンガリー
Hungaroring Mogyorod, Budapest
天候：晴れ　路面状況：ドライ　グリッド：2列スタッガード左上位

●4.381km×69周(-0.040km)=302.249km　予選出走24(+3)台　決勝出走24台　完走22台

順位	No.	ドライバー	マシン	タイヤ	周回数	タイム	予選順位／タイム
1	4	L.ハミルトン	マクラーレンMP4-27A・メルセデス	PI	69	1:41'05"503	1/1'20"953/Q3
2	9	K.ライコネン	ロータスE20・ルノー	PI	69	1:41'06"535	5/1'21"730/Q3
3	10	R.グロージャン	ロータスE20・ルノー	PI	69	1:41'16"021	2/1'21"366/Q3
4	1	S.ベッテル	レッドブルRB8・ルノー	PI	69	1:41'17"117	3/1'21"416/Q3
5	5	F.アロンソ	フェラーリF2012	PI	69	1:41'32"156	6/1'21"844/Q3
6	3	J.バトン	マクラーレンMP4-27A・メルセデス	PI	69	1:41'35"746	4/1'21"583/Q3
7	19	B.セナ	ウイリアムズFW34・ルノー	PI	69	1:41'39"402	9/1'22"343/Q3
8	2	M.ウェーバー	レッドブルRB8・ルノー	PI	69	1:41'39"961	11/1'21"715/Q2
9	6	F.マッサ	フェラーリF2012	PI	69	1:41'43"853	7/1'21"900/Q3
10	8	N.ロズベルグ	メルセデスF1 W03	PI	69	1:41'56"737	13/1'21"895/Q2
11	12	N.ヒュルケンベルグ	フォース・インディアVJM05・メルセデス	PI	69	1:42'02"786	10/1'22"847/Q3
12	11	P.ディ・レスタ	フォース・インディアVJM05・メルセデス	PI	69	1:42'08"390	12/1'21"813/Q2
13	18	P.マルドナド	ウイリアムズFW34・ルノー	PI	69	1:42'09"109	8/1'21"939/Q3
14	15	S.ペレス	ザウバーC31・フェラーリ	PI	69	1:42'09"997	14/1'21"895/Q2
15	16	D.リカルド	トロロッソSTR7・フェラーリ	PI	68	1:41'28"248	18/1'23"250/Q1
16	17	J-E.ベルニュ	トロロッソSTR7・フェラーリ	PI	68	1:41'48"485	16/1'22"380/Q2
17	20	H.コバライネン	ケータハムCT01・ルノー	PI	68	1:42'24"499	19/1'23"576/Q1
18	14	小林可夢偉	ザウバーC31・フェラーリ	PI	67	ハイドロリクス	15/1'22"300/Q2
19	21	V.ペトロフ	ケータハムCT01・ルノー	PI	67	1:41'26"719	20/1'24"167/Q1
20	25	C.ピック	マルシャMR01・コスワース	PI	67	1:41'49"343	21/1'25"244/Q1
21	24	T.グロック	マルシャMR01・コスワース	PI	66	1:41'45"163	22/1'25"476/Q1
22	22	P.デ・ラ・ロサ	HRT F112・コスワース	PI	66	1:41'45"628	23/1'25"916/Q1
	23	N.カーティケヤン	HRT F112・コスワース	PI	60	ステアリング	24/1'26"178/Q1
	7	M.シューマッハー	メルセデスF1 W03	PI	58	エンジン	17/1'22"723/Q2
ns	19f	V.ボッタス	ウイリアムズFW34・ルノー	PI	--	金曜P1のみ	--/（1'24"152）
ns	12f	J.ビアンキ	フォース・インディアVJM05・メルセデス	PI	--	金曜P1のみ	--/（1'25"715）
ns	23f	D.クロス	HRT F112・コスワース	PI	--	金曜P1のみ	--/（1'28"176）

優勝スピード：179.390km/h
最速ラップ：S.ベッテル（レッドブル・ルノー）　1'24"136　187.453km/h　68周目
ラップリーダー：1-17=ハミルトン、18-19=グロージャン、20=ライコネン、21-40=ハミルトン、41-45=ライコネン、46-69=ハミルトン
当初の予定では70周。スタートやり直しにより1周減算

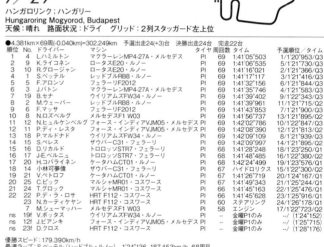

ROUND 12
ベルギーGP
9／2

スパ・フランコルシャン；ベルギー
Circuit de Spa-Francorchamps
天候：晴れ　路面状況：ドライ　グリッド：2列スタッガード右上位

●7.004km×44周(-0.124km)=308.052km　予選出走24(+2)台　決勝出走24台　完走18台

順位	No.	ドライバー	マシン	タイヤ	周回数	タイム	予選順位／タイム
1	3	J.バトン	マクラーレンMP4-27A・メルセデス	PI	44	1:29'08"530	1/1'47"573/Q3
2	1	S.ベッテル	レッドブルRB8・ルノー	PI	44	1:29'22"154	11/1'48"792/Q2
3	9	K.ライコネン	ロータスE20・ルノー	PI	44	1:29'33"864	4/1'48"205/Q3
4	12	N.ヒュルケンベルグ	フォース・インディアVJM05・メルセデス	PI	44	1:29'36"373	12/1'48"855/Q2
5	6	F.マッサ	フェラーリF2012	PI	44	1:29'38"375	14/1'49"147/Q2
6	2	M.ウェーバー	レッドブルRB8・ルノー	PI	44	1:29'39"774	7/1'48"392/Q3
7	7	M.シューマッハー	メルセデスF1 W03	PI	44	1:30'01"904	13/1'49"081/Q2
8	17	J-E.ベルニュ	トロロッソSTR7・フェラーリ	PI	44	1:30'07"395	15/1'49"354/Q2
9	16	D.リカルド	トロロッソSTR7・フェラーリ	PI	44	1:30'11"512	16/1'49"543/Q2
10	11	P.ディ・レスタ	フォース・インディアVJM05・メルセデス	PI	44	1:30'12"313	10/1'48"890/Q3
11	8	N.ロズベルグ	メルセデスF1 W03	PI	44	1:30'13"641	18/1'50"181/Q1
12	19	B.セナ	ウイリアムズFW34・ルノー	PI	44	1:30'20"059	17/1'50"088/Q2
13	14	小林可夢偉	ザウバーC31・フェラーリ	PI	44	1:31'04"649	2/1'47"871/Q3
14	21	V.ペトロフ	ケータハムCT01・ルノー	PI	43	1:29'32"827	20/1'51"967/Q1
15	24	T.グロック	マルシャMR01・コスワース	PI	43	1:30'04"400	21/1'52"336/Q1
16	25	C.ピック	マルシャMR01・コスワース	PI	43	1:30'19"974	23/1'53"493/Q1
17	20	H.コバライネン	ケータハムCT01・ルノー	PI	43	1:30'29"401	19/1'51"739/Q1
18	22	P.デ・ラ・ロサ	HRT F112・コスワース	PI	43	1:30'33"033	22/1'53"030/Q1
	23	N.カーティケヤン	HRT F112・コスワース	PI	29	アクシデント	24/1'54"989/Q1
	18	P.マルドナド	ウイリアムズFW34・ルノー	PI	4	アクシデント	3/1'47"893/Q3
	15	S.ペレス	ザウバーC31・フェラーリ	PI	0	アクシデント	5/1'48"219/Q3
	5	F.アロンソ	フェラーリF2012	PI	0	アクシデント	6/1'48"313/Q3
	4	L.ハミルトン	マクラーレンMP4-27A・メルセデス	PI	0	アクシデント	8/1'48"394/Q3
	10	R.グロージャン	ロータスE20・ルノー	PI	0	アクシデント	9/1'48"538/Q3
ns	19f	V.ボッタス	ウイリアムズFW34・ルノー	PI	--	金曜P1のみ	--/（2'14"660）
ns	23f	D.クロス	HRT F112・コスワース	PI	--	金曜P1のみ	--/（2'19"689）

優勝スピード：207.344km/h
最速ラップ：B.セナ（ウイリアムズ・ルノー）　1'52"822　223.488km/h　43周目
ラップリーダー：1-44=バトン
グリッド・ペナルティ：ウェーバーとロズベルグはギヤボックス交換により5位分降格。マルドナドは他車を妨げたため3位分降格

2012

ROUND 13
イタリアGP
9/9

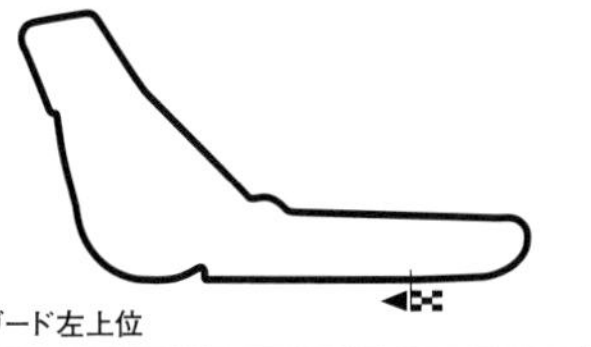

モンツァ；イタリア
Autodromo Nazionale di Monza
天候：晴れ　路面状況：ドライ　グリッド：2列スタッガード左上位

●5.793km×53周(-0.309km)=306.720km　予選出走24(+3)台　決勝出走24台　完走22台

順位	No.	ドライバー	マシン	タイヤ	周回数	タイム	予選順位／タイム
1	4	L.ハミルトン	マクラーレンMP4-27A・メルセデス	PI	53	1:19'41"221	1/1'24"010/Q3
2	15	S.ペレス	ザウバーC31・フェラーリ	PI	53	1:19'45"577	13/1'24"901/Q2
3	5	F.アロンソ	フェラーリF2012	PI	53	1:20'01"815	10/1'25"678/Q3
4	6	F.マッサ	フェラーリF2012	PI	53	1:20'10"888	3/1'24"247/Q3
5	9	K.ライコネン	ロータスE20・ルノー	PI	53	1:20'12"102	8/1'24"855/Q3
6	7	M.シューマッハー	メルセデスF1 W03	PI	53	1:20'12"480	5/1'24"540/Q3
7	8	N.ロズベルグ	メルセデスF1 W03	PI	53	1:20'14"771	7/1'24"833/Q3
8	11	P.ディ・レスタ	フォース・インディアVJM05・メルセデス	PI	53	1:20'22"278	4/1'24"304/Q3
9	14	小林可夢偉	ザウバーC31・フェラーリ	PI	53	1:20'25"119	9/1'25"109/Q3
10	19	B.セナ	ウイリアムズFW34・ルノー	PI	53	1:20'29"365	14/1'25"042/Q2
11	18	P.マルドナド	ウイリアムズFW34・ルノー	PI	53	1:20'29"903	12/1'24"820/Q2
12	16	D.リカルド	トロロッソSTR7・フェラーリ	PI	53	1:20'31"537	15/1'25"312/Q2
13	10	J.ダンブロジオ	ロータスE20・ルノー	PI	53	1:20'57"082	16/1'25"408/Q2
14	20	H.コバライネン	ケータハムCT01・ルノー	PI	52	1:20'02"320	18/1'26"382/Q1
15	21	V.ペトロフ	ケータハムCT01・ルノー	PI	52	1:20'02"519	19/1'26"887/Q1
16	25	C.ピック	マルシャMR01・コスワース	PI	52	1:20'13"440	21/1'27"073/Q1
17	24	T.グロック	マルシャMR01・コスワース	PI	52	1:20'40"833	20/1'27"039/Q1
18	22	P.デ・ラ・ロサ	HRT F112・コスワース	PI	52	1:20'52"865	23/1'27"629/Q1
19	23	N.カーティケヤン	HRT F112・コスワース	PI	52	1:21'07"733	22/1'27"441/Q1
20	2	M.ウェーバー	レッドブルRB8・ルノー	PI	51	タイヤ/スピン	11/1'24"809/Q2
21	12	N.ヒュルケンベルグ	フォース・インディアVJM05・メルセデス	PI	50	ブレーキ	24/no time/Q1
22	1	S.ベッテル	レッドブルRB8・ルノー	PI	47	オルタネーター	6/1'24"802/Q3
	3	J.バトン	マクラーレンMP4-27A・メルセデス	PI	32	燃料システム	2/1'24"133/Q3
	17	J-E.ベルニュ	トロロッソSTR7・フェラーリ	PI	8	サスペンション	17/1'25"441/Q2
ns	19f	V.ボッタス	ウイリアムズFW34・ルノー	PI	--	金曜P1のみ	--/（1'26"641）
ns	11f	J.ビアンキ	フォース・インディアVJM05・メルセデス	PI	--	金曜P1のみ	--/（1'27"192）
ns	23f	M.キンファ	HRT F112・コスワース	PI	--	金曜P1のみ	--/（1'31"239）

優勝スピード：230.943km/h
最速ラップ：N.ロズベルグ（メルセデス）　1'27"239　239.053km/h　53周目
ラップリーダー：1-23=ハミルトン、24-28=ペレス、29-53=ハミルトン
グリッド・ペナルティ：マルドナドは前戦のジャンプ・スタートと衝突原因により10位分降格。ディ・レスタはギヤボックス交換により5位分降格

ROUND 14
シンガポールGP
9/23

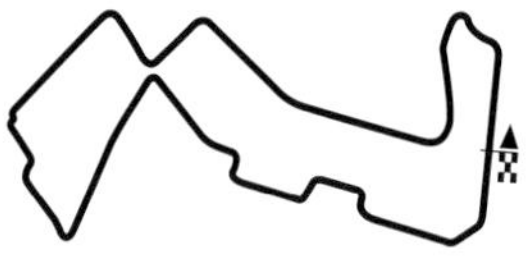

シンガポール；シンガポール
Marina Bay Street Circuit, Singapore
天候：夜間　路面状況：ドライ　グリッド：2列スタッガード右上位

●5.073km×59周(-0.137km)=299.170km　予選出走24(+1)台　決勝出走24台　完走19台

順位	No.	ドライバー	マシン	タイヤ	周回数	タイム	予選順位／タイム
1	1	S.ベッテル	レッドブルRB8・ルノー	PI	59	2:00'26"144	3/1'46"905/Q3
2	3	J.バトン	マクラーレンMP4-27A・メルセデス	PI	59	2:00'35"103	4/1'46"939/Q3
3	5	F.アロンソ	フェラーリF2012	PI	59	2:00'41"371	5/1'47"216/Q3
4	11	P.ディ・レスタ	フォース・インディアVJM05・メルセデス	PI	59	2:00'45"207	6/1'47"241/Q3
5	8	N.ロズベルグ	メルセデスF1 W03	PI	59	2:01'00"928	10/no time/Q3
6	9	K.ライコネン	ロータスE20・ルノー	PI	59	2:01'01"903	12/1'48"261/Q2
7	10	R.グロージャン	ロータスE20・ルノー	PI	59	2:01'02"842	8/1'47"788/Q3
8	6	F.マッサ	フェラーリF2012	PI	59	2:01'08"973	13/1'48"344/Q2
9	16	D.リカルド	トロロッソSTR7・フェラーリ	PI	59	2:01'11"964	15/1'48"774/Q2
10	15	S.ペレス	ザウバーC31・フェラーリ	PI	59	2:01'16"763	14/1'48"505/Q2
11	2	M.ウェーバー	レッドブルRB8・ルノー	PI	59	2:01'13"319+20"	7/1'47"475/Q3
12	24	T.グロック	マルシャMR01・コスワース	PI	59	2:01'58"062	21/1'51"370/Q1
13	14	小林可夢偉	ザウバーC31・フェラーリ	PI	59	2:02'03"285	18/1'49"933/Q1
14	12	N.ヒュルケンベルグ	フォース・インディアVJM05・メルセデス	PI	59	2:02'05"557	11/1'47"975/Q2
15	20	H.コバライネン	ケータハムCT01・ルノー	PI	59	2:02'14"111	20/1'51"137/Q1
16	25	C.ピック	マルシャMR01・コスワース	PI	59	2:02'19"069+20"	22/1'51"762/Q1
17	22	P.デ・ラ・ロサ	HRT F112・コスワース	PI	58	2:00'29"571	24/1'53"355/Q1
18	19	B.セナ	ウイリアムズFW34・ルノー	PI	57	エンジン	17/no time/Q2
19	21	V.ペトロフ	ケータハムCT01・ルノー	PI	57	2:00'59"121	19/1'50"846/Q1
	17	J-E.ベルニュ	トロロッソSTR7・フェラーリ	PI	38	アクシデント	16/1'48"849/Q2
	7	M.シューマッハー	メルセデスF1 W03	PI	38	アクシデント	9/no time/Q3
	18	P.マルドナド	ウイリアムズFW34・ルノー	PI	36	ハイドロリクス	2/1'46"804/Q3
	23	N.カーティケヤン	HRT F112・コスワース	PI	30	アクシデント	23/1'52"372/Q1
	4	L.ハミルトン	マクラーレンMP4-27A・メルセデス	PI	22	ギヤボックス	1/1'46"362/Q3
ns	23f	M.キンファ	HRT F112・コスワース	PI	--	金曜P1のみ	--/（1'58"053）

優勝スピード：149.043km/h
最速ラップ：N.ヒュルケンベルグ（フォース・インディア・メルセデス）　1'51"033　164.480km/h　52周目
ラップリーダー：1-11=ハミルトン、12-14=バトン、15-22=ハミルトン、23-59=ベッテル
ペナルティ：ウェーバーはコース外走行でアドバンテージを得たため20秒加算。ピックはプラクティス中の赤旗時に順位アップしたため20秒加算　グリッド・ペナルティ：セナとデ・ラ・ロサはギヤボックス交換により5位分降格
当初の予定は61周。2時間ルール適用

ROUND 15
日本GP
10/7

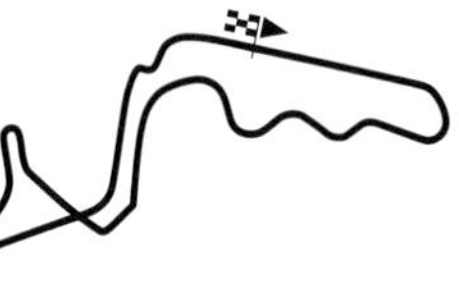

鈴鹿；日本
Suzuka International Circuit, Suzuka
天候：晴れ　路面状況：ドライ　グリッド：2列スタッガード左上位

●5.807km×53周(-0.300km)=307.471km　予選出走24(+2)台・決勝出走24台・完走19台

順位	No.	ドライバー	マシン	タイヤ	周回数	タイム	予選順位／タイム
1	1	S.ベッテル	レッドブルRB8・ルノー	PI	53	1:28'56"242	1/1'30"839/Q3
2	6	F.マッサ	フェラーリF2012	PI	53	1:29'16"881	11/1'32"293/Q2
3	14	小林可夢偉	ザウバーC31・フェラーリ	PI	53	1:29'20"780	4/1'31"700/Q3
4	3	J.バトン	マクラーレンMP4-27A・メルセデス	PI	53	1:29'21"340	3/1'31"290/Q3
5	4	L.ハミルトン	マクラーレンMP4-27A・メルセデス	PI	53	1:29'42"732	9/1'32"327/Q3
6	9	K.ライコネン	ロータスE20・ルノー	PI	53	1:29'46"666	8/1'32"208/Q3
7	12	N.ヒュルケンベルグ	フォース・インディアVJM05・メルセデス	PI	53	1:29'47"401	10/no time/Q3
8	18	P.マルドナド	ウイリアムズFW34・ルノー	PI	53	1:29'48"606	14/1'32"512/Q2
9	2	M.ウェーバー	レッドブルRB8・ルノー	PI	53	1:29'50"917	2/1'31"090/Q3
10	16	D.リカルド	トロロッソSTR7・フェラーリ	PI	53	1:30'03"161	16/1'32"954/Q2
11	7	M.シューマッハー	メルセデスF1 W03	PI	53	1:30'04"111	13/1'32"469/Q2
12	11	P.ディ・レスタ	フォース・インディアVJM05・メルセデス	PI	53	1:30'19"702	12/1'32"327/Q2
13	17	J-E.ベルニュ	トロロッソSTR7・フェラーリ	PI	53	1:30'24"887	17/1'33"368/Q2
14	19	B.セナ	ウイリアムズFW34・ルノー	PI	53	1:30'24"951	18/1'33"405/Q1
15	20	H.コバライネン	ケータハムCT01・ルノー	PI	52	1:29'36"107	19/1'34"657/Q1
16	24	T.グロック	マルシャMR01・コスワース	PI	52	1:29'44"644	20/1'35"213/Q1
17	21	V.ペトロフ	ケータハムCT01・ルノー	PI	52	1:30'25"365	23/1'35"432/Q1
18	22	P.デ・ラ・ロサ	HRT F112・コスワース	PI	52	1:30'31"354	21/1'35"385/Q1
19	10	R.グロージャン	ロータスE20・ルノー	PI	51	タイヤ	5/1'31"898/Q3
	25	C.ピック	マルシャMR01・コスワース	PI	37	エンジン	22/1'35"429/Q1
	23	N.カーティケヤン	HRT F112・コスワース	PI	32	フロア	24/1'36"734/Q1
	15	S.ペレス	ザウバーC31・フェラーリ	PI	18	スピン	6/1'32"022/Q3
	5	F.アロンソ	フェラーリF2012	PI	0	アクシデント	7/1'32"114/Q3
	8	N.ロズベルグ	メルセデスF1 W03	PI	0	アクシデント	15/1'32"625/Q2
ns	19f	V.ボッタス	ウイリアムズFW34・ルノー	PI	--	金曜P1のみ	--/（1'36"389）
ns	20f	G.バン・デル・ガルデ	ケータハムCT01・ルノー	PI	--	金曜P1のみ	--/（1'39"374）

優勝スピード：207.429km/h
最速ラップ：S.ベッテル（レッドブル・ルノー）　1'35"774　218.276km/h　52周目
ラップリーダー：1-53=ベッテル
グリッド・ペナルティ：シューマッハーは前戦での衝突原因により10位分降格。バトンとヒュルケンベルグはギヤボックス交換により5位分降格。ベルニュは他車を妨げたため3位分降格

ROUND 16
韓国GP
10/14

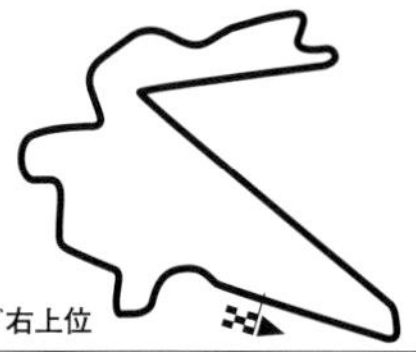

霊岩；韓国
Korean International Circuit, Yeongam
天候：晴れ・曇り　路面状況：ドライ　グリッド：2列スタッガード右上位

●5.615km×55周（-0.195km）=308.630km　予選出走24（+4）台・決勝出走24台・完走20台

順位	No.	ドライバー	マシン	タイヤ	周回数	タイム	予選順位／タイム
1	1	S.ベッテル	レッドブルRB8・ルノー	PI	55	1:36'28"651	2/1'37"316/Q3
2	2	M.ウェーバー	レッドブルRB8・ルノー	PI	55	1:36'36"882	1/1'37"242/Q3
3	5	F.アロンソ	フェラーリF2012	PI	55	1:36'42"595	4/1'37"534/Q3
4	6	F.マッサ	フェラーリF2012	PI	55	1:36'48"819	6/1'37"884/Q3
5	9	K.ライコネン	ロータスE20・ルノー	PI	55	1:37'05"390	5/1'37"625/Q3
6	12	N.ヒュルケンベルグ	フォース・インディアVJM05・メルセデス	PI	55	1:37'13"952	8/1'38"266/Q3
7	10	R.グロージャン	ロータスE20・ルノー	PI	55	1:37'23"463	7/1'37"934/Q3
8	17	J-E.ベルニュ	トロロッソSTR7・フェラーリ	PI	55	1:37'38"240	17/1'39"340/Q2
9	16	D.リカルド	トロロッソSTR7・フェラーリ	PI	55	1:37'40"438	16/1'39"084/Q2
10	4	L.ハミルトン	マクラーレンMP4-27A・メルセデス	PI	55	1:37'48"343	3/1'37"469/Q3
11	15	S.ペレス	ザウバーC31・フェラーリ	PI	55	1:37'48"713	12/1'38"460/Q2
12	11	P.ディ・レスタ	フォース・インディアVJM05・メルセデス	PI	55	1:37'53"099	14/1'38"643/Q2
13	7	M.シューマッハー	メルセデスF1 W03	PI	55	1:37'57"892	10/1'38"513/Q3
14	18	P.マルドナド	ウイリアムズFW34・ルノー	PI	55	1:38'03"575	15/1'38"725/Q2
15	19	B.セナ	ウイリアムズFW34・ルノー	PI	55	1:38'05"553	18/1'39"443/Q1
16	21	V.ペトロフ	ケータハムCT01・ルノー	PI	54	1:37'31"417	19/1'40"207/Q1
17	20	H.コバライネン	ケータハムCT01・ルノー	PI	54	1:37'42"137	20/1'40"333/Q1
18	24	T.グロック	マルシャMR01・コスワース	PI	54	1:37'52"750	22/1'41"371/Q1
19	25	C.ピック	マルシャMR01・コスワース	PI	53	1:36'31"365	21/1'41"317/Q1
20	23	N.カーティケヤン	HRT F112・コスワース	PI	53	1:37'51"910	24/no time/Q1
	22	P.デ・ラ・ロサ	HRT F112・コスワース	PI	16	スロットル	23/1'42"881/Q1
	14	小林可夢偉	ザウバーC31・フェラーリ	PI	16	アクシデント	13/1'38"594/Q2
	8	N.ロズベルグ	メルセデスF1 W03	PI	1	アクシデント	9/1'38"361/Q3
	3	J.バトン	マクラーレンMP4-27A・メルセデス	PI	0	アクシデント	11/1'38"441/Q2
ns	12f	J.ビアンキ	フォース・インディアVJM05・メルセデス	PI	--	金曜P1のみ	--/（1'41"140）
ns	19f	V.ボッタス	ウイリアムズFW34・ルノー	PI	--	金曜P1のみ	--/（1'42"027）
ns	21f	G.バン・デル・ガルデ	ケータハムCT01・ルノー	PI	--	金曜P1のみ	--/（1'42"820）
ns	23f	D.クロス	HRT F112・コスワース	PI	--	金曜P1のみ	--/（1'45"735）

優勝スピード：191.938km/h
最速ラップ：M.ウェーバー（レッドブル・ルノー）　1'42"037　198.104km/h　54周目
ラップリーダー：1-55=ベッテル
グリッド・ペナルティ：ピックはエンジン交換により10位分降格。リカルドはギヤボックス交換により5位分降格

ROUND 17
インドGP
10/28

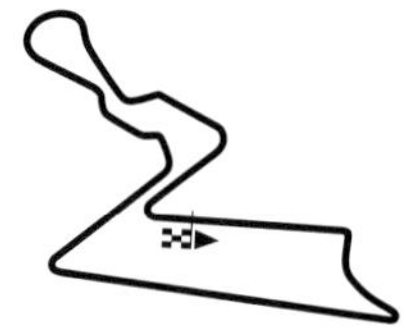

ニューデリー；インド
Buddh International Circuit, New Delhi
天候：曇り　路面状況：ドライ　グリッド：2列スタッガード左上位

●5.125km×60周（-0.251km）=307.249km　予選出走24（+3）台・決勝出走24台・完走22台

順位	No.	ドライバー	マシン	タイヤ	周回数	タイム	予選順位／タイム
1	1	S.ベッテル	レッドブルRB8・ルノー	PI	60	1:31'10"744	1/1'25"283/Q3
2	5	F.アロンソ	フェラーリF2012	PI	60	1:31'20"181	5/1'25"773/Q3
3	2	M.ウェーバー	レッドブルRB8・ルノー	PI	60	1:31'23"961	2/1'25"327/Q3
4	4	L.ハミルトン	マクラーレンMP4-27A・メルセデス	PI	60	1:31'24"653	3/1'25"544/Q3
5	3	J.バトン	マクラーレンMP4-27A・メルセデス	PI	60	1:31'37"010	4/1'25"659/Q3
6	6	F.マッサ	フェラーリF2012	PI	60	1:31'55"418	6/1'25"857/Q3
7	9	K.ライコネン	ロータスE20・ルノー	PI	60	1:31'55"971	7/1'26"236/Q3
8	12	N.ヒュルケンベルグ	フォース・インディアVJM05・メルセデス	PI	60	1:32'05"742	12/1'26"241/Q2
9	10	R.グロージャン	ロータスE20・ルノー	PI	60	1:32'06"847	11/1'26"136/Q2
10	19	B.セナ	ウイリアムズFW34・ルノー	PI	60	1:32'25"719	13/1'26"331/Q2
11	8	N.ロズベルグ	メルセデスF1 W03	PI	60	1:32'32"438	10/no time/Q3
12	11	P.ディ・レスタ	フォース・インディアVJM05・メルセデス	PI	60	1:32'33"559	16/1'26"989/Q2
13	16	D.リカルド	トロロッソSTR7・フェラーリ	PI	60	1:32'36"808	15/1'26"777/Q2
14	14	小林可夢偉	ザウバーC31・フェラーリ	PI	60	1:32'37"239	17/1'27"219/Q2
15	17	J-E.ベルニュ	トロロッソSTR7・フェラーリ	PI	59	1:32'11"843	18/1'27"525/Q1
16	18	P.マルドナド	ウイリアムズFW34・ルノー	PI	59	1:32'12"432	9/1'26"713/Q3
17	21	V.ペトロフ	ケータハムCT01・ルノー	PI	59	1:32'22"477	19/1'28"756/Q1
18	20	H.コバライネン	ケータハムCT01・ルノー	PI	59	1:32'31"148	20/1'29"500/Q1
19	25	C.ピック	マルシャMR01・コスワース	PI	59	1:32'41"326	24/1'30"662/Q1
20	24	T.グロック	マルシャMR01・コスワース	PI	58	1:31'35"546	21/1'29"613/Q1
21	23	N.カーティケヤン	HRT F112・コスワース	PI	58	1:32'15"745	23/1'30"593/Q1
22	7	M.シューマッハー	メルセデスF1 W03	PI	55	ギヤボックス	14/1'26"574/Q2
	22	P.デ・ラ・ロサ	HRT F112・コスワース	PI	42	ブレーキ	22/1'30"592/Q1
	15	S.ペレス	ザウバーC31・フェラーリ	PI	20	アクシデント	8/1'26"360/Q3
ns	19f	V.ボッタス	ウイリアムズFW34・ルノー	PI	--	金曜P1のみ	--/（1'29"691）
ns	20f	G.バン・デル・ガルデ	ケータハムCT01・ルノー	PI	--	金曜P1のみ	--/（1'30"896）
ns	15f	E.グティエレス	ザウバーC31・フェラーリ	PI	--	金曜P1のみ	--/（1'31"212）

優勝スピード：202.183km/h
最速ラップ：J.バトン（マクラーレン・メルセデス）　1'28"203　209.176km/h　60周目
ラップリーダー：1-60=ベッテル

ROUND 18
アブダビGP
11/4

ヤス・マリーナ；アブダビ
Yas Marina Circuit, Abu Dhabi
天候：晴れ→夜間　路面状況：ドライ　グリッド：2列スタッガード右上位

●5.554km×55周(-0.115km)=305.355km　予選出走24(+5)台　決勝出走24台　完走17台

順位	No.	ドライバー	マシン	タイヤ	周回数	タイム	予選順位／タイム
1	9	K.ライコネン	ロータスE20・ルノー	PI	55	1:45'58"667	5/1'41"260/Q3
2	5	F.アロンソ	フェラーリF2012	PI	55	1:45'59"519	7/1'41"582/Q3
3	1	S.ベッテル	レッドブルRB8・ルノー	PI	55	1:46'02"830	3/1'41"073/Q3
4	3	J.バトン	マクラーレンMP4-27A・メルセデス	PI	55	1:46'06"454	6/1'41"290/Q3
5	18	P.マルドナド	ウイリアムズFW34・ルノー	PI	55	1:46'11"674	4/1'41"226/Q3
6	14	小林可夢偉	ザウバーC31・フェラーリ	PI	55	1:46'18"743	16/1'42"606/Q2
7	6	F.マッサ	フェラーリF2012	PI	55	1:46'21"563	9/1'41"723/Q3
8	19	B.セナ	ウイリアムズFW34・ルノー	PI	55	1:46'22"209	15/1'42"330/Q2
9	11	P.ディ・レスタ	フォース・インディアVJM05・メルセデス	PI	55	1:46'22"827	13/1'42"218/Q2
10	16	D.リカルド	トロロッソSTR7・フェラーリ	PI	55	1:46'26"130	17/1'42"765/Q2
11	7	M.シューマッハー	メルセデスF1 W03	PI	55	1:46'26"742	14/1'42"289/Q2
12	17	J-E.ベルニュ	トロロッソSTR7・フェラーリ	PI	55	1:46'33"573	18/1'44"058/Q1
13	20	H.コバライネン	ケータハムCT01・ルノー	PI	55	1:46'46"431	19/1'44"956/Q1
14	24	T.グロック	マルシャMR01・コスワース	PI	55	1:46'55"140	22/1'45"426/Q1
15	15	S.ペレス	ザウバーC31・フェラーリ	PI	55	1:46'55"435	12/1'42"084/Q2
16	21	V.ペトロフ	ケータハムCT01・ルノー	PI	55	1:47'03"262	21/1'45"151/Q1
17	22	P.デ・ラ・ロサ	HRT F112・コスワース	PI	55	1:47'10"445	23/1'45"766/Q1
	25	C.ピック	マルシャMR01・コスワース	PI	41	エンジン	20/1'45"089/Q1
	10	R.グロージャン	ロータスE20・ルノー	PI	37	アクシデント	10/1'41"778/Q3
	2	M.ウェーバー	レッドブルRB8・ルノー	PI	37	アクシデント	2/1'40"978/Q3
	4	L.ハミルトン	マクラーレンMP4-27A・メルセデス	PI	19	燃圧低下	1/1'40"630/Q3
	23	N.カーティケヤン	HRT F112・コスワース	PI	7	アクシデント	24/1'46"382/Q1
	8	N.ロズベルグ	メルセデスF1 W03	PI	7	アクシデント	8/1'41"603/Q3
	12	N.ヒュルケンベルグ	フォース・インディアVJM05・メルセデス	PI	0	アクシデント	11/1'42"019/Q2
ns	19f	V.ボッタス	ウイリアムズFW34・ルノー	PI	--	金曜P1のみ	--/（1'45"347）
ns	11f	J.ビアンキ	フォース・インディアVJM05・メルセデス	PI	--	金曜P1のみ	--/（1'45"769）
ns	25f	M.チルトン	マルシャMR01・コスワース	PI	--	金曜P1のみ	--/（1'48"887）
ns	23f	M.キンファ	HRT F112・コスワース	PI	--	金曜P1のみ	--/（1'50"487）
ns	21f	G.バン・デル・ガルデ	ケータハムCT01・ルノー	PI	--	金曜P1のみ	--/（no time）

優勝スピード：172.878km/h
最速ラップ：S.ベッテル（レッドブル・ルノー）　1'43"964　192.320km/h　54周目
ラップリーダー：1-19=ハミルトン、20-55=ライコネン
グリッド・ペナルティ：ベッテルは予選後の燃料チェック違反により失格、決勝はピットレーンからスタート

ROUND 19
アメリカGP
11/18

オースティン；アメリカ合衆国
Circuit of the Americas, Austin, Texas
天候：晴れ　路面状況：ドライ　グリッド：2列スタッガード右上位

●5.513km×56周(-0.323km)=308.405km　予選出走24(+1)台・決勝出走24台・完走22台

順位	No.	ドライバー	マシン	タイヤ	周回数	タイム	予選順位／タイム
1	4	L.ハミルトン	マクラーレンMP4-27A・メルセデス	P1	56	1:35'55"269	2/1'35"766/Q3
2	1	S.ベッテル	レッドブルRB8・ルノー	P1	56	1:35'55"944	1/1'35"657/Q3
3	5	F.アロンソ	フェラーリF2012	P1	56	1:36'34"498	9/1'37"300/Q3
4	6	F.マッサ	フェラーリF2012	P1	56	1:36'41"282	7/1'36"937/Q3
5	3	J.バトン	マクラーレンMP4-27A・メルセデス	P1	56	1:36'51"701	12/1'37"616/Q2
6	10	K.ライコネン	ロータスE20・ルノー	P1	56	1:36'59"694	5/1'36"708/Q3
7	10	R.グロージャン	ロータスE20・ルノー	P1	56	1:37'05"582	4/1'36"587/Q3
8	12	N.ヒュルケンベルグ	フォース・インディアVJM05・メルセデス	P1	56	1:37'09"061	13/1'37"141/Q3
9	18	P.マルドナド	ウイリアムズFW34・ルノー	P1	56	1:37'09"794	10/1'37"842/Q3
10	19	B.セナ	ウイリアムズFW34・ルノー	P1	56	1:37'10"402	11/1'37"604/Q2
11	15	S.ペレス	ザウバーC31・フェラーリ	P1	56	1:37'19"610	15/1'38"206/Q3
12	16	D.リカルド	トロロッソSTR7・フェラーリ	P1	56	1:37'20"140	18/1'39"114/Q1
13	8	N.ロズベルグ	メルセデスF1 W03	P1	56	1:37'20"779	17/1'38"501/Q3
14	14	小林可夢偉	ザウバーC31・フェラーリ	P1	55	1:36'07"729	16/1'38"437/Q3
15	11	P.ディ・レスタ	フォース・インディアVJM05・メルセデス	P1	55	1:36'17"429	13/1'37"665/Q2
16	7	M.シューマッハー	メルセデスF1 W03	P1	55	1:36'18"617	6/1'36"794/Q3
17	21	V.ペトロフ	ケータハムCT01・ルノー	P1	55	1:37'14"774	21/1'40"809/Q1
18	20	H.コバライネン	ケータハムCT01・ルノー	P1	55	1:37'22"425	22/1'41"166/Q1
19	24	T.グロック	マルシャMR01・コスワース	P1	55	1:37'26"443	19/1'40"056/Q1
20	25	C.ピック	マルシャMR01・コスワース	P1	54	1:36'11"626	20/1'40"664/Q1
21	22	P.デ・ラ・ロサ	HRT F112・コスワース	P1	54	1:37'07"564	23/1'42"011/Q1
22	23	N.カーティケヤン	HRT F112・コスワース	P1	54	1:37'19"443	24/1'42"740/Q1
	2	M.ウェーバー	レッドブルRB8・ルノー	P1	16	オルタネーター	3/1'36"174/Q3
	17	J-E.ベルニュ	トロロッソSTR7・フェラーリ	P1	14	サスペンション	14/1'37"879/Q2
ns	23f	M.キンファ	HRT F112・コスワース	P1	--	金曜P1のみ	--/(1'48"559)

優勝スピード：192.911km/h
最速ラップ：S.ベッテル（レッドブル・ルノー）　1'39"347　199.772km/h　56周目
ラップリーダー：1-41=ベッテル、42-56=ハミルトン
グリッド・ペナルティ：グロージャンとマッサはギヤボックス交換により5位分降格

ROUND 20
ブラジルGP
11/25

インテルラゴス；ブラジル
Autodromo Jose Carlos Pace, Interlagos
天候：曇り→雨　路面状況：ドライ＆ウエット　グリッド：2列スタッガード右上位

●4.309km×71周(-0.030km)=305.909km　予選出走24(+2)台　決勝出走24台　完走19台

順位	No.	ドライバー	マシン	タイヤ	周回数	タイム	予選順位／タイム
1	3	J.バトン	マクラーレンMP4-27A・メルセデス	P1	71	1:45'22"656	2/1'12"513/Q3
2	5	F.アロンソ	フェラーリF2012	P1	71	1:45'25"410	8/1'13"253/Q3
3	6	F.マッサ	フェラーリF2012	P1	71	1:45'26"271	5/1'12"987/Q3
4	2	M.ウェーバー	レッドブルRB8・ルノー	P1	71	1:45'27"592	3/1'12"581/Q3
5	12	N.ヒュルケンベルグ	フォース・インディアVJM05・メルセデス	P1	71	1:45'28"301	13/1'13"206/Q3
6	1	S.ベッテル	レッドブルRB8・ルノー	P1	71	1:45'32"109	4/1'12"760/Q3
7	7	M.シューマッハー	メルセデスF1 W03	P1	71	1:45'34"944	13/1'14"334/Q2
8	17	J-E.ベルニュ	トロロッソSTR7・フェラーリ	P1	71	1:45'51"309	17/1'14"619/Q2
9	14	小林可夢偉	ザウバーC31・フェラーリ	P1	71	1:45'53"906	15/1'14"380/Q2
10	9	K.ライコネン	ロータスE20・ルノー	P1	70	1:45'23"622	9/1'13"298/Q3
11	21	V.ペトロフ	ケータハムCT01・ルノー	P1	70	1:45'29"908	19/1'17"073/Q1
12	25	C.ピック	マルシャMR01・コスワース	P1	70	1:45'31"606	22/1'18"104/Q3
13	16	D.リカルド	トロロッソSTR7・フェラーリ	P1	70	1:45'32"987	16/1'14"574/Q2
14	20	H.コバライネン	ケータハムCT01・ルノー	P1	70	1:45'57"545	20/1'17"086/Q1
15	8	N.ロズベルグ	メルセデスF1 W03	P1	70	1:46'04"352	10/1'13"489/Q3
16	24	T.グロック	マルシャMR01・コスワース	P1	70	1:46'06"184	21/1'17"508/Q1
17	22	P.デ・ラ・ロサ	HRT F112・コスワース	P1	69	1:45'24"456	23/1'19"576/Q1
18	23	N.カーティケヤン	HRT F112・コスワース	P1	69	1:45'56"781	24/1'19"699/Q1
19	11	P.ディ・レスタ	フォース・インディアVJM05・メルセデス	P1	68	アクシデント	11/1'14"121/Q2
	4	L.ハミルトン	マクラーレンMP4-27A・メルセデス	P1	54	アクシデント	1/1'12"458/Q3
	10	R.グロージャン	ロータスE20・ルノー	P1	5	アクシデント	18/1'16"967/Q1
	18	P.マルドナド	ウイリアムズFW34・ルノー	P1	1	アクシデント	6/1'13"174/Q2
	19	B.セナ	ウイリアムズFW34・ルノー	P1	0	アクシデント	12/1'14"219/Q2
	15	S.ペレス	ザウバーC31・フェラーリ	P1	0	アクシデント	13/1'14"234/Q2
ns	19f	V.ボッタス	ウイリアムズFW34・ルノー	P1	--	金曜P1のみ	--/(1'15"413)
ns	20f	G.バン・デル・ガルデ	ケータハムCT01・ルノー	P1	--	金曜P1のみ	--/(1'16"460)

優勝スピード：174.178km/h
最速ラップ：L.ハミルトン（マクラーレン・メルセデス）　1'18"069　198.701km/h　38周目
ラップリーダー：1-5=ハミルトン、6=バトン、7=ハミルトン、8-17=バトン、18-47=ヒュルケンベルグ、48-54=ハミルトン、55-71=バトン
グリッド・ペナルティ：マルドナドは予選中の重量計測無視と訓戒3回により10位分降格。デ・ラ・ロサはギヤボックス交換により5位分降格

121

2013

ROUND 1
オーストラリアGP
3／17

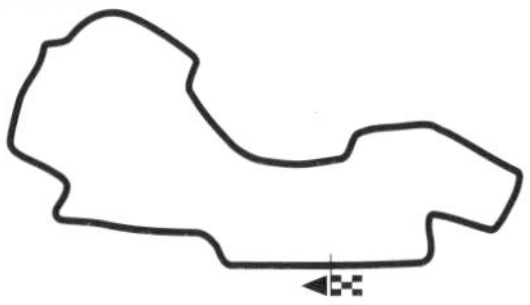

メルボルン；オーストラリア
Albert Park, Melbourne
天候：曇り一時小雨　路面状況：ドライ一時ウエット　グリッド：2列スタッガード左上位

●5.303km×58周=307.574km　予選出走22台　決勝出走22台　完走18台

順位	No.	ドライバー	マシン	タイヤ	周回数	タイム	予選順位／タイム
1	7	K.ライコネン	ロータスE21・ルノー	PI	58	1:30'03"225	7/1'28"738/Q3
2	3	F.アロンソ	フェラーリF138	PI	58	1:30'15"676	5/1'28"493/Q3
3	1	S.ベッテル	レッドブルRB9・ルノー	PI	58	1:30'25"571	1/1'27"407/Q3
4	4	F.マッサ	フェラーリF138	PI	58	1:30'36"802	4/1'28"490/Q3
5	10	L.ハミルトン	メルセデスF1 W04	PI	58	1:30'48"786	3/1'28"087/Q3
6	2	M.ウェーバー	レッドブルRB9・ルノー	PI	58	1:30'50"025	2/1'27"827/Q3
7	15	A.スーティル	フォース・インディアVJM06・メルセデス	PI	58	1:31'08"293	12/1'38"134/Q2
8	14	P.ディ・レスタ	フォース・インディアVJM06・メルセデス	PI	58	1:31'11"674	9/1'29"305/Q3
9	5	J.バトン	マクラーレンMP4-28A・メルセデス	PI	58	1:31'24"855	10/1'30"357/Q3
10	8	R.グロージャン	ロータスE21・ルノー	PI	58	1:31'25"984	8/1'29"013/Q3
11	6	S.ペレス	マクラーレンMP4-28A・メルセデス	PI	58	1:31'26"592	15/1'39"900/Q2
12	18	J-E.ベルニュ	トロロッソSTR8・フェラーリ	PI	58	1:31'27"082	13/1'38"778/Q2
13	12	E.グティエレス	ザウバーC32・フェラーリ	PI	57	1:30'32"317	18/1'47"776/Q1
14	17	V.ボッタス	ウイリアムズFW35・ルノー	PI	57	1:30'39"768	16/1'40"290/Q2
15	22	J.ビアンキ	マルシャMR02・コスワース	PI	57	1:31'41"295	19/1'48"147/Q1
16	20	C.ピック	ケータハムCT03・ルノー	PI	56	1:30'18"894	22/1'50"626/Q1
17	23	M.チルトン	マルシャMR02・コスワース	PI	56	1:30'53"253	20/1'48"909/Q1
18	21	G.バン・デル・ガルデ	ケータハムCT03・ルノー	PI	56	1:31'19"879	21/1'49"519/Q1
	19	D.リカルド	トロロッソSTR8・フェラーリ	PI	39	排気系統	14/1'39"042/Q2
	9	N.ロズベルグ	メルセデスF1 W04	PI	26	電気系統	6/1'28"523/Q3
	16	P.マルドナド	ウイリアムズFW35・ルノー	PI	24	スピン	17/1'47"614/Q1
	11	N.ヒュルケンベルグ	ザウバーC32・フェラーリ	PI	--	燃料システム	11/1'38"067/Q2

優勝スピード：204.926km/h
最速ラップ：K.ライコネン（ロータス・ルノー） 1'29"274 213.845km/h 56周目
ラップリーダー：1-6=ベッテル、7=マッサ、8=アロンソ、9-12=ハミルトン、13=ロズベルグ、14-20=スーティル、21-22=マッサ、23-33=ライコネン、34-38=アロンソ、39-42=スーティル、43-58=ライコネン

ROUND 2
マレーシアGP
3／24

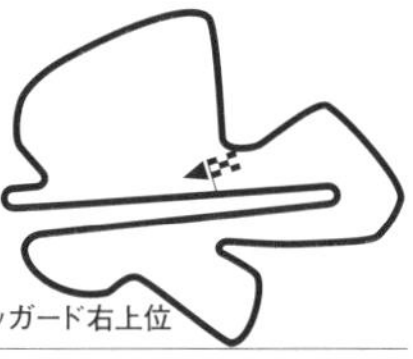

セパン；マレーシア
Sepang International Circuit, Kuala Lumpur
天候：曇り→晴れ　路面状況：ウエット→ドライ　グリッド：2列スタッガード右上位

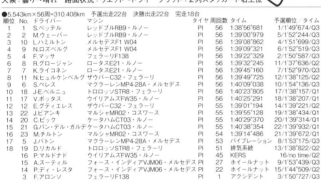

●5.543km×56周=310.408km　予選出走22台　決勝出走22台　完走18台

順位	No.	ドライバー	マシン	タイヤ	周回数	タイム	予選順位／タイム
1	1	S.ベッテル	レッドブルRB9・ルノー	PI	56	1:38'56"681	1/1'49"674/Q3
2	2	M.ウェーバー	レッドブルRB9・ルノー	PI	56	1:39'00"979	5/1'52"244/Q3
3	10	L.ハミルトン	メルセデスF1 W04	PI	56	1:39'08"862	4/1'51"699/Q3
4	9	N.ロズベルグ	メルセデスF1 W04	PI	56	1:39'09"321	6/1'52"519/Q3
5	4	F.マッサ	フェラーリF138	PI	56	1:39'22"329	2/1'50"587/Q3
6	8	R.グロージャン	ロータスE21・ルノー	PI	56	1:39'32"245	11/1'37"636/Q2
7	7	K.ライコネン	ロータスE21・ルノー	PI	56	1:39'45"160	7/1'52"970/Q3
8	11	N.ヒュルケンベルグ	ザウバーC32・フェラーリ	PI	56	1:39'49"725	12/1'38"125/Q2
9	6	S.ペレス	マクラーレンMP4-28A・メルセデス	PI	56	1:40'09"038	10/1'54"136/Q3
10	18	J-E.ベルニュ	トロロッソSTR8・フェラーリ	PI	56	1:40'23"805	17/1'38"157/Q1
11	17	V.ボッタス	ウイリアムズFW35・ルノー	PI	56	1:40'25"291	18/1'38"207/Q1
12	12	E.グティエレス	ザウバーC32・フェラーリ	PI	55	1:39'01"194	14/1'39"221/Q2
13	22	J.ビアンキ	マルシャMR02・コスワース	PI	55	1:39'55"128	19/1'38"434/Q1
14	20	C.ピック	ケータハムCT03・ルノー	PI	55	1:40'29"370	20/1'39"314/Q1
15	21	G.バン・デル・ガルデ	ケータハムCT03・ルノー	PI	55	1:40'38"354	22/1'39"932/Q1
16	23	M.チルトン	マルシャMR02・コスワース	PI	54	1:39'14"486	21/1'39"672/Q1
17	5	J.バトン	マクラーレンMP4-28A・メルセデス	PI	53	バイブレーション	8/1'53"175/Q3
18	19	D.リカルド	トロロッソSTR8・フェラーリ	PI	51	排気系統	13/1'38"822/Q2
	16	P.マルドナド	ウイリアムズFW35・ルノー	PI	45	KERS	16/no time/Q2
	15	A.スーティル	フォース・インディアVJM06・メルセデス	PI	27	ホイールナット	9/1'53"439/Q3
	14	P.ディ・レスタ	フォース・インディアVJM06・メルセデス	PI	22	ホイールナット	15/1'44"509/Q2
	3	F.アロンソ	フェラーリF138	PI	1	アクシデント	3/1'50"727/Q3

優勝スピード：188.231km/h
最速ラップ：S.ペレス（マクラーレン・メルセデス） 1'39"199 201.159km/h 56周目
ラップリーダー：1-4=ベッテル、5-7=ウェーバー、8=ロズベルグ、9-18=ウェーバー、19-22=ベッテル、23-30=ウェーバー、31-34=バトン、35-45=ウェーバー、46-56=ベッテル
グリッド・ペナルティ：ライコネンは他者を妨げたため3位分降格

ROUND 3
中国GP
4／14

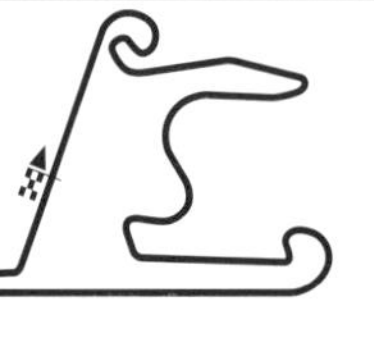

上海；中国
Shanghai International Circuit, Shanghai
天候：晴れ　路面状況：ドライ　グリッド：2列スタッガード左上位

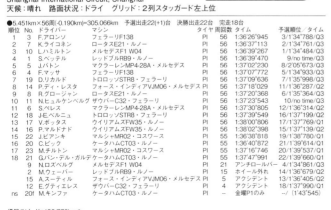

●5.451km×56周(-0.190km)=305.066km　予選出走22(+1)台　決勝出走22台　完走18台

順位	No.	ドライバー	マシン	タイヤ	周回数	タイム	予選順位／タイム
1	3	F.アロンソ	フェラーリF138	PI	56	1:36'26"945	3/1'34"788/Q3
2	7	K.ライコネン	ロータスE21・ルノー	PI	56	1:36'37"113	2/1'34"761/Q3
3	10	L.ハミルトン	メルセデスF1 W04	PI	56	1:36'39"267	1/1'34"484/Q3
4	1	S.ベッテル	レッドブルRB9・ルノー	PI	56	1:36'39"470	9/no time/Q3
5	5	J.バトン	マクラーレンMP4-28A・メルセデス	PI	56	1:37'02"230	8/2'05"673/Q3
6	4	F.マッサ	フェラーリF138	PI	56	1:37'07"772	5/1'34"933/Q3
7	19	D.リカルド	トロロッソSTR8・フェラーリ	PI	56	1:37'09"636	7/1'35"998/Q3
8	14	P.ディ・レスタ	フォース・インディアVJM06・メルセデス	PI	56	1:37'18"029	11/1'36"287/Q2
9	8	R.グロージャン	ロータスE21・ルノー	PI	56	1:37'20"368	6/1'35"364/Q3
10	11	N.ヒュルケンベルグ	ザウバーC32・フェラーリ	PI	56	1:37'23"543	10/no time/Q3
11	6	S.ペレス	マクラーレンMP4-28A・メルセデス	PI	56	1:37'30"805	12/1'36"314/Q2
12	18	J-E.ベルニュ	トロロッソSTR8・フェラーリ	PI	56	1:37'39"549	16/1'37"199/Q2
13	17	V.ボッタス	ウイリアムズFW35・ルノー	PI	56	1:38'00"806	17/1'37"769/Q1
14	16	P.マルドナド	ウイリアムズFW35・ルノー	PI	56	1:38'02"398	15/1'37"139/Q2
15	22	J.ビアンキ	マルシャMR02・コスワース	PI	55	1:36'38"818	19/1'38"780/Q1
16	20	C.ピック	ケータハムCT03・ルノー	PI	55	1:36'40"872	21/1'39"614/Q1
17	23	M.チルトン	マルシャMR02・コスワース	PI	55	1:37'16"746	20/1'39"537/Q1
18	21	G.バン・デル・ガルデ	ケータハムCT03・ルノー	PI	55	1:37'47"991	22/1'39"660/Q1
	9	N.ロズベルグ	メルセデスF1 W04	PI	21	アンチロールバー	4/1'34"861/Q3
	2	M.ウェーバー	レッドブルRB9・ルノー	PI	15	ホイール外れ	14/1'36"679/Q2
	15	A.スーティル	フォース・インディアVJM06・メルセデス	PI	5	アクシデント	13/1'36"405/Q2
	12	E.グティエレス	ザウバーC32・フェラーリ	PI	4	アクシデント	18/1'37"990/Q1
ns	20f	M.キンファ	ケータハムCT03・ルノー	PI	--	金曜P1のみ	--/（1'43"545）

優勝スピード：189.778km/h
最速ラップ：S.ベッテル（レッドブル・ルノー） 1'36"808 202.706km/h 53周目
ラップリーダー：1-4=ハミルトン、5=アロンソ、6=マッサ、7-14=ヒュルケンベルグ、15-20=バトン、21-23=アロンソ、24-28=ベッテル、29-41=アロンソ、42=ベッテル、43-56=アロンソ
グリッド・ペナルティ：ウェーバーはクォリファイ後の燃料サンプル提出ができずタイム無効、ピットレーン・スタート

ROUND 4
バーレーンGP
4／21

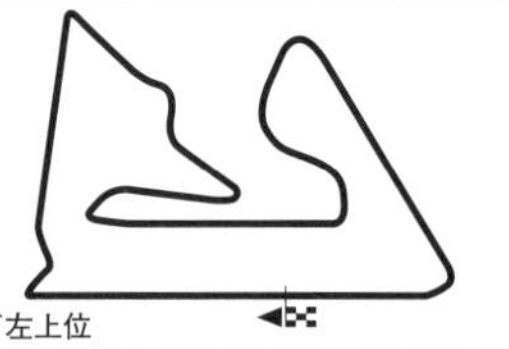

サクヒール；バーレーン
Bahrain International Circuit, Sakhir
天候：晴れ　路面状況：ドライ　グリッド：2列スタッガード左上位

●5.412km×57周(-0.246km)=308.238km　予選出走22(+2)台　決勝出走22台　完走21台

順位	No.	ドライバー	マシン	タイヤ	周回数	タイム	予選順位／タイム
1	1	S.ベッテル	レッドブルRB9・ルノー	PI	57	1:36'00"498	2/1'32"584/Q3
2	7	K.ライコネン	ロータスE21・ルノー	PI	57	1:36'09"609	9/1'33"327/Q3
3	8	R.グロージャン	ロータスE21・ルノー	PI	57	1:36'20"005	11/1'33"762/Q2
4	14	P.ディ・レスタ	フォース・インディアVJM06・メルセデス	PI	57	1:36'22"225	7/1'33"235/Q3
5	10	L.ハミルトン	メルセデスF1 W04	PI	57	1:36'35"728	4/1'32"762/Q3
6	6	S.ペレス	マクラーレンMP4-28A・メルセデス	PI	57	1:36'36"496	12/1'33"914/Q2
7	2	M.ウェーバー	レッドブルRB9・ルノー	PI	57	1:36'37"742	5/1'33"078/Q3
8	3	F.アロンソ	フェラーリF138	PI	57	1:36'38"072	3/1'32"667/Q3
9	9	N.ロズベルグ	メルセデスF1 W04	PI	57	1:36'41"624	1/1'32"330/Q3
10	5	J.バトン	マクラーレンMP4-28A・メルセデス	PI	57	1:36'47"129	10/no time/Q3
11	16	P.マルドナド	ウイリアムズFW35・ルノー	PI	57	1:37'06"948	17/1'34"425/Q1
12	11	N.ヒュルケンベルグ	ザウバーC32・フェラーリ	PI	57	1:37'13"431	14/1'33"976/Q2
13	15	A.スーティル	フォース・インディアVJM06・メルセデス	PI	57	1:37'17"217	6/1'33"246/Q3
14	17	V.ボッタス	ウイリアムズFW35・ルノー	PI	57	1:37'22"009	15/1'34"105/Q2
15	4	F.マッサ	フェラーリF138	PI	57	1:37'26"862	6/1'33"207/Q3
16	19	D.リカルド	トロロッソSTR8・フェラーリ	PI	56	1:36'06"584	13/1'33"974/Q2
17	20	C.ピック	ケータハムCT03・ルノー	PI	56	1:36'16"347	19/1'35"283/Q1
18	12	E.グティエレス	ザウバーC32・フェラーリ	PI	56	1:36'16"937	18/1'34"730/Q1
19	22	J.ビアンキ	マルシャMR02・コスワース	PI	56	1:36'54"150	20/1'36"178/Q1
20	23	M.チルトン	マルシャMR02・コスワース	PI	56	1:37'06"434	22/1'36"476/Q1
21	21	G.バン・デル・ガルデ	ケータハムCT03・ルノー	PI	55	1:36'55"737	21/1'36"304/Q1
	18	J-E.ベルニュ	トロロッソSTR8・フェラーリ	PI	16	アクシデント	16/1'34"284/Q2
ns	21f	H.コバライネン	ケータハムCT03・ルノー	PI	--	金曜P1のみ	--/（1'38"401）
ns	22f	R.ゴンザレス	マルシャMR02・コスワース	PI	--	金曜P1のみ	--/（1'40"215）

優勝スピード：192.632km/h
最速ラップ：S.ベッテル（レッドブル・ルノー） 1'36"961 200.938km/h 55周目
ラップリーダー：1-2=ロズベルグ、3-10=ベッテル、11-13=ディ・レスタ、14=ライコネン、15-57=ベッテル
グリッド・ペナルティ：ウェーバーとグティエレスは前戦での衝突事故により3位分と5位分降格、ハミルトンはギヤボックス交換により5位分降格

ROUND 5
スペインGP
5／12

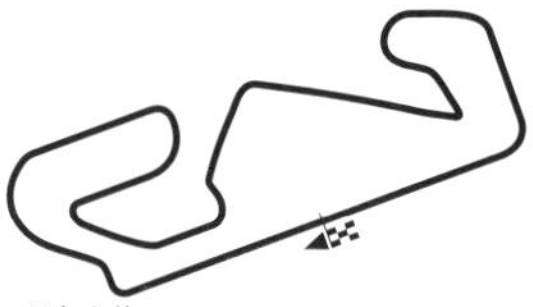

カタルーニャ；スペイン
Circuit de Catalunya, Barcelona
天候：晴れ　路面状況：ドライ　グリッド：2列スタッガード左上位

●4.655km×66周(-0.126km)=307.104km　予選出走22(+2)台　決勝出走22台　完走19台

順位	No.	ドライバー	マシン	タイヤ	周回数	タイム	予選順位／タイム
1	3	F.アロンソ	フェラーリF138	PI	66	1:39'16"596	5/1'21"218/Q3
2	7	K.ライコネン	ロータスE21・ルノー	PI	66	1:39'25"934	4/1'21"177/Q3
3	4	F.マッサ	フェラーリF138	PI	66	1:39'42"645	6/1'21"219/Q3
4	1	S.ベッテル	レッドブルRB9・ルノー	PI	66	1:39'54"869	3/1'21"054/Q3
5	2	M.ウェーバー	レッドブルRB9・ルノー	PI	66	1:40'04"559	8/1'21"570/Q3
6	9	N.ロズベルグ	メルセデスF1 W04	PI	66	1:40'24"616	1/1'20"718/Q3
7	14	P.ディ・レスタ	フォース・インディアVJM06・メルセデス	PI	66	1:40'25"584	10/1'22"233/Q3
8	5	J.バトン	マクラーレンMP4-28A・メルセデス	PI	66	1:40'36"102	14/1'22"355/Q2
9	6	S.ペレス	マクラーレンMP4-28A・メルセデス	PI	66	1:40'38"334	9/1'22"069/Q3
10	19	D.リカルド	トロロッソSTR8・フェラーリ	PI	65	1:39'22"402	11/1'22"127/Q2
11	12	E.グティエレス	ザウバーC32・フェラーリ	PI	65	1:39'22"706	16/1'22"793/Q2
12	10	L.ハミルトン	メルセデスF1 W04	PI	65	1:39'27"565	2/1'20"972/Q3
13	15	A.スーティル	フォース・インディアVJM06・メルセデス	PI	65	1:39'28"040	13/1'22"346/Q2
14	16	P.マルドナド	ウイリアムズFW35・ルノー	PI	65	1:39'45"740	18/1'23"318/Q1
15	11	N.ヒュルケンベルグ	ザウバーC32・フェラーリ	PI	65	1:39'47"162	15/1'22"389/Q2
16	17	V.ボッタス	ウイリアムズFW35・ルノー	PI	65	1:40'35"040	17/1'23"260/Q1
17	20	C.ピック	ケータハムCT03・ルノー	PI	65	1:40'37"441	22/1'25"070/Q1
18	22	J.ビアンキ	マルシャMR02・コスワース	PI	64	1:39'20"860	20/1'24"713/Q1
19	23	M.チルトン	マルシャMR02・コスワース	PI	64	1:39'48"230	21/1'24"996/Q1
	18	J-E.ベルニュ	トロロッソSTR8・フェラーリ	PI	52	アクシデント	12/1'22"166/Q2
	21	G.バン・デル・ガルデ	ケータハムCT03・ルノー	PI	21	ホイール外れ	19/1'24"661/Q1
	8	R.グロージャン	ロータスE21・ルノー	PI	8	サスペンション	7/1'21"308/Q3
ns	20f	H.コバライネン	ケータハムCT03・ルノー	PI	--	金曜P1のみ	--/（1'28"373）
ns	23f	R.ゴンザレス	マルシャMR02・コスワース	PI	--	金曜P1のみ	--/（1'30"314）

優勝スピード：185.605km/h
最速ラップ：E.グティエレス（ザウバー・フェラーリ） 1'26"217 194.370km/h 56周目
ラップリーダー：1-10=ロズベルグ、11-12=グティエレス、13-21=アロンソ、22-23=ベッテル、24-25=ライコネン、26-36=アロンソ、37-38=ライコネン、39-66=アロンソ
グリッド・ペナルティ：マッサとグティエレスは他者を妨げたため3位分降格

ROUND 6
モナコGP
5／26

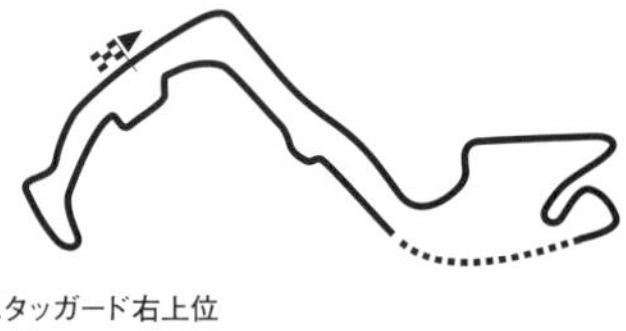

モンテカルロ；モナコ
Circuit de Monaco, Monte Carlo
天候：晴れ　路面状況：ドライ　グリッド：2列スタッガード右上位

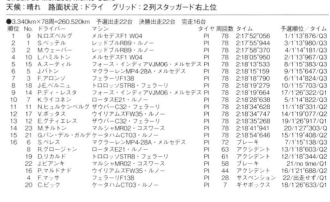

●3.340km×78周=260.520km　予選出走22台　決勝出走22台　完走16台

順位	No.	ドライバー	マシン	タイヤ	周回数	タイム	予選順位／タイム
1	9	N.ロズベルグ	メルセデスF1 W04	PI	78	2:17'52"056	1/1'13"876/Q3
2	1	S.ベッテル	レッドブルRB9・ルノー	PI	78	2:17'55"944	3/1'13"980/Q3
3	2	M.ウェーバー	レッドブルRB9・ルノー	PI	78	2:17'58"370	4/1'14"181/Q3
4	10	L.ハミルトン	メルセデスF1 W04	PI	78	2:18'05"950	2/1'13"967/Q3
5	15	A.スーティル	フォース・インディアVJM06・メルセデス	PI	78	2:18'13"533	8/1'15"383/Q3
6	5	J.バトン	マクラーレンMP4-28A・メルセデス	PI	78	2:18'15"159	9/1'15"647/Q3
7	3	F.アロンソ	フェラーリF138	PI	78	2:18'18"790	6/1'14"824/Q3
8	18	J-E.ベルニュ	トロロッソSTR8・フェラーリ	PI	78	2:18'19"279	10/1'15"703/Q3
9	14	P.ディ・レスタ	フォース・インディアVJM06・メルセデス	PI	78	2:18'19"664	17/1'26"322/Q1
10	7	K.ライコネン	ロータスE21・ルノー	PI	78	2:18'28"638	5/1'14"822/Q3
11	11	N.ヒュルケンベルグ	ザウバーC32・フェラーリ	PI	78	2:18'34"628	11/1'18"331/Q2
12	17	V.ボッタス	ウイリアムズFW35・ルノー	PI	78	2:18'34"747	14/1'19"077/Q2
13	12	E.グティエレス	ザウバーC32・フェラーリ	PI	78	2:18'35"268	19/1'26"917/Q1
14	23	M.チルトン	マルシャMR02・コスワース	PI	78	2:18'41"941	20/1'27"303/Q
15	21	G.バン・デル・ガルデ	ケータハムCT03・ルノー	PI	78	2:18'54"646	15/1'19"408/Q2
16	6	S.ペレス	マクラーレンMP4-28A・メルセデス	PI	72	ブレーキ	7/1'15"138/Q3
	8	R.グロージャン	ロータスE21・ルノー	PI	63	アクシデント	13/1'18"603/Q2
	19	D.リカルド	トロロッソSTR8・フェラーリ	PI	61	アクシデント	12/1'18"344/Q2
	22	J.ビアンキ	マルシャMR02・コスワース	PI	58	ブレーキ	21/no time/Q1
	16	P.マルドナド	ウイリアムズFW35・ルノー	PI	44	アクシデント	16/1'21"688/Q2
	4	F.マッサ	フェラーリF138	PI	28	サスペンション	22/出走せず/Q1
	20	C.ピック	ケータハムCT03・ルノー	PI	7	ギヤボックス	18/1'26"633/Q1

優勝スピード：113.378km/h
最速ラップ：S.ベッテル（レッドブル・ルノー） 1'16"577 157.018km/h 77周目
ラップリーダー：1-78=ロズベルグ
グリッド・ペナルティ：チルトンとマッサはギヤボックス交換により5位分降格、ビアンキとマッサはピットレーンからスタート
レースは46周目の事故により赤旗中断、レースタイムには中断時間も含む

ROUND 7
カナダGP
6/9

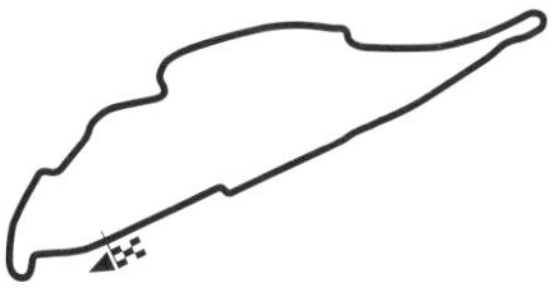

モントリオール；カナダ
Circuit Gilles Villeneuve, Montreal
天候：晴れ　路面状況：ドライ　グリッド：2列スタッガード左上位

●4.361km×70周=305.270km　予選出走22(+1)台　決勝出走22台　完走20台

順位	No.	ドライバー	マシン	タイヤ	周回数	タイム	予選順位／タイム
1	1	S.ベッテル	レッドブルRB9・ルノー	PI	70	1:32'09"143	1/1'25"425/Q3
2	3	F.アロンソ	フェラーリF138	PI	70	1:32'23"551	6/1'26"504/Q3
3	10	L.ハミルトン	メルセデスF1 W04	PI	70	1:32'25"085	2/1'25"512/Q3
4	2	M.ウェーバー	レッドブルRB9・ルノー	PI	70	1:32'34"874	5/1'26"208/Q3
5	9	N.ロズベルグ	メルセデスF1 W04	PI	70	1:33'18"868	4/1'26"008/Q3
6	18	J-E.ベルニュ	トロロッソSTR8・フェラーリ	PI	69	1:32'27"572	7/1'26"543/Q3
7	14	P.ディ・レスタ	フォース・インディアVJM06・メルセデス	PI	69	1:32'36"957	17/1'24"908/Q1
8	4	F.マッサ	フェラーリF138	PI	69	1:32'38"951	16/1'30"354/Q2
9	7	K.ライコネン	ロータスE21・ルノー	PI	69	1:32'41"642	9/1'27"432/Q3
10	15	A.スーティル	フォース・インディアVJM06・メルセデス	PI	69	1:32'44"121	8/1'27"348/Q3
11	6	S.ペレス	マクラーレンMP4-28A・メルセデス	PI	69	1:32'45"406	12/1'29"761/Q2
12	5	J.バトン	マクラーレンMP4-28A・メルセデス	PI	69	1:32'48"028	14/1'30"068/Q2
13	8	R.グロージャン	ロータスE21・ルノー	PI	69	1:33'00"532	19/1'25"716/Q1
14	17	V.ボッタス	ウイリアムズFW35・ルノー	PI	69	1:33'22"484	3/1'25"897/Q3
15	19	D.リカルド	トロロッソSTR8・フェラーリ	PI	68	1:32'15"612	10/1'27"946/Q3
16	16	P.マルドナド	ウイリアムズFW35・ルノー	PI	68	1:32'51"037	13/1'29"917/Q2
17	22	J.ビアンキ	マルシャMR02・コスワース	PI	68	1:33'12"754	20/1'26"508/Q1
18	20	C.ピック	ケータハムCT03・ルノー	PI	67	1:32'09"998	18/1'25"626/Q1
19	23	M.チルトン	マルシャMR02・コスワース	PI	67	1:32'31"141	21/1'27"062/Q1
20	12	E.グティエレス	ザウバーC32・フェラーリ	PI	63	アクシデント	15/1'30"315/Q2
	11	N.ヒュルケンベルグ	ザウバーC32・フェラーリ	PI	45	アクシデント	11/1'29"435/Q2
	21	G.バン・デル・ガルデ	ケータハムCT03・ルノー	PI	43	アクシデント	22/1'27"110/Q1
ns	20f	A.ロッシ	ケータハムCT03・ルノー	PI	--	金曜P1のみ	--/（1'27"143）

優勝スピード：198.759km/h
最速ラップ：M.ウェーバー（レッドブル・ルノー）1'16"182　206.080km/h　69周目
ラップリーダー：1-15=ベッテル、16-18=ハミルトン、19-70=ベッテル
グリッド・ペナルティ：グロージャンは前戦の衝突事故原因により10位分降格、ライコネンとリカルドはピットレーン出口のラインが不正だったため2位分降格

ROUND 8
イギリスGP
6/30

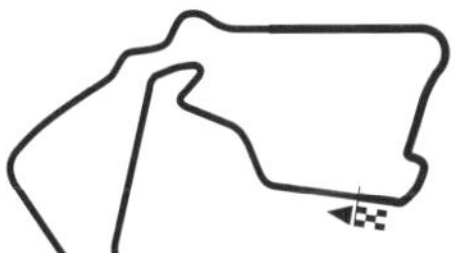

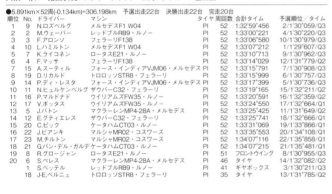

シルバーストン；イギリス
Silverstone Grand Prix Circuit
天候：晴れ　路面状況：ドライ　グリッド：2列スタッガード左上位

●5.891km×52周(-0.134km)=306.198km　予選出走22台　決勝出走22台　完走20台

順位	No.	ドライバー	マシン	タイヤ	周回数	合計タイム	予選順位／タイム
1	9	N.ロズベルグ	メルセデスF1 W04	PI	52	1:32'59"456	2/1'30"059/Q3
2	2	M.ウェーバー	レッドブルRB9・ルノー	PI	52	1:33'00"221	4/1'30"220/Q3
3	3	F.アロンソ	フェラーリF138	PI	52	1:33'06"580	10/1'30"979/Q3
4	10	L.ハミルトン	メルセデスF1 W04	PI	52	1:33'07"212	1/1'29"607/Q3
5	7	K.ライコネン	ロータスE21・ルノー	PI	52	1:33'10"713	9/1'30"962/Q3
6	4	F.マッサ	フェラーリF138	PI	52	1:33'14"029	12/1'31"779/Q2
7	15	A.スーティル	フォース・インディアVJM06・メルセデス	PI	52	1:33'15"791	7/1'30"908/Q3
8	19	D.リカルド	トロロッソSTR8・フェラーリ	PI	52	1:33'15"999	6/1'30"757/Q3
9	14	P.ディ・レスタ	フォース・インディアVJM06・メルセデス	PI	52	1:33'17"399	5/1'30"736/Q3
10	11	N.ヒュルケンベルグ	ザウバーC32・フェラーリ	PI	52	1:33'19"165	15/1'32"211/Q2
11	16	P.マルドナド	ウイリアムズFW35・ルノー	PI	52	1:33'20"591	16/1'32"359/Q2
12	17	V.ボッタス	ウイリアムズFW35・ルノー	PI	52	1:33'24"550	17/1'32"664/Q1
13	5	J.バトン	マクラーレンMP4-28A・メルセデス	PI	52	1:33'25"425	11/1'31"649/Q2
14	12	E.グティエレス	ザウバーC32・フェラーリ	PI	52	1:33'25"741	18/1'32"666/Q1
15	20	C.ピック	ケータハムCT03・ルノー	PI	52	1:33'31"069	19/1'33"866/Q1
16	22	J.ビアンキ	マルシャMR02・コスワース	PI	52	1:33'35"553	20/1'34"108/Q1
17	23	M.チルトン	マルシャMR02・コスワース	PI	52	1:34'07"116	22/1'35"858/Q1
18	21	G.バン・デル・ガルデ	ケータハムCT03・ルノー	PI	52	1:34'07"215	21/1'35"481/Q1
19	8	R.グロージャン	ロータスE21・ルノー	PI	51	フロントウイング	8/1'30"955/Q3
20	6	S.ペレス	マクラーレンMP4-28A・メルセデス	PI	46	タイヤ	14/1'32"082/Q2
	1	S.ベッテル	レッドブルRB9・ルノー	PI	41	ギヤボックス	3/1'30"211/Q3
	18	J-E.ベルニュ	トロロッソSTR8・フェラーリ	PI	35	タイヤ	13/1'31"785/Q2

優勝スピード：197.566km/h
最速ラップ：M.ウェーバー（レッドブル・ルノー）1'33"401　227.059km/h　52周目
ラップリーダー：1-7=ハミルトン、8-40=ベッテル、41-52=ロズベルグ
グリッド・ペナルティ：ディ・レスタは予選後の最低重量不足によりタイム無効となりピットレーン・スタート、バン・デル・ガルデは前戦の青旗無視とギヤボックス交換により10位分降格

ROUND 9
ドイツGP
7/7

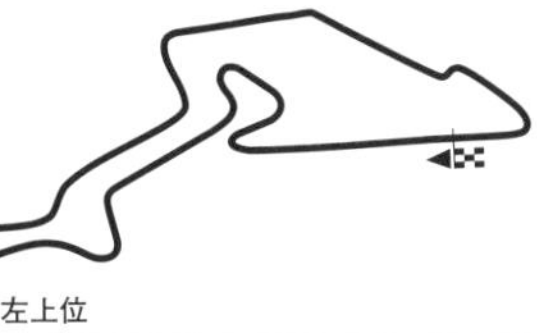

ニュルブルクリンク；ドイツ
Nurburgring, Nurburg
天候：晴れ　路面状況：ドライ　グリッド：2列スタッガード左上位

●5.148km×60周(-0.257km)=308.623km　予選出走22(+1)台　決勝出走22台　完走19台

順位	No.	ドライバー	マシン	タイヤ	周回数	タイム	予選順位／タイム
1	1	S.ベッテル	レッドブルRB9・ルノー	PI	60	1:41'14"711	2/1'29"501/Q3
2	7	K.ライコネン	ロータスE21・ルノー	PI	60	1:41'15"719	4/1'29"892/Q3
3	8	R.グロージャン	ロータスE21・ルノー	PI	60	1:41'20"541	5/1'29"959/Q3
4	3	F.アロンソ	フェラーリF138	PI	60	1:41'22"432	8/1'31"209/Q3
5	10	L.ハミルトン	メルセデスF1 W04	PI	60	1:41'41"638	1/1'29"398/Q3
6	5	J.バトン	マクラーレンMP4-28A・メルセデス	PI	60	1:41'42"707	9/DNF/Q3
7	2	M.ウェーバー	レッドブルRB9・ルノー	PI	60	1:41'52"273	3/1'29"608/Q3
8	6	S.ペレス	マクラーレンMP4-28A・メルセデス	PI	60	1:41'53"017	13/1'30"933/Q2
9	9	N.ロズベルグ	メルセデスF1 W04	PI	60	1:42'01"532	11/1'30"326/Q2
10	11	N.ヒュルケンベルグ	ザウバーC32・フェラーリ	PI	60	1:42'04"603	10/DNF/Q3
11	14	P.ディ・レスタ	フォース・インディアVJM06・メルセデス	PI	60	1:42'08"482	12/1'30"697/Q2
12	19	D.リカルド	トロロッソSTR8・フェラーリ	PI	60	1:42'11"686	6/1'30"528/Q3
13	15	A.スーティル	フォース・インディアVJM06・メルセデス	PI	60	1:42'12"449	15/1'31"010/Q2
14	12	E.グティエレス	ザウバーC32・フェラーリ	PI	60	1:42'14"871	14/1'31"010/Q2
15	16	P.マルドナド	ウイリアムズFW35・ルノー	PI	60	1:42'16"640	18/1'31"707/Q1
16	17	V.ボッタス	ウイリアムズFW35・ルノー	PI	59	1:41'23"946	17/1'31"693/Q1
17	20	C.ピック	ケータハムCT03・ルノー	PI	59	1:41'50"508	19/1'32"937/Q1
18	21	G.バン・デル・ガルデ	ケータハムCT03・ルノー	PI	59	1:41'55"601	21/1'33"734/Q1
19	23	M.チルトン	マルシャMR02・コスワース	PI	59	1:42'00"415	22/1'34"098/Q1
	18	J-E.ベルニュ	トロロッソSTR8・フェラーリ	PI	22	ハイドロリクス	16/1'31"104/Q2
	22	J.ビアンキ	マルシャMR02・コスワース	PI	21	エンジン	20/1'33"063/Q1
	4	F.マッサ	フェラーリF138	PI	3	スピン/ギヤボックス	7/1'31"126/Q3
ns	22f	R.ゴンザレス	マルシャMR02・コスワース	PI	--	金曜P1のみ	--/（1'37"459）

優勝スピード：182.896km/h
最速ラップ：F.アロンソ（フェラーリ）1'33"468　198.279km/h　51周目
ラップリーダー：1-6=ベッテル、7-8=ウェーバー、9-13=グロージャン、14-40=ベッテル、41-49=ライコネン、50-60=ベッテル
グリッド・ペナルティ：ピックはギヤボックス交換により5位分降格

ROUND 10
ハンガリーGP
7/28

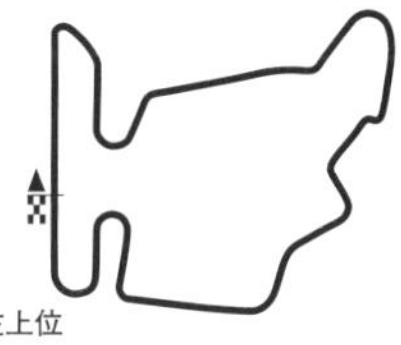

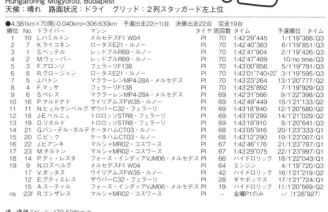

ハンガロリンク；ハンガリー
Hungaroring Mogyorod, Budapest
天候：晴れ　路面状況：ドライ　グリッド：2列スタッガード左上位

●4.381km×70周(-0.040km)=306.630km　予選出走22(+1)台　決勝出走22台　完走19台

順位	No.	ドライバー	マシン	タイヤ	周回数	タイム	予選順位／タイム
1	10	L.ハミルトン	メルセデスF1 W04	PI	70	1:42'29"445	1/1'19"388/Q3
2	7	K.ライコネン	ロータスE21・ルノー	PI	70	1:42'40"383	6/1'19"851/Q3
3	1	S.ベッテル	レッドブルRB9・ルノー	PI	70	1:42'41"904	2/1'19"426/Q3
4	2	M.ウェーバー	レッドブルRB9・ルノー	PI	70	1:42'47"489	10/no time/Q3
5	3	F.アロンソ	フェラーリF138	PI	70	1:43'00"856	5/1'19"791/Q3
6	8	R.グロージャン	ロータスE21・ルノー	PI	70	1:43'01"740+20"	3/1'19"595/Q3
7	5	J.バトン	マクラーレンMP4-28A・メルセデス	PI	70	1:43'23"264	13/1'20"777/Q2
8	4	F.マッサ	フェラーリF138	PI	70	1:43'25"892	7/1'19"929/Q3
9	6	S.ペレス	マクラーレンMP4-28A・メルセデス	PI	69	1:42'31"566	9/1'22"398/Q3
10	16	P.マルドナド	ウイリアムズFW35・ルノー	PI	69	1:42'49"449	15/1'21"133/Q2
11	11	N.ヒュルケンベルグ	ザウバーC32・フェラーリ	PI	69	1:43'18"840	12/1'20"580/Q2
12	18	J-E.ベルニュ	トロロッソSTR8・フェラーリ	PI	69	1:43'19"299	14/1'21"029/Q2
13	19	D.リカルド	トロロッソSTR8・フェラーリ	PI	69	1:43'19"910	8/1'20"641/Q3
14	21	G.バン・デル・ガルデ	ケータハムCT03・ルノー	PI	68	1:43'05"916	20/1'23"333/Q1
15	20	C.ピック	ケータハムCT03・ルノー	PI	68	1:43'12"290	19/1'23"007/Q1
16	22	J.ビアンキ	マルシャMR02・コスワース	PI	67	1:42'46"176	21/1'23"787/Q1
17	23	M.チルトン	マルシャMR02・コスワース	PI	67	1:43'29"075	22/1'23"997/Q1
18	14	P.ディ・レスタ	フォース・インディアVJM06・メルセデス	PI	66	ハイドロリック	18/1'22"043/Q1
19	9	N.ロズベルグ	メルセデスF1 W04	PI	64	エンジン	4/1'19"720/Q3
	17	V.ボッタス	ウイリアムズFW35・ルノー	PI	42	ハイドロリック	16/1'21"219/Q2
	12	E.グティエレス	ザウバーC32・フェラーリ	PI	28	ギヤボックス	17/1'21"724/Q1
	15	A.スーティル	フォース・インディアVJM06・メルセデス	PI	19	ハイドロリック	11/1'20"569/Q2
ns	23f	R.ゴンザレス	マルシャMR02・コスワース	PI	--	金曜P1のみ	--/（1'28"927）

優・優勝スピード：179.506km/h
最速ラップ：M.ウェーバー（レッドブル・ルノー）1'24"069　187.603km/h　61周目
ラップリーダー：1-8=ハミルトン、9-10=ベッテル、11-13=グロージャン、14-22=ウェーバー、23-31=ハミルトン、32-34=ベッテル、35-50=ハミルトン、51-55=ベッテル、56-70=ハミルトン
ペナルティ：グロージャンは他車との接触により20秒加算

ROUND 11
ベルギーGP
8/25

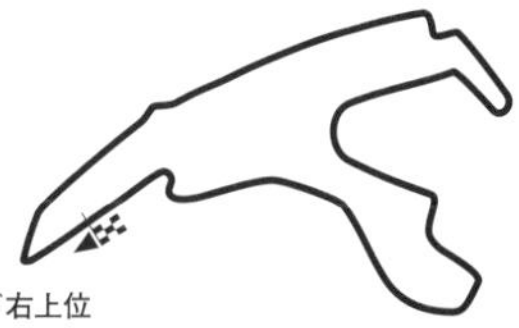

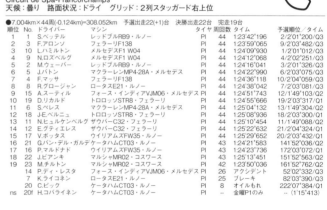

スパ・フランコルシャン；ベルギー
Circuit de Spa-Francorchamps
天候：曇り　路面状況：ドライ　グリッド：2列スタッガード右上位

●7.004km×44周(-0.124km)=308.052km　予選出走22(+1)台　決勝出走22台　完走19台

順位	No.	ドライバー	マシン	タイヤ	周回数	タイム	予選順位／タイム
1	1	S.ベッテル	レッドブルRB9・ルノー	PI	44	1:23'42"196	2/2'01"200/Q3
2	3	F.アロンソ	フェラーリF138	PI	44	1:23'59"065	9/2'03"482/Q3
3	10	L.ハミルトン	メルセデスF1 W04	PI	44	1:24'09"930	1/2'01"012/Q3
4	9	N.ロズベルグ	メルセデスF1 W04	PI	44	1:24'12"068	4/2'02"251/Q3
5	2	M.ウェーバー	レッドブルRB9・ルノー	PI	44	1:24'16"041	3/2'01"326/Q3
6	5	J.バトン	マクラーレンMP4-28A・メルセデス	PI	44	1:24'22"990	6/2'03"075/Q3
7	4	F.マッサ	フェラーリF138	PI	44	1:24'36"118	10/2'04"059/Q3
8	8	R.グロージャン	ロータスE21・ルノー	PI	44	1:24'38"042	7/2'03"081/Q3
9	15	A.スーティル	フォース・インディアVJM06・メルセデス	PI	44	1:24'51"743	12/1'49"103/Q2
10	19	D.リカルド	トロロッソSTR8・フェラーリ	PI	44	1:24'55"666	19/2'03"317/Q1
11	6	S.ペレス	マクラーレンMP4-28A・メルセデス	PI	44	1:25'04"132	13/1'49"304/Q2
12	18	J-E.ベルニュ	トロロッソSTR8・フェラーリ	PI	44	1:25'08"936	18/2'03"300/Q1
13	11	N.ヒュルケンベルグ	ザウバーC32・フェラーリ	PI	44	1:25'10"454	11/1'49"088/Q2
14	12	E.グティエレス	ザウバーC32・フェラーリ	PI	44	1:25'22"632	21/2'04"324/Q1
15	17	V.ボッタス	ウイリアムズFW35・ルノー	PI	44	1:25'29"652	20/2'03"432/Q1
16	21	G.バン・デル・ガルデ	ケータハムCT03・ルノー	PI	43	1:24'21"583	141'52"036/Q2
17	16	P.マルドナド	ウイリアムズFW35・ルノー	PI	43	1:24'23"736	172'03"072/Q1
18	22	J.ビアンキ	マルシャMR02・コスワース	PI	43	1:25'13"451	151'52"563/Q2
19	23	M.チルトン	マルシャMR02・コスワース	PI	42	1:23'50"036	161'52"762/Q2
	14	P.ディ・レスタ	フォース・インディアVJM06・メルセデス	PI	26	アクシデント	52'02"332/Q3
	7	K.ライコネン	ロータスE21・ルノー	PI	25	ブレーキ	82'03"390/Q3
	20	C.ピック	ケータハムCT03・ルノー	PI	8	オイルもれ	222'07"384/Q1
ns	20f	H.コバライネン	ケータハムCT03・ルノー	PI	--	金曜P1のみ	--（1'15"413）

優勝スピード：220.817km/h
最速ラップ：S.ベッテル（レッドブル・ルノー）1'50"756　227.657km/h　40周目
ラップリーダー：1-44=ベッテル

ROUND 12
イタリアGP
9/8

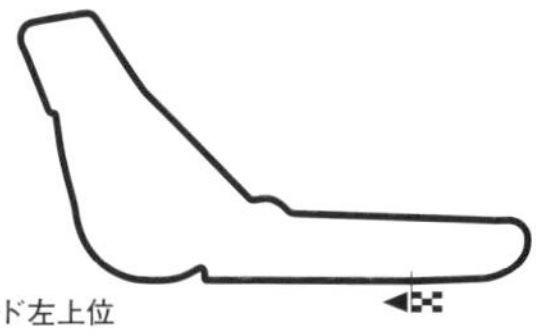

モンツァ；イタリア
Autodromo Nazionale di Monza
天候：曇り　路面状況：ドライ　グリッド：2列スタッガード左上位

●5.793km×53周(-0.309km)=306.720km　予選出走22(+3)台　決勝出走22台　完走20台

順位	No.	ドライバー	マシン	タイヤ	周回数	タイム	予選順位／タイム
1	1	S.ベッテル	レッドブルRB9・ルノー	PI	53	1:18'33"352	1/1'23"755/Q3
2	3	F.アロンソ	フェラーリF138	PI	53	1:18'38"819	5/1'24"142/Q3
3	2	M.ウェーバー	レッドブルRB9・ルノー	PI	53	1:18'39"702	2/1'23"968/Q3
4	4	F.マッサ	フェラーリF138	PI	53	1:18'42"713	4/1'24"132/Q3
5	11	N.ヒュルケンベルグ	ザウバーC32・フェラーリ	PI	53	1:18'43"707	3/1'24"065/Q3
6	9	N.ロズベルグ	メルセデスF1 W04	PI	53	1:18'44"351	6/1'24"192/Q3
7	19	D.リカルド	トロロッソSTR8・フェラーリ	PI	53	1:19'05"681	7/1'24"209/Q3
8	8	R.グロージャン	ロータスE21・ルノー	PI	53	1:19'06"482	13/1'24"848/Q2
9	10	L.ハミルトン	メルセデスF1 W04	PI	53	1:19'06"879	12/1'24"803/Q2
10	5	J.バトン	マクラーレンMP4-28A・メルセデス	PI	53	1:19'11"679	9/1'24"515/Q3
11	7	K.ライコネン	ロータスE21・ルノー	PI	53	1:19'12"047	11/1'24"610/Q2
12	6	S.ペレス	マクラーレンMP4-28A・メルセデス	PI	53	1:19'13"117	8/1'24"502/Q3
13	12	E.グティエレス	ザウバーC32・フェラーリ	PI	53	1:19'14"232	17/1'25"226/Q1
14	16	P.マルドナド	ウイリアムズFW35・ルノー	PI	53	1:19'22"437	15/1'25"011/Q2
15	17	V.ボッタス	ウイリアムズFW35・ルノー	PI	53	1:19'30"179	18/1'25"291/Q1
16	15	A.スーティル	フォース・インディアVJM06・メルセデス	PI	52	ブレーキ	14/1'24"932/Q2
17	20	C.ピック	ケータハムCT03・ルノー	PI	52	1:19'17"871	20/1'26"563/Q1
18	21	G.バン・デル・ガルデ	ケータハムCT03・ルノー	PI	52	1:19'32"969	19/1'26"406/Q1
19	22	J.ビアンキ	マルシャMR02・コスワース	PI	52	1:19'40"301	21/1'27"085/Q1
20	23	M.チルトン	マルシャMR02・コスワース	PI	52	1:19'52"527	22/1'27"480/Q1
	18	J-E.ベルニュ	トロロッソSTR8・フェラーリ	PI	14	トランスミッション	10/1'28"050/Q3
	14	P.ディ・レスタ	フォース・インディアVJM06・メルセデス	PI	0	アクシデント	16/1'25"077/Q2
ns	15f	J.カラド	フォース・インディアVJM06・メルセデス	PI	--	金曜P1のみ	--/（1'27"041）
ns	21f	H.コバライネン	ケータハムCT03・ルノー	PI	--	金曜P1のみ	--/（1'28"192）
ns	22f	R.ゴンザレス	マルシャMR02・コスワース	PI	--	金曜P1のみ	--/（1'29"526）

優勝スピード：234.268km/h
最速ラップ：L.ハミルトン（メルセデス）1'25"849　242.924km/h　51周目
ラップリーダー：1-23=ベッテル、24-27=アロンソ、28-53=ベッテル
グリッド・ペナルティ：スーティルは他車を妨げたため3位分降格

2013

ROUND 13
シンガポールGP
9／22

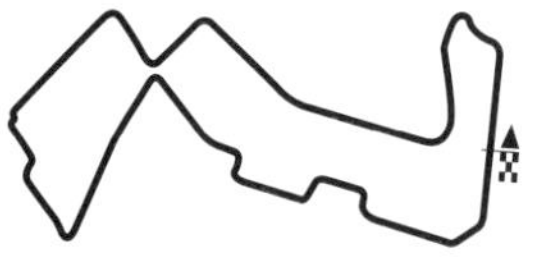

シンガポール；シンガポール
Marina Bay Street Circuit, Singapore
天候：夜間　路面状況：ドライ　グリッド：2列スタッガード右上位

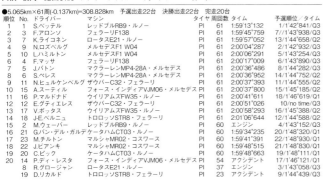

●5.065km×61周(-0.137km)=308.828km　予選出走22台　決勝出走22台　完走20台

順位	No.	ドライバー	マシン	タイヤ	周回数	タイム	予選順位／タイム
1	1	S.ベッテル	レッドブルRB9・ルノー	PI	61	1:59'13"132	1/1'42"841/Q3
2	3	F.アロンソ	フェラーリF138	PI	61	1:59'45"759	7//1'43"938/Q3
3	7	K.ライコネン	ロータスE21・ルノー	PI	61	1:59'57"052	13/1'44"658/Q2
4	9	N.ロズベルグ	メルセデスF1 W04	PI	61	2:00'04"287	2/1'42"932/Q3
5	10	L.ハミルトン	メルセデスF1 W04	PI	61	2:00'06"291	5/1'43"254/Q3
6	4	F.マッサ	フェラーリF138	PI	61	2:00'17"009	6/1'43"890/Q3
7	5	J.バトン	マクラーレンMP4-28A・メルセデス	PI	61	2:00'36"486	8/1'44"282/Q3
8	6	S.ペレス	マクラーレンMP4-28A・メルセデス	PI	61	2:00'36"952	14/1'44"752/Q2
9	11	N.ヒュルケンベルグ	ザウバーC32・フェラーリ	PI	61	2:00'37"393	11/1'44"555/Q2
10	15	A.スーティル	フォース・インディアVJM06・メルセデス	PI	61	2:00'37"800	15/1'45"185/Q2
11	16	P.マルドナド	ウイリアムズFW35・ルノー	PI	61	2:00'41"611	18/1'46"619/Q1
12	12	E.グティエレス	ザウバーC32・フェラーリ	PI	61	2:00'51"026	10/no time/Q3
13	17	V.ボッタス	ウイリアムズFW35・ルノー	PI	61	2:00'58"293	16/1'45"388/Q2
14	18	J-E.ベルニュ	トロロッソSTR8・フェラーリ	PI	61	2:01'06"644	12/1'44"588/Q2
15	2	M.ウェーバー	レッドブルRB9・ルノー	PI	60	エンジン	4/1'43"152/Q3
16	21	G.バン・デル・ガルデ	ケータハムCT03・ルノー	PI	60	1:59'34"235	20/1'48"320/Q1
17	23	M.チルトン	マルシャMR02・コスワース	PI	60	1:59'41"391	22/1'48"930/Q1
18	22	J.ビアンキ	マルシャMR02・コスワース	PI	60	1:59'48"515	21/1'48"830/Q1
19	20	C.ピック	ケータハムCT03・ルノー	PI	60	1:59'48"663	19/1'48"111/Q1
20	14	P.ディ・レスタ	フォース・インディアVJM06・メルセデス	PI	54	アクシデント	17/1'46"121/Q1
	8	R.グロージャン	ロータスE21・ルノー	PI	37	エンジン	3/1'43"058/Q3
	19	D.リカルド	トロロッソSTR8・フェラーリ	PI	23	アクシデント	9/1'44"439/Q3

優勝スピード：155.425km/h
最速ラップ：S.ベッテル（レッドブル・ルノー） 1'48"574 167.940km/h 46周目
ラップリーダー：1-61=ベッテル

ROUND 14
韓国GP
10／6

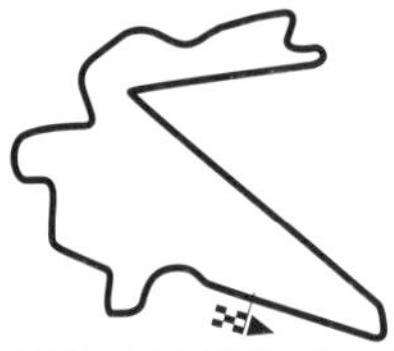

霊岩；韓国
Korean International Circuit, Yeongam
天候：曇り　路面状況：ドライ　グリッド：2列スタッガード右上位

●5.615km×55周(-0.195km)=308.630km　予選出走22(+2)台　決勝出走22台　完走20台

順位	No.	ドライバー	マシン	タイヤ	周回数	タイム	予選順位／タイム
1	1	S.ベッテル	レッドブルRB9・ルノー	PI	55	1:43'13"701	1/1'37"202/Q3
2	7	K.ライコネン	ロータスE21・ルノー	PI	55	1:43'17"925	10/1'38"822/Q3
3	8	R.グロージャン	ロータスE21・ルノー	PI	55	1:43'18"628	4/1'37"531/Q3
4	11	N.ヒュルケンベルグ	ザウバーC32・フェラーリ	PI	55	1:43'37"815	8/1'38"237/Q3
5	10	L.ハミルトン	メルセデスF1 W04	PI	55	1:43'38"956	2/1'37"420/Q3
6	3	F.アロンソ	フェラーリF138	PI	55	1:43'39"890	6/1'38"038/Q3
7	9	N.ロズベルグ	メルセデスF1 W04	PI	55	1:43'40"399	5/1'37"679/Q3
8	5	J.バトン	マクラーレンMP4-28A・メルセデス	PI	55	1:43'45"963	12/1'38"365/Q2
9	4	F.マッサ	フェラーリF138	PI	55	1:43'48"091	7/1'38"223/Q3
10	6	S.ペレス	マクラーレンMP4-28A・メルセデス	PI	55	1:43'48"856	11/1'38"362/Q2
11	12	E.グティエレス	ザウバーC32・フェラーリ	PI	55	1:43'49"691	9/1'38"405/Q3
12	17	V.ボッタス	ウイリアムズFW35・ルノー	PI	55	1:44'00"750	17/1'39"470/Q1
13	16	P.マルドナド	ウイリアムズFW35・ルノー	PI	55	1:44'03"714	18/1'39"987/Q1
14	20	C.ピック	ケータハムCT03・ルノー	PI	55	1:44'17"279	19/1'40"864/Q1
15	21	G.バン・デル・ガルデ	ケータハムCT03・ルノー	PI	55	1:44'18"202	20/1'40"871/Q1
16	22	J.ビアンキ	マルシャMR02・コスワース	PI	55	1:44'21"671	21/1'41"169/Q1
17	23	M.チルトン	マルシャMR02・コスワース	PI	55	1:44'26"599	22/1'41"322/Q1
18	18	J-E.ベルニュ	トロロッソSTR8・フェラーリ	PI	53	ブレーキ	16/1'38"781/Q2
19	19	D.リカルド	トロロッソSTR8・フェラーリ	PI	52	ブレーキ	13/1'38"417/Q2
20	15	A.スーティル	フォース・インディアVJM06・メルセデス	PI	50	アクシデント	141'38"431/Q2
	2	M.ウェーバー	レッドブルRB9・ルノー	PI	36	アクシデント	31'37"464/Q3
	14	P.ディ・レスタ	フォース・インディアVJM06・メルセデス	PI	24	アクシデント	151'38"718/Q2
ns	14f	J.カラド	フォース・インディアVJM06・メルセデス	PI	--	金曜P1のみ	--（1'43"008）
ns	22f	R.ゴンザレス	マルシャMR02・コスワース	PI	--	金曜P1のみ	--（1'46"810）

優勝スピード：179.386km/h
最速ラップ：S.ベッテル（レッドブル・ルノー） 1'41"380 199.388km/h 53周目
ラップリーダー：1-55=ベッテル
グリッド・ペナルティ：ウェーバーはシーズン中3度目の訓戒により10位分降格、ビアンキは他車を妨げたため3位分降格

ROUND 15
日本GP
10／13

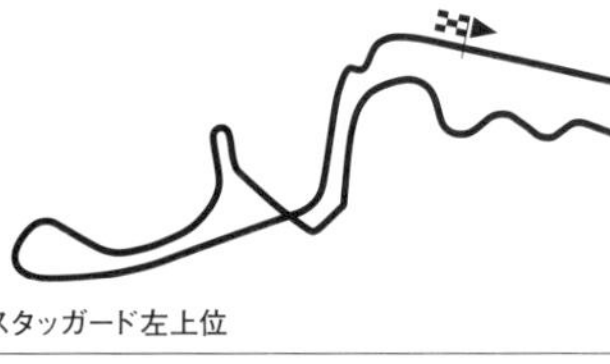

鈴鹿；日本
Suzuka International Circuit, Suzuka
天候：晴れ　路面状況：ドライ　グリッド：2列スタッガード左上位

●5.807km×53周(-0.300km)=307.471km　予選出走22(+1)台　決勝出走22台　完走19台

順位	No.	ドライバー	マシン	タイヤ	周回数	タイム	予選順位／タイム
1	1	S.ベッテル	レッドブルRB9・ルノー	PI	53	1:26'49"301	2/1'31"089/Q3
2	2	M.ウェーバー	レッドブルRB9・ルノー	PI	53	1:26'56"430	1/1'30"915/Q3
3	8	R.グロージャン	ロータスE21・ルノー	PI	53	1:26'59"211	4/1'31"365/Q3
4	3	F.アロンソ	フェラーリF138	PI	53	1:27'34"906	8/1'31"665/Q3
5	7	K.ライコネン	ロータスE21・ルノー	PI	53	1:27'36"626	9/1'31"684/Q3
6	11	N.ヒュルケンベルグ	ザウバーC32・フェラーリ	PI	53	1:27'40"916	7/1'31"644/Q3
7	12	E.グティエレス	ザウバーC32・フェラーリ	PI	53	1:28'00"931	14/1'32"063/Q2
8	9	N.ロズベルグ	メルセデスF1 W04	PI	53	1:28'01"324	6/1'31"397/Q3
9	5	J.バトン	マクラーレンMP4-28A・メルセデス	PI	53	1:28'10"122	10/1'31"827/Q3
10	4	F.マッサ	フェラーリF138	PI	53	1:28'18"564	5/1'31"378/Q3
11	14	P.ディ・レスタ	フォース・インディアVJM06・メルセデス	PI	53	1:28'27"873	12/1'31"992/Q2
12	18	J-E.ベルニュ	トロロッソSTR8・フェラーリ	PI	52	1:26'52"410	18/1'33"357/Q1
13	19	D.リカルド	トロロッソSTR8・フェラーリ	PI	52	1:26'54"598	16/1'32"485/Q2
14	15	A.スーティル	フォース・インディアVJM06・メルセデス	PI	52	1:27'06"344	17/1'32"890/Q1
15	6	S.ペレス	マクラーレンMP4-28A・メルセデス	PI	52	1:27'06"462	11/1'31"989/Q2
16	16	P.マルドナド	ウイリアムズFW35・ルノー	PI	52	1:27'08"671	15/1'32"093/Q2
17	17	V.ボッタス	ウイリアムズFW35・ルノー	PI	52	1:27'09"253	13/1'32"013/Q2
18	20	C.ピック	ケータハムCT03・ルノー	PI	52	1:28'09"524	20/1'34"556/Q1
19	23	M.チルトン	マルシャMR02・コスワース	PI	52	1:28'28"731	19/1'34"320/Q1
	10	L.ハミルトン	メルセデスF1 W04	PI	7	タイヤ・パンク	3/1'31"253/Q3
	21	G.バン・デル・ガルデ	ケータハムCT03・ルノー	PI	0	アクシデント	21/1'34"879/Q1
	22	J.ビアンキ	マルシャMR02・コスワース	PI	0	アクシデント	22/1'34"958/Q1
ns	20f	H.コバライネン	ケータハムCT03・ルノー	PI	--	金曜P1のみ	--/（1'37"595）

優勝スピード：212.484km/h
最速ラップ：M.ウェーバー（レッドブル・ルノー） 1'34"587 221.015km/h 44周目
ラップリーダー：1-12=グロージャン、13-14=ベッテル、15-28=グロージャン、29-37=ベッテル、38-42=ウェーバー、43-53=ベッテル　グリッド・ペナルティ：スーティルはギヤボックス交換により5位分降格、ピックとビアンキはシーズン中3度目の訓戒により10位分降格

ROUND 16
インドGP
10／27

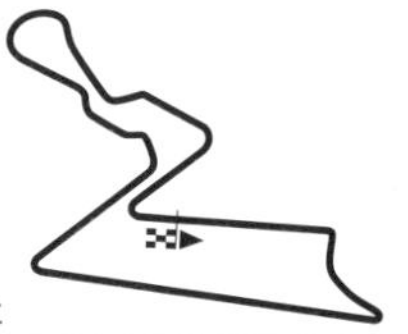

ニューデリー；インド
Buddh International Circuit, New Delhi
天候：曇り　路面状況：ドライ　グリッド：2列スタッガード左上位

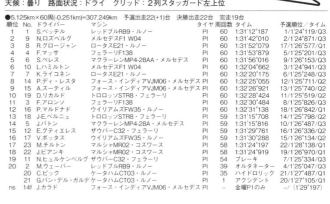

●5.125km×60周(-0.251km)=307.249km　予選出走22(+1)台　決勝出走22台　完走19台

順位	No.	ドライバー	マシン	タイヤ	周回数	タイム	予選順位／タイム
1	1	S.ベッテル	レッドブルRB9・ルノー	PI	60	1:31'12"187	1/1'24"119/Q3
2	9	N.ロズベルグ	メルセデスF1 W04	PI	60	1:31'42"010	2/1'24"871/Q3
3	8	R.グロージャン	ロータスE21・ルノー	PI	60	1:31'52"079	17/1'26"577/Q1
4	4	F.マッサ	フェラーリF138	PI	60	1:31'53"879	5/1'25"201/Q3
5	6	S.ペレス	マクラーレンMP4-28AA・メルセデス	PI	60	1:31'56"016	9/1'26"153/Q3
6	10	L.ハミルトン	メルセデスF1 W04	PI	60	1:32'04"662	3/1'24"941/Q3
7	7	K.ライコネン	ロータスE21・ルノー	PI	60	1:32'20"175	6/1'25"248/Q3
8	14	P.ディ・レスタ	フォース・インディアVJM06・メルセデス	PI	60	1:32'25"055	12/1'25"711/Q2
9	15	A.スーティル	フォース・インディアVJM06・メルセデス	PI	60	1:32'26"921	13/1'25"740/Q2
10	19	D.リカルド	トロロッソSTR8・フェラーリ	PI	60	1:32'28"424	11/1'25"519/Q2
11	3	F.アロンソ	フェラーリF138	PI	60	1:32'30"484	8/1'25"826/Q3
12	16	P.マルドナド	ウイリアムズFW35・ルノー	PI	60	1:32'31"138	18/1'26"842/Q1
13	18	J-E.ベルニュ	トロロッソSTR8・フェラーリ	PI	59	1:31'15"708	14/1'25"798/Q2
14	5	J.バトン	マクラーレンMP4-28A・メルセデス	PI	59	1:31'15"816	10/1'26"487/Q3
15	12	E.グティエレス	ザウバーC32・フェラーリ	PI	59	1:31'29"761	16/1'26"336/Q2
16	17	V.ボッタス	ウイリアムズFW35・ルノー	PI	59	1:31'30"288	15/1'26"134/Q2
17	23	M.チルトン	マルシャMR02・コスワース	PI	58	1:31'24"197	22/1'28"138/Q1
18	22	J.ビアンキ	マルシャMR02・コスワース	PI	58	1:31'24"919	19/1'26"970/Q1
19	11	N.ヒュルケンベルグ	ザウバーC32・フェラーリ	PI	54	ブレーキ	7/1'25"334/Q3
20	2	M.ウェーバー	レッドブルRB9・ルノー	PI	39	オルタネーター	4/1'25"047/Q3
	20	C.ピック	ケータハムCT03・ルノー	PI	35	ハイドロリック	21/1'27"487/Q1
	21	G.バン・デル・ガルデ	ケータハムCT03・ルノー	PI	1	アクシデント	20/1'27"105/Q1
ns	14f	J.カラド	フォース・インディアVJM06・メルセデス	PI	--	金曜P1のみ	--/（1'29"197）

優勝スピード：202.130km/h
最速ラップ：K.ライコネン（ロータス・ルノー） 1'27"679 210.426km/h 60周目
ラップリーダー：1-2=ベッテル、3-8=マッサ、9-28=ウェーバー、29-31=ベッテル、32=ウェーバー、33-60=ベッテル

ROUND 17
アブダビGP
11／3

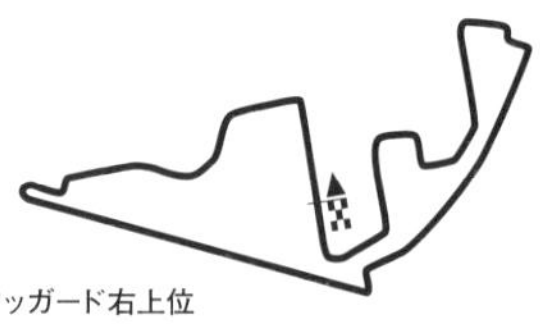

ヤス・マリーナ；アブダビ
Yas Marina Circuit, Abu Dhabi
天候：晴れ→夜間　路面状況：ドライ　グリッド：2列スタッガード右上位

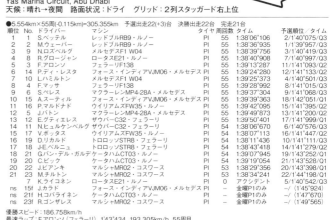

●5.554km×55周(-0.115km)=305.355km　予選出走22(+3)台　決勝出走22台　完走21台

順位	No.	ドライバー	マシン	タイヤ	周回数	タイム	予選順位／タイム
1	1	S.ベッテル	レッドブルRB9・ルノー	PI	55	1:38'06"106	2/1'40"075/Q3
2	2	M.ウェーバー	レッドブルRB9・ルノー	PI	55	1:38'36"935	1/1'39"957/Q3
3	9	N.ロズベルグ	メルセデスF1 W04	PI	55	1:38'39"756	3/1'40"419/Q3
4	8	R.グロージャン	ロータスE21・ルノー	PI	55	1:38'40"908	7/1'40"997/Q3
5	3	F.アロンソ	フェラーリF138	PI	55	1:39'13"287	11/1'41"093/Q2
6	14	P.ディ・レスタ	フォース・インディアVJM06・メルセデス	PI	55	1:39'24"280	12/1'41"133/Q2
7	10	L.ハミルトン	メルセデスF1 W04	PI	55	1:39'25"373	4/1'40"501/Q3
8	4	F.マッサ	フェラーリF138	PI	55	1:39'28"992	8/1'41"015/Q3
9	6	S.ペレス	マクラーレンMP4-28A・メルセデス	PI	55	1:39'37"304	9/1'41"068/Q3
10	15	A.スーティル	フォース・インディアVJM06・メルセデス	PI	55	1:39'39"363	18/1'42"051/Q1
11	16	P.マルドナド	ウイリアムズFW35・ルノー	PI	55	1:39'42"095	15/1'41"395/Q2
12	5	J.バトン	マクラーレンMP4-28A・メルセデス	PI	55	1:39'49"873	13/1'41"200/Q2
13	12	E.グティエレス	ザウバーC32・フェラーリ	PI	55	1:39'50"401	17/1'41"999/Q1
14	11	N.ヒュルケンベルグ	ザウバーC32・フェラーリ	PI	54	1:38'06"670	6/1'40"576/Q3
15	17	V.ボッタス	ウイリアムズFW35・ルノー	PI	54	1:38'07"113	16/1'41"447/Q2
16	19	D.リカルド	トロロッソSTR8・フェラーリ	PI	54	1:38'11"436	10/1'41"111/Q3
17	18	J-E.ベルニュ	トロロッソSTR8・フェラーリ	PI	54	1:38'43"418	14/1'41"279/Q2
18	21	G.バン・デル・ガルデ	ケータハムCT03・ルノー	PI	54	1:39'07"945	19/1'43"252/Q1
19	20	C.ピック	ケータハムCT03・ルノー	PI	54	1:39'19"054	21/1'43"528/Q1
20	22	J.ビアンキ	マルシャMR02・コスワース	PI	53	1:38'29"356	20/1'43"398/Q1
21	23	M.チルトン	マルシャMR02・コスワース	PI	53	1:38'34"241	22/1'44"198/Q1
	7	K.ライコネン	ロータスE21・ルノー	PI	0	アクシデント	5/1'40"542/Q3
ns	15f	J.カラド	フォース・インディアVJM06・メルセデス	PI	--	金曜P1のみ	--/（1'45"924）
ns	21f	H.コバライネン	ケータハムCT03・ルノー	PI	--	金曜P1のみ	--/（1'47"670）
ns	23f	R.ゴンザレス	マルシャMR02・コスワース	PI	--	金曜P1のみ	--/（1'49"565）

優勝スピード：186.758km/h
最速ラップ：F.アロンソ（フェラーリ） 1'43"434 193.305km/h 55周目
ラップリーダー：1-55=ベッテル
グリッド・ペナルティ：ライコネンは予選後の車両違反によりタイム無効となり最後尾スタート、ビアンキはギヤボックス交換により5位分降格

ROUND 18
アメリカGP
11／17

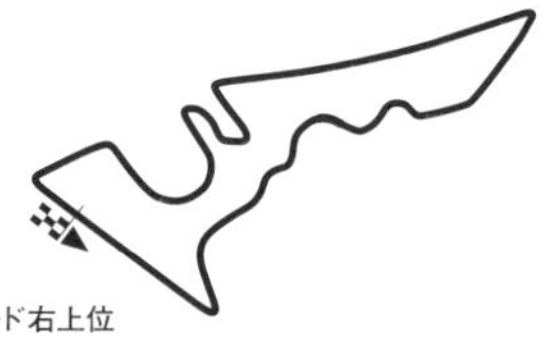

オースティン；アメリカ合衆国
Circuit of the Americas, Austin, Texas
天候：晴れ　路面状況：ドライ　グリッド：2列スタッガード右上位

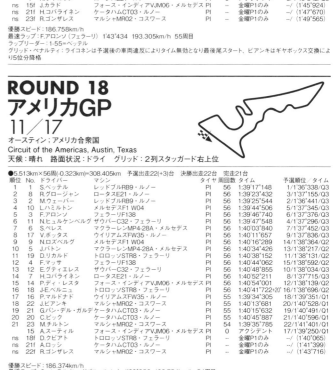

●5.513km×56周(-0.323km)=308.405km　予選出走22(+3)台　決勝出走22台　完走21台

順位	No.	ドライバー	マシン	タイヤ	周回数	タイム	予選順位／タイム
1	1	S.ベッテル	レッドブルRB9・ルノー	PI	56	1:39'17"148	1/1'36"338/Q3
2	8	R.グロージャン	ロータスE21・ルノー	PI	56	1:39'23"432	3/1'37"155/Q3
3	2	M.ウェーバー	レッドブルRB9・ルノー	PI	56	1:39'25"544	2/1'36"441/Q3
4	10	L.ハミルトン	メルセデスF1 W04	PI	56	1:39'44"506	5/1'37"345/Q3
5	3	F.アロンソ	フェラーリF138	PI	56	1:39'46"740	6/1'37"376/Q3
6	11	N.ヒュルケンベルグ	ザウバーC32・フェラーリ	PI	56	1:39'47"548	4/1'37"296/Q3
7	6	S.ペレス	マクラーレンMP4-28A・メルセデス	PI	56	1:40'03"840	7/1'37"452/Q3
8	17	V.ボッタス	ウイリアムズFW35・ルノー	PI	56	1:40'11"657	9/1'37"836/Q3
9	9	N.ロズベルグ	メルセデスF1 W04	PI	56	1:40'16"289	14/1'38"364/Q2
10	5	J.バトン	マクラーレンMP4-28A・メルセデス	PI	56	1:40'34"426	13/1'38"217/Q2
11	19	D.リカルド	トロロッソSTR8・フェラーリ	PI	56	1:40'38"152	11/1'38"131/Q2
12	4	F.マッサ	フェラーリF138	PI	56	1:40'44"062	15/1'38"592/Q2
13	12	E.グティエレス	ザウバーC32・フェラーリ	PI	56	1:40'48"855	10/1'38"034/Q3
14	7	H.コバライネン	ロータスE21・ルノー	PI	56	1:40'52"211	8/1'37"715/Q3
15	14	P.ディ・レスタ	フォース・インディアVJM06・メルセデス	PI	56	1:40'54"001	12/1'38"139/Q2
16	18	J-E.ベルニュ	トロロッソSTR8・フェラーリ	PI	56	1:40'41"722+20"	16/1'38"696/Q2
17	16	P.マルドナド	ウイリアムズFW35・ルノー	PI	55	1:39'34"305	18/1'39"351/Q1
18	22	J.ビアンキ	マルシャMR02・コスワース	PI	55	1:40'13"681	20/1'40"528/Q1
19	21	G.バン・デル・ガルデ	ケータハムCT03・ルノー	PI	55	1:40'15"632	19/1'40"491/Q1
20	20	C.ピック	ケータハムCT03・ルノー	PI	55	1:40'45"887	21/1'40"596/Q1
21	23	M.チルトン	マルシャMR02・コスワース	PI	54	1:39'35"785	22/1'41"401/Q1
	15	A.スーティル	フォース・インディアVJM06・メルセデス	PI	0	アクシデント	17/1'39"250/Q1
ns	18f	D.クビアト	トロロッソSTR8・フェラーリ	PI	--	金曜P1のみ	--/（1'40"065）
ns	21f	A.ロッシ	ケータハムCT03・ルノー	PI	--	金曜P1のみ	--/（1'41"399）
ns	22f	R.ゴンザレス	マルシャMR02・コスワース	PI	--	金曜P1のみ	--/（1'43"716）

優勝スピード：186.374km/h
最速ラップ：S.ベッテル（レッドブル・ルノー） 1'39"856 198.754km/h 54周目
ラップリーダー：1-27=ベッテル、28-29=グロージャン、30-56=ベッテル
ペナルティ：ベルニュは事故の原因を作ったため20秒加算　グリッド・ペナルティ：グティエレスは他車を妨げたため10位分降格、バトンは赤旗時の追越しにより3位分降格、ピックはギヤボックス交換により5位分降格

ROUND 19
ブラジルGP
11/24

インテルラゴス；ブラジル
Autodromo Jose Carlos Pace, Interlagos
天候：曇り→小雨　路面状況：ドライ→ウエット　グリッド：2列スタッガード右上位

●4.309km×71周(-0.030km)=305.909km　予選出走22(+3)台　決勝出走22台　完走19台

順位	No.	ドライバー	マシン	タイヤ	周回数	タイム	予選順位／タイム
1	1	S.ベッテル	レッドブルRB9・ルノー	Pl	71	1:32'36"300	1/1'26"479/Q3
2	2	M.ウェーバー	レッドブルRB9・ルノー	Pl	71	1:32'46"752	4/1'27"572/Q3
3	3	F.アロンソ	フェラーリF138	Pl	71	1:32'55"213	3/1'27"539/Q3
4	5	J.バトン	マクラーレンMP4-28A・メルセデス	Pl	71	1:33'13"660	15/1'28"308/Q2
5	9	N.ロズベルグ	メルセデスF1 W04	Pl	71	1:33'15"348	2/1'27"102/Q3
6	6	S.ペレス	マクラーレンMP4-28A・メルセデス	Pl	71	1:33'20"351	14/1'28"269/Q2
7	4	F.マッサ	フェラーリF138	Pl	71	1:33'25"410	9/1'28"109/Q3
8	11	N.ヒュルケンベルグ	ザウバーC32・フェラーリ	Pl	71	1:33'40"552	10/1'29"582/Q3
9	10	L.ハミルトン	メルセデスF1 W04	Pl	71	1:33'49"203	5/1'27"677/Q3
10	19	D.リカルド	トロロッソSTR8・フェラーリ	Pl	70	1:32'39"709	7/1'28"052/Q3
11	14	P.ディ・レスタ	フォース・インディアVJM06・メルセデス	Pl	70	1:32'41"354	12/1'27"798/Q2
12	12	E.グティエレス	ザウバーC32・フェラーリ	Pl	70	1:32'41"884	18/1'27"445/Q1
13	15	A.スーティル	フォース・インディアVJM06・メルセデス	Pl	70	1:32'42"243	16/1'28"586/Q2
14	7	H.コバライネン	ロータスE21・ルノー	Pl	70	1:32'52"825	11/1'27"456/Q2
15	18	J-E.ベルニュ	トロロッソSTR8・フェラーリ	Pl	70	1:33'07"908	8/1'28"081/Q3
16	16	P.マルドナド	ウイリアムズFW35・ルノー	Pl	70	1:33'22"743	17/1'27"367/Q1
17	22	J.ビアンキ	マルシャMR02・コスワース	Pl	69	1:32'56"221	21/1'28"366/Q1
18	21	G.バン・デル・ガルデ	ケータハムCT03・ルノー	Pl	69	1:33'06"035	20/1'28"320/Q1
19	23	M.チルトン	マルシャMR02・コスワース	Pl	69	1:33'51"624	22/1'28"950/Q1
	20	C.ピック	ケータハムCT03・ルノー	Pl	58	サスペンション	19/1'27"843/Q1
	17	V.ボッタス	ウイリアムズFW35・ルノー	Pl	45	アクシデント	13/1'27"954/Q2
	8	R.グロージャン	ロータスE21・ルノー	Pl	2	エンジン	6/1'27"737/Q3
ns	19f	D.クビアト	トロロッソSTR8・フェラーリ	--	金曜P1のみ	-/ (1'26"064)
ns	14f	J.カラド	フォース・インディアVJM06・メルセデス	Pl	金曜P1のみ	-/ (1'27"436)
ns	23f	M.ゴンザレス	マルシャMR02・コスワース	Pl	金曜P1のみ	-/ (1'32"646)

優勝スピード：198.202km/h
最速ラップ：M.ウェーバー（レッドブル・ルノー）1'15"436　205.636km/h　51周目
ラップリーダー：1-71=ベッテル
グリッド・ペナルティ：ペレスはギヤボックス交換により5位分降格

2014

ROUND 1
オーストラリアGP
3／16

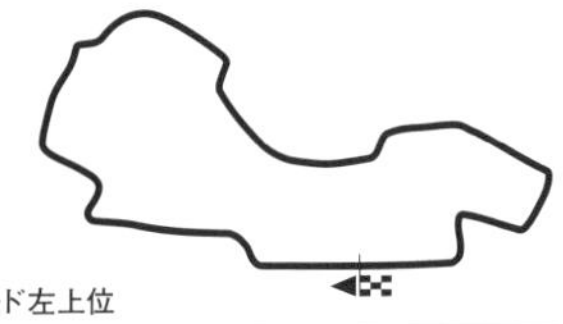

メルボルン；オーストラリア
Albert Park, Melbourne
天候：曇り　路面状況：ドライ　グリッド：2列スタッガード左上位

●5.363km×57周=302.271km　予選出走22台　決勝出走22台　完走13台

順位	No.	ドライバー	マシン	タイヤ	周回数	タイム	予選順位／タイム
1	6	N.ロズベルグ	メルセデスF1W05	PI	57	1:32'58"710	3/1'44"595/Q3
dq	3	D.リカルド	レッドブルRB10・ルノー	PI	57	1:33'23"235	2/1'44"548/Q3
2	20	K.マグヌッセン	マクラーレンMP4-29・メルセデス	PI	57	1:33'25"487	4/1'45"745/Q3
3	22	J.バトン	マクラーレンMP4-29・メルセデス	PI	57	1:33'28"737	11/1'44"437/Q2
4	14	F.アロンソ	フェラーリF14T	PI	57	1:33'33"994	5/1'45"819/Q3
5	77	V.ボッタス	ウイリアムズFW36・メルセデス	PI	57	1:33'46"349	10/1'48"147/Q3
6	27	N.ヒュルケンベルグ	フォース・インディアVJM07・メルセデス	PI	57	1:33'49"428	7/1'46"030/Q3
7	7	K.ライコネン	フェラーリF14T	PI	57	1:33'56"385	12/1'44"494/Q2
8	25	J-E.ベルニュ	トロロッソSTR9・ルノー	PI	57	1:33'59"151	6/1'45"864/Q3
9	26	D.クビアト	トロロッソSTR9・ルノー	PI	57	1:34'02"295	8/1'47"368/Q3
10	11	S.ペレス	フォース・インディアVJM07・メルセデス	PI	57	1:34'24"626	16/1'47"293/Q2
11	99	A.スーティル	ザウバーC33・フェラーリ	PI	56	1:33'06"852	14/1'45"655/Q2
12	21	E.グティエレス	ザウバーC33・フェラーリ	PI	56	1:33'12"956	19/1'35"117/Q1
13	4	M.チルトン	マルシャMR03・フェラーリ	PI	55	1:33'21"069	17/1'34"293/Q1
nc	17	J.ビアンキ	マルシャMR03・フェラーリ	PI	49	1:34'32"241	18/1'34"794/Q1
	8	R.グロージャン	ロータスE22・ルノー	PI	43	MGU-K	21/1'36"993/Q1
	13	P.マルドナド	ロータスE22・ルノー	PI	29	MGU-K	22/no time/Q1
	9	M.エリクソン	ケータハムCT05・ルノー	PI	27	油圧低下	20/1'35"157/Q1
	1	S.ベッテル	レッドブルRB10・ルノー	PI	3	エンジン	13/1'44"668/Q2
	44	L.ハミルトン	メルセデスF1W05	PI	2	エンジン	1/1'44"231/Q3
	19	F.マッサ	ウイリアムズFW36・メルセデス	PI	0	アクシデント	9/1'48"079/Q3
	10	小林可夢偉	ケータハムCT05・ルノー	PI	0	ブレーキ/アクシデント	15/1'45"867/Q2

優勝スピード：195.058km/h
最速ラップ：N.ロズベルグ（メルセデス）1'32"478　206.436km/h　19周目
ラップリーダー：1-57=ロズベルグ
当初の予定では58周だったが、スタートやり直しにより1周減る
ペナルティ：リカルドは再車検により燃料フロー規定違反が判明し失格
グリッド・ペナルティ：ボッタスとグティエレスはギヤボックス交換により5位分降格、グロージャンはパルクフェルメでモディファイしたためピットレーン・スタート

ROUND 2
マレーシアGP
3／30

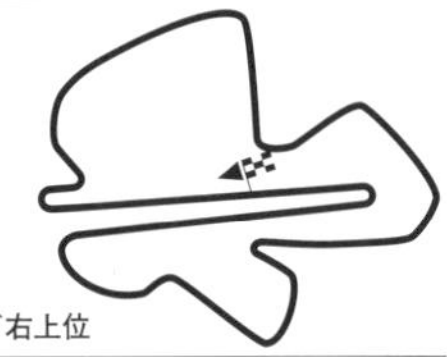

セパン；マレーシア
Sepang International Circuit, Kuala Lumpur
天候：晴れ→曇り　路面状況：ドライ　グリッド：2列スタッガード右上位

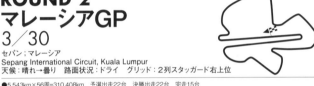

●5.543km×56周=310.408km　予選出走22台　決勝出走22台　完走15台

順位	No.	ドライバー	マシン	タイヤ	周回数	タイム	予選順位／タイム
1	44	L.ハミルトン	メルセデスF1W05	PI	56	1:40'25"974	1/1'59"431/Q3
2	6	N.ロズベルグ	メルセデスF1W05	PI	56	1:40'43"287	3/2'00"050/Q3
3	1	S.ベッテル	レッドブルRB10・ルノー	PI	56	1:40'50"508	2/1'59"486/Q3
4	14	F.アロンソ	フェラーリF14T	PI	56	1:41'01"966	4/2'00"175/Q3
5	27	N.ヒュルケンベルグ	フォース・インディアVJM07・メルセデス	PI	56	1:41'13"173	7/2'01"712/Q3
6	22	J.バトン	マクラーレンMP4-29・メルセデス	PI	56	1:41'49"665	10/2'04"053/Q3
7	19	F.マッサ	ウイリアムズFW36・メルセデス	PI	56	1:41'51"050	13/2'02"460/Q2
8	77	V.ボッタス	ウイリアムズFW36・メルセデス	PI	56	1:41'51"511	15/2'02"756/Q2
9	20	K.マグヌッセン	マクラーレンMP4-29・メルセデス	PI	55	1:40'28"365	8/2'02"213/Q3
10	26	D.クビアト	トロロッソSTR9・ルノー	PI	55	1:40'55"334	11/2'02"351/Q2
11	8	R.グロージャン	ロータスE22・ルノー	PI	55	1:40'57"536	16/2'02"885/Q2
12	7	K.ライコネン	フェラーリF14T	PI	55	1:40'57"674	6/2'01"218/Q3
13	10	小林可夢偉	ケータハムCT05・ルノー	PI	55	1:41'37"748	20/2'03"595/Q1
14	9	M.エリクソン	ケータハムCT05・ルノー	PI	54	1:40'37"511	22/2'04"407/Q1
15	4	M.チルトン	マルシャMR03・フェラーリ	PI	54	1:40'37"641	21/2'04"388/Q1
	3	D.リカルド	レッドブルRB10・ルノー	PI	49	ウイング	5/2'00"541/Q3
	21	E.グティエレス	ザウバーC33・フェラーリ	PI	35	ギヤボックス	12/2'02"369/Q2
	99	A.スーティル	ザウバーC33・フェラーリ	PI	32	電気系統	18/2'02"131/Q1
	25	J-E.ベルニュ	トロロッソSTR9・ルノー	PI	18	パワーユニット	9/2'03"078/Q3
	17	J.ビアンキ	マルシャMR03・フェラーリ	PI	8	アクシデント	19/2'02"702/Q1
	13	P.マルドナド	ロータスE22・ルノー	PI	7	ターボ	17/2'02"074/Q1
	11	S.ペレス	フォース・インディアVJM07・メルセデス	PI	--	ギヤボックス	14/2'02"511/Q2

優勝スピード：185.441km/h
最速ラップ：L.ハミルトン（メルセデス）1'43"066　193.611km/h　53周目
ラップリーダー：1-56=ハミルトン
グリッド・ペナルティ：ボッタスは他車を妨げたため3位分降格

ROUND 3
バーレーンGP
4／6

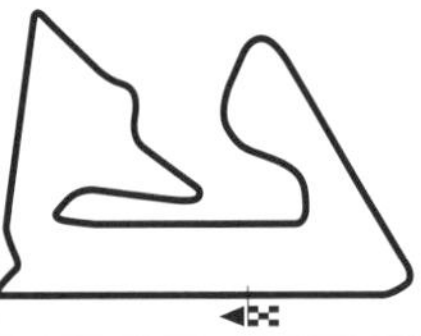

サクヒール；バーレーン
Bahrain International Circuit, Sakhir
天候：夜間　路面状況：ドライ　グリッド：2列スタッガード左上位

●5.412km×57周(-0.246km)=308.238km　予選出走22(+3)台　決勝出走22台　完走17台

順位	No.	ドライバー	マシン	タイヤ	周回数	タイム	予選順位／タイム
1	44	L.ハミルトン	メルセデスF1W05	PI	57	1:39'42"743	2/1'33"464/Q3
2	6	N.ロズベルグ	メルセデスF1W05	PI	57	1:39'43"828	1/1'33"185/Q3
3	11	S.ペレス	フォース・インディアVJM07・メルセデス	PI	57	1:40'06"810	5/1'34"346/Q3
4	3	D.リカルド	レッドブルRB10・ルノー	PI	57	1:40'07"232	3/1'34"051/Q3
5	27	N.ヒュルケンベルグ	フォース・インディアVJM07・メルセデス	PI	57	1:40'11"397	12/1'35"116/Q2
6	1	S.ベッテル	レッドブルRB10・ルノー	PI	57	1:40'12"622	11/1'34"985/Q2
7	19	F.マッサ	ウイリアムズFW36・メルセデス	PI	57	1:40'14"008	8/1'34"511/Q3
8	77	V.ボッタス	ウイリアムズFW36・メルセデス	PI	57	1:40'14"619	4/1'34"247/Q3
9	14	F.アロンソ	フェラーリF14T	PI	57	1:40'15"338	10/1'34"992/Q3
10	7	K.ライコネン	フェラーリF14T	PI	57	1:40'16"205	6/1'34"368/Q3
11	26	D.クビアト	トロロッソSTR9・ルノー	PI	57	1:40'24"085	13/1'35"145/Q2
12	8	R.グロージャン	ロータスE22・ルノー	PI	57	1:40'25"886	16/1'35"908/Q2
13	4	M.チルトン	マルシャMR03・フェラーリ	PI	57	1:40'42"652	22/1'37"913/Q1
14	13	P.マルドナド	ロータスE22・ルノー	PI	57	1:40'45"546	17/1'36"663/Q1
15	10	小林可夢偉	ケータハムCT05・ルノー	PI	57	1:41'10"643	19/1'37"085/Q1
16	17	J.ビアンキ	マルシャMR03・フェラーリ	PI	56	1:40'59"565	20/1'37"310/Q1
17	22	J.バトン	マクラーレンMP4-29・メルセデス	PI	55	クラッチ	7/1'34"387/Q3
	20	K.マグヌッセン	マクラーレンMP4-29・メルセデス	PI	40	クラッチ	9/1'34"712/Q3
	21	E.グティエレス	ザウバーC33・フェラーリ	PI	39	アクシデント	15/1'35"891/Q2
	9	M.エリクソン	ケータハムCT05・ルノー	PI	33	オイルもれ	21/1'37"875/Q1
	25	J-E.ベルニュ	トロロッソSTR9・ルノー	PI	18	アクシデント	14/1'35"286/Q2
	99	A.スーティル	ザウバーC33・フェラーリ	PI	17	アクシデント	18/1'36"840/Q1
ns	40	F.ナッセ	ウイリアムズFW36・メルセデス	PI	--	金曜P1のみ	--/（1'40"078）
ns	36	G.バン・デル・ガルデ	ザウバーC33・フェラーリ	PI	--	金曜P1のみ	--/（1'40"913）
ns	46	R.フライシス	ケータハムCT05・ルノー	PI	--	金曜P1のみ	--/（1'42"417）

優勝スピード：185.476km/h
最速ラップ：N.ロズベルグ（メルセデス）1'37"020　200.816km/h　49周目
ラップリーダー：1-18=ハミルトン、19-21=ロズベルグ、22-57=ハミルトン
グリッド・ペナルティ：リカルドは前戦でのピットからの危険リリースにより10位分降格、スーティルは他車をコース外に押しやったために5位分降格

ROUND 4
中国GP
4／20

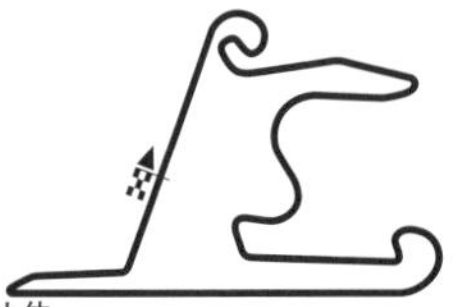

上海；中国
Shanghai International Circuit, Shanghai
天候：曇り　路面状況：ドライ　グリッド：2列スタッガード左上位

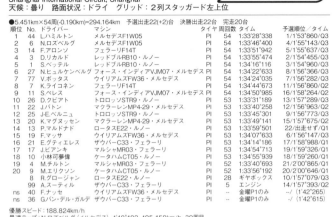

●5.451km×54周(-0.190km)=294.164km　予選出走22(+2)台　決勝出走22台　完走20台

順位	No.	ドライバー	マシン	タイヤ	周回数	タイム	予選順位／タイム
1	44	L.ハミルトン	メルセデスF1W05	PI	54	1:33'28"338	1/1'53"860/Q3
2	6	N.ロズベルグ	メルセデスF1W05	PI	54	1:33'46"400	4/1'55"143/Q3
3	14	F.アロンソ	フェラーリF14T	PI	54	1:33'51"942	5/1'55"637/Q3
4	3	D.リカルド	レッドブルRB10・ルノー	PI	54	1:33'55"474	2/1'54"455/Q3
5	1	S.ベッテル	レッドブルRB10・ルノー	PI	54	1:34'16"116	3/1'54"960/Q3
6	27	N.ヒュルケンベルグ	フォース・インディアVJM07・メルセデス	PI	54	1:34'22"633	8/1'56"366/Q3
7	77	V.ボッタス	ウイリアムズFW36・メルセデス	PI	54	1:34'24"035	7/1'56"282/Q3
8	7	K.ライコネン	フェラーリF14T	PI	54	1:34'44"673	11/1'56"860/Q2
9	11	S.ペレス	フォース・インディアVJM07・メルセデス	PI	54	1:34'50"985	16/1'58"264/Q2
10	26	D.クビアト	トロロッソSTR9・ルノー	PI	53	1:33'31"189	13/1'57"289/Q3
11	22	J.バトン	マクラーレンMP4-29・メルセデス	PI	53	1:33'40"258	12/1'56"963/Q2
12	25	J-E.ベルニュ	トロロッソSTR9・ルノー	PI	53	1:33'45"301	9/1'56"773/Q3
13	20	K.マグヌッセン	マクラーレンMP4-29・メルセデス	PI	53	1:33'49"141	15/1'57"675/Q2
14	13	P.マルドナド	ロータスE22・ルノー	PI	53	1:33'59"501	22/出走せず/Q1
15	19	F.マッサ	ウイリアムズFW36・メルセデス	PI	53	1:34'07"633	6/1'56"147/Q3
16	21	E.グティエレス	ザウバーC33・フェラーリ	PI	53	1:34'14"186	17/1'58"988/Q1
17	17	J.ビアンキ	マルシャMR03・フェラーリ	PI	53	1:34'54"713	19/1'59"326/Q1
18	10	小林可夢偉	ケータハムCT05・ルノー	PI	53	1:34'55"939	18/1'59"260/Q1
19	4	M.チルトン	マルシャMR03・フェラーリ	PI	52	1:33'40"693	21/2'00"865/Q1
20	9	M.エリクソン	ケータハムCT05・ルノー	PI	52	1:33'56"192	20/2'00"646/Q1
	8	R.グロージャン	ロータスE22・ルノー	PI	28	ギヤボックス	10/1'57"079/Q3
	99	A.スーティル	ザウバーC33・フェラーリ	PI	5	エンジン	14/1'57"393/Q2
ns	40	F.ナッセ	ウイリアムズFW36・メルセデス	PI	--	金曜P1のみ	--/（1'42"265）
ns	36	G.バン・デル・ガルデ	ザウバーC33・フェラーリ	PI	--	金曜P1のみ	-/（1'42"615）

優勝スピード：188.824km/h
最速ラップ：N.ロズベルグ（メルセデス）1'40"402　195.450km/h　39周目
ラップリーダー：1-54=ハミルトン
当初の予定では56周だったが、リーダーが55周終了時に誤ってチェッカード・フラッグが振られたため、規定により54周終了時点の順位により結果決定　グリッド・ペナルティ：マルドナドは前戦での衝突により5位分降格

ROUND 5
スペインGP
5／11

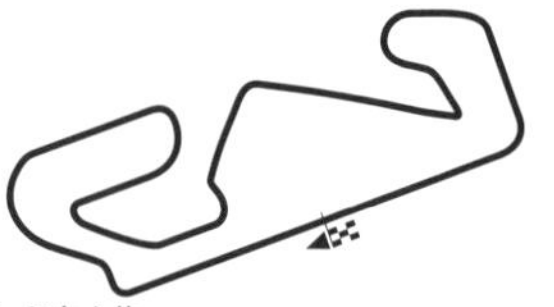

カタルーニャ；スペイン
Circuit de Catalunya, Barcelona
天候：晴れ　路面状況：ドライ　グリッド：2列スタッガード左上位

●4.655km×66周(-0.126km)=307.104km　予選出走22(+2)台　決勝出走22台　完走20台

順位	No.	ドライバー	マシン	タイヤ	周回数	タイム	予選順位／タイム
1	44	L.ハミルトン	メルセデスF1W05	PI	66	1:41'05"155	1/1'25"232/Q3
2	6	N.ロズベルグ	メルセデスF1W05	PI	66	1:41'05"791	2/1'25"400/Q3
3	3	D.リカルド	レッドブルRB10・ルノー	PI	66	1:41'54"169	3/1'26"285/Q3
4	1	S.ベッテル	レッドブルRB10・ルノー	PI	66	1:42'21"857	10/DNF/Q3
5	77	V.ボッタス	ウイリアムズFW36・メルセデス	PI	66	1:42'24"448	4/1'26"632/Q3
6	14	F.アロンソ	フェラーリF14T	PI	66	1:42'32"898	7/1'27"140/Q3
7	7	K.ライコネン	フェラーリF14T	PI	65	1:41'08"447	6/1'27"104/Q3
8	8	R.グロージャン	ロータスE22・ルノー	PI	65	1:41'21"479	5/1'26"960/Q3
9	11	S.ペレス	フォース・インディアVJM07・メルセデス	PI	65	1:41'22"577	12/1'28"002/Q2
10	27	N.ヒュルケンベルグ	フォース・インディアVJM07・メルセデス	PI	65	1:41'32"981	11/1'27"685/Q2
11	22	J.バトン	マクラーレンMP4-29・メルセデス	PI	65	1:41'37"467	8/1'27"335/Q3
12	20	K.マグヌッセン	マクラーレンMP4-29・メルセデス	PI	65	1:41'38"124	15/DNF/Q2
13	19	F.マッサ	ウイリアムズFW36・メルセデス	PI	65	1:41'38"705	9/1'27"402/Q3
14	26	D.クビアト	トロロッソSTR9・ルノー	PI	65	1:41'46"961	13/1'28"039/Q2
15	13	P.マルドナド	ロータスE22・ルノー	PI	65	1:41'50"021+5"	22/DNF/Q1
16	21	E.グティエレス	ザウバーC33・フェラーリ	PI	65	1:42'15"363	14/1'28"280/Q2
17	99	A.スーティル	ザウバーC33・フェラーリ	PI	65	1:42'18"487	17/1'28"563/Q1
18	17	J.ビアンキ	マルシャMR03・フェラーリ	PI	64	1:41'29"297	19/1'30"177/Q1
19	4	M.チルトン	マルシャMR03・フェラーリ	PI	64	1:42'09"988	18/1'29"586/Q1
20	9	M.エリクソン	ケータハムCT05・ルノー	PI	64	1:42'30"846	20/1'30"312/Q1
	10	小林可夢偉	ケータハムCT05・ルノー	PI	34	ブレーキ	21/1'30"375/Q1
	25	J-E.ベルニュ	トロロッソSTR9・ルノー	PI	24	エキゾースト	16/1'28"194/Q1
ns	40	F.ナッセ	ウイリアムズFW36・メルセデス	PI	--	金曜P1のみ	--/（1'29"272）
ns	36	G.バン・デル・ガルデ	ザウバーC33・フェラーリ	PI	--	金曜P1のみ	--/（1'30"440）

優勝スピード：182.282km/h
最速ラップ：S.ベッテル（レッドブル・ルノー）1'28"918　188.465km/h　55周目
ラップリーダー：1-17=ハミルトン、18-21=ロズベルグ、22-43=ハミルトン、44-45=ロズベルグ、46-66=ハミルトン
ペナルティ：マルドナドはレース中の他車との衝突原因により5秒加算
グリッド・ペナルティ：ベッテルはギヤボックス交換により5位分降格、ベルニュはピットからの危険リリースにより10位分降格

ROUND 6
モナコGP
5／25

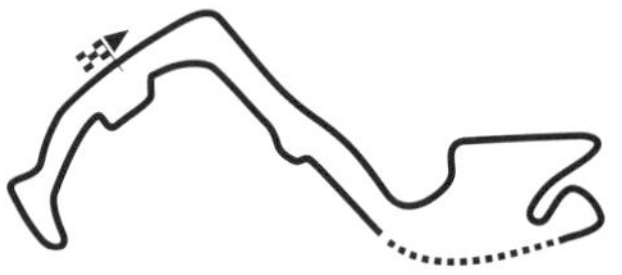

モンテカルロ；モナコ
Circuit de Monaco, Monte Carlo
天候：曇り　路面状況：ドライ　グリッド：2列スタッガード右上位

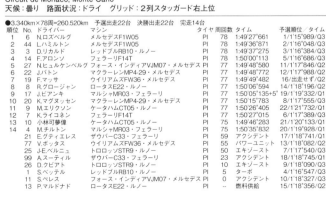

●3.340km×78周=260.520km　予選出走22台　決勝出走22台　完走14台

順位	No.	ドライバー	マシン	タイヤ	周回数	タイム	予選順位／タイム
1	6	N.ロズベルグ	メルセデスF1W05	PI	78	1:49'27"661	1/1'15"989/Q3
2	44	L.ハミルトン	メルセデスF1W05	PI	78	1:49'36"871	2/1'16"048/Q3
3	3	D.リカルド	レッドブルRB10・ルノー	PI	78	1:49'37"275	3/1'16"384/Q3
4	14	F.アロンソ	フェラーリF14T	PI	78	1:50'00"113	5/1'16"686/Q3
5	27	N.ヒュルケンベルグ	フォース・インディアVJM07・メルセデス	PI	77	1:49'48"580	11/1'17"846/Q2
6	22	J.バトン	マクラーレンMP4-29・メルセデス	PI	77	1:49'48"772	12/1'17"988/Q2
7	19	F.マッサ	ウイリアムズFW36・メルセデス	PI	77	1:49'49"482	16/出走せず/Q2
8	8	R.グロージャン	ロータスE22・ルノー	PI	77	1:50'06"594	14/1'18"196/Q2
9	17	J.ビアンキ	マルシャMR03・フェラーリ	PI	77	1:50'05"135+5"	19/1'19"332/Q1
10	20	K.マグヌッセン	マクラーレンMP4-29・メルセデス	PI	77	1:50'15"783	8/1'17"555/Q3
11	9	M.エリクソン	ケータハムCT05・ルノー	PI	77	1:50'26"405	22/1'21"732/Q1
12	7	K.ライコネン	フェラーリF14T	PI	77	1:50'27"015	6/1'17"389/Q3
13	10	小林可夢偉	ケータハムCT05・ルノー	PI	75	1:49'46"283	21/1'20"133/Q1
14	4	M.チルトン	マルシャMR03・フェラーリ	PI	75	1:50'35"832	20/1'19"928/Q1
	21	E.グティエレス	ザウバーC33・フェラーリ	PI	59	アクシデント	17/1'18"741/Q1
	77	V.ボッタス	ウイリアムズFW36・メルセデス	PI	55	パワーユニット	13/1'18"082/Q2
	25	J-E.ベルニュ	トロロッソSTR9・ルノー	PI	50	エキゾースト	7/1'17"540/Q3
	99	A.スーティル	ザウバーC33・フェラーリ	PI	23	アクシデント	18/1'18"745/Q1
	26	D.クビアト	トロロッソSTR9・ルノー	PI	10	エキゾースト	9/1'18"090/Q3
	1	S.ベッテル	レッドブルRB10・ルノー	PI	5	ターボ	4/1'16"547/Q3
	11	S.ペレス	フォース・インディアVJM07・メルセデス	PI	0	アクシデント	10/1'18"327/Q3
	13	P.マルドナド	ロータスE22・ルノー	PI	--	燃料供給	15/1'18"356/Q2

優勝スピード：142.801km/h
最速ラップ：K.ライコネン（フェラーリ）1'18"479　153.212km/h　75周目
ラップリーダー：1-78=ロズベルグ
ペナルティ：ビアンキは5秒ペナルティをセーフティカー・ラップ中に消化したためレースタイムに5秒加算
グリッド・ペナルティ：ビアンキはギヤボックス交換により5位分降格、エリクソンは衝突原因によりピットレーン・スタート

ROUND 7
カナダGP
6／8

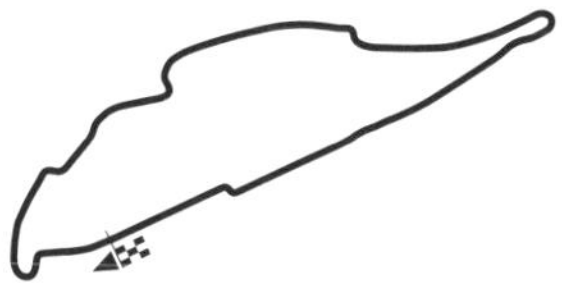

モントリオール；カナダ
Circuit Gilles Villeneuve, Montreal
天候：晴れ　路面状況：ドライ　グリッド：2列スタッガード左上位

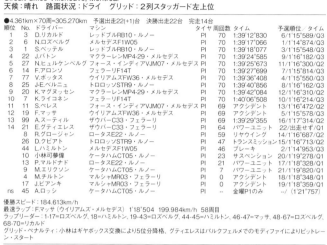

●4.361km×70周=305.270km　予選出走22(+1)台　決勝出走22台　完走14台

順位	No.	ドライバー	マシン	タイヤ	周回数	タイム	予選順位／タイム
1	3	D.リカルド	レッドブルRB10・ルノー	PI	70	1:39'12"830	6/1'15"589/Q3
2	6	N.ロズベルグ	メルセデスF1W05	PI	70	1:39'17"066	1/1'14"874/Q3
3	1	S.ベッテル	レッドブルRB10・ルノー	PI	70	1:39'18"077	3/1'15"548/Q3
4	22	J.バトン	マクラーレンMP4-29・メルセデス	PI	70	1:39'24"585	9/1'16"182/Q3
5	27	N.ヒュルケンベルグ	フォース・インディアVJM07・メルセデス	PI	70	1:39'25"673	11/1'16"300/Q2
6	14	F.アロンソ	フェラーリF14T	PI	70	1:39'27"699	7/1'15"814/Q3
7	77	V.ボッタス	ウイリアムズFW36・メルセデス	PI	70	1:39'36"408	4/1'15"550/Q3
8	25	J-E.ベルニュ	トロロッソSTR9・ルノー	PI	70	1:39'40"856	8/1'16"162/Q3
9	20	K.マグヌッセン	マクラーレンMP4-29・メルセデス	PI	70	1:39'42"084	12/1'16"310/Q2
10	7	K.ライコネン	フェラーリF14T	PI	70	1:40'06"508	10/1'16"214/Q3
11	11	S.ペレス	フォース・インディアVJM07・メルセデス	PI	69	アクシデント	13/1'16"472/Q2
12	19	F.マッサ	ウイリアムズFW36・メルセデス	PI	69	アクシデント	5/1'15"578/Q3
13	99	A.スーティル	ザウバーC33・フェラーリ	PI	69	1:39'29"355	16/1'17"314/Q2
14	21	E.グティエレス	ザウバーC33・フェラーリ	PI	64	パワーユニット	22/出走せず/Q1
	8	R.グロージャン	ロータスE22・ルノー	PI	59	リヤウイング	14/1'16"687/Q2
	26	D.クビアト	トロロッソSTR9・ルノー	PI	47	トランスミッション	15/1'16"713/Q2
	44	L.ハミルトン	メルセデスF1W05	PI	46	ブレーキ	2/1'14"953/Q3
	10	小林可夢偉	ケータハムCT05・ルノー	PI	23	サスペンション	20/1'19"278/Q1
	13	P.マルドナド	ロータスE22・ルノー	PI	21	パワーユニット	17/1'18"328/Q1
	9	M.エリクソン	ケータハムCT05・ルノー	PI	7	パワーユニット	21/1'19"820/Q1
	4	M.チルトン	マルシャMR03・フェラーリ	PI	0	アクシデント	18/1'18"348/Q1
	17	J.ビアンキ	マルシャMR03・フェラーリ	PI	0	アクシデント	19/1'18"359/Q1
ns	45	A.ロッシ	ケータハムCT05・ルノー	PI	--	金曜P1のみ	--/（1'21"757）

優勝スピード：184.613km/h
最速ラップ：F.マッサ（ウイリアムズ・メルセデス） 1'18"504 199.984km/h 58周目
ラップリーダー：1-17=ロズベルグ、18=ハミルトン、19-43=ロズベルグ、44-45=ハミルトン、46-47=マッサ、48-67=ロズベルグ、68-70=リカルド
グリッド・ペナルティ：小林はギヤボックス交換により5位分降格、グティエレスはパルクフェルメでのモディファイによりピットレーン・スタート

ROUND 8
オーストリアGP
6／22

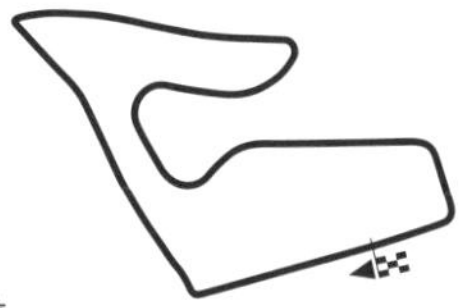

シュピールベルグ；オーストリア
Red Bull Ring, Spielberg
天候：晴れ　路面状況：ドライ　グリッド：2列スタッガード左上位

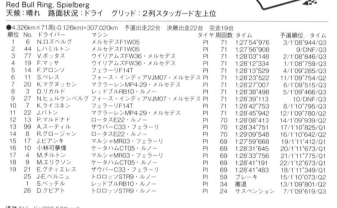

●4.326km×71周(-0.126km)=307.020km　予選出走22台　決勝出走22台　完走19台

順位	No.	ドライバー	マシン	タイヤ	周回数	タイム	予選順位／タイム
1	6	N.ロズベルグ	メルセデスF1W05	PI	71	1:27'54"976	3/1'08"944/Q3
2	44	L.ハミルトン	メルセデスF1W05	PI	71	1:27'56"908	9/DNF/Q3
3	77	V.ボッタス	ウイリアムズFW36・メルセデス	PI	71	1:28'03"148	2/1'08"846/Q3
4	19	F.マッサ	ウイリアムズFW36・メルセデス	PI	71	1:28'12"334	1/1'08"759/Q3
5	14	F.アロンソ	フェラーリF14T	PI	71	1:28'13"529	4/1'09"285/Q3
6	11	S.ペレス	フォース・インディアVJM07・メルセデス	PI	71	1:28'23"522	11/1'09"754/Q2
7	20	K.マグヌッセン	マクラーレンMP4-29・メルセデス	PI	71	1:28'27"007	6/1'09"515/Q3
8	3	D.リカルド	レッドブルRB10・ルノー	PI	71	1:28'38"498	5/1'09"466/Q3
9	27	N.ヒュルケンベルグ	フォース・インディアVJM07・メルセデス	PI	71	1:28'39"113	10/DNF/Q3
10	7	K.ライコネン	フェラーリF14T	PI	71	1:28'42"753	8/1'10"795/Q3
11	22	J.バトン	マクラーレンMP4-29・メルセデス	PI	71	1:28'45"942	12/1'09"780/Q2
12	13	P.マルドナド	ロータスE22・ルノー	PI	70	1:28'08"413	14/1'09"939/Q2
13	99	A.スーティル	ザウバーC33・フェラーリ	PI	70	1:28'34"751	17/1'10"825/Q1
14	8	R.グロージャン	ロータスE22・ルノー	PI	70	1:29'09"548	16/1'10"642/Q2
15	17	J.ビアンキ	マルシャMR03・フェラーリ	PI	69	1:27'59"668	19/1'11"412/Q1
16	10	小林可夢偉	ケータハムCT05・ルノー	PI	69	1:28'31"645	20/1'11"673/Q1
17	4	M.チルトン	マルシャMR03・フェラーリ	PI	69	1:28'33"756	21/1'11"775/Q1
18	9	M.エリクソン	ケータハムCT05・ルノー	PI	69	1:28'41"191	22/1'12"673/Q1
19	21	E.グティエレス	ザウバーC33・フェラーリ	PI	69	1:28'41"483	18/1'11"349/Q1
	25	J-E.ベルニュ	トロロッソSTR9・ルノー	PI	59	ブレーキ	15/1'10"073/Q2
	1	S.ベッテル	レッドブルRB10・ルノー	PI	34	撤退	13/1'09"801/Q2
	26	D.クビアト	トロロッソSTR9・ルノー	PI	24	サスペンション	7/1'09"619/Q3

優勝スピード：209.531km/h
最速ラップ：S.ペレス（フォース・インディア・メルセデス） 1'12"142 215.874km/h 59周目
ラップリーダー：1-13=マッサ、14-15=ボッタス、16-26=ペレス、27-40=ロズベルグ、41=ボッタス、42=マッサ、43-47=アロンソ、48-71=ロズベルグ
グリッド・ペナルティ：チルトンは前戦での衝突原因により3位分降格、ペレスは前戦での衝突原因により5位分降格、グロージャンはギヤボックス交換によりピットレーン・スタート

ROUND 9
イギリスGP
7／6

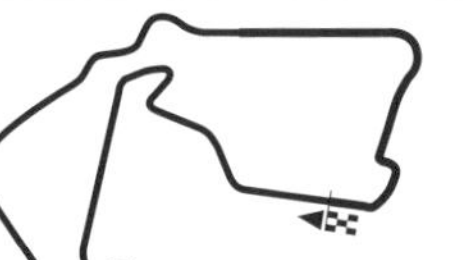

シルバーストン；イギリス
Silverstone Grand Prix Circuit
天候：晴れ　路面状況：ドライ　グリッド：2列スタッガード左上位

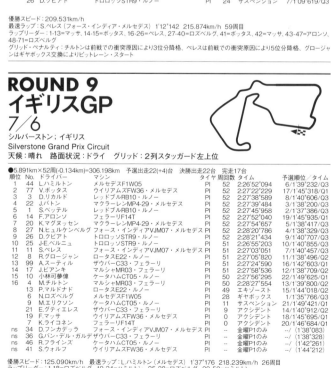

●5.891km×52周(-0.134km)=306.198km　予選出走22(+4)台　決勝出走22台　完走17台

順位	No.	ドライバー	マシン	タイヤ	周回数	タイム	予選順位／タイム
1	44	L.ハミルトン	メルセデスF1W05	PI	52	2:26'52"094	6/1'39"232/Q3
2	77	V.ボッタス	ウイリアムズFW36・メルセデス	PI	52	2:27'22"229	17/1'45"318/Q1
3	3	D.リカルド	レッドブルRB10・ルノー	PI	52	2:27'38"589	8/1'40"606/Q3
4	22	J.バトン	マクラーレンMP4-29・メルセデス	PI	52	2:27'39"484	3/1'38"200/Q3
5	1	S.ベッテル	レッドブルRB10・ルノー	PI	52	2:27'45"958	2/1'37"386/Q3
6	14	F.アロンソ	フェラーリF14T	PI	52	2:27'52"040	19/1'45"935/Q1
7	20	K.マグヌッセン	マクラーレンMP4-29・メルセデス	PI	52	2:27'54"657	5/1'38"417/Q3
8	27	N.ヒュルケンベルグ	フォース・インディアVJM07・メルセデス	PI	52	2:28'20"786	4/1'38"329/Q3
9	26	D.クビアト	トロロッソSTR9・ルノー	PI	52	2:28'21"434	9/1'40"707/Q3
10	25	J-E.ベルニュ	トロロッソSTR9・ルノー	PI	51	2:26'55"203	10/1'40"855/Q3
11	11	S.ペレス	フォース・インディアVJM07・メルセデス	PI	51	2:27'03"051	7/1'40"457/Q3
12	8	R.グロージャン	ロータスE22・ルノー	PI	51	2:27'05"820	11/1'38"496/Q2
13	99	A.スーティル	ザウバーC33・フェラーリ	PI	51	2:27'24"590	16/1'42"603/Q1
14	17	J.ビアンキ	マルシャMR03・フェラーリ	PI	51	2:27'58"536	12/1'38"709/Q2
15	10	小林可夢偉	ケータハムCT05・ルノー	PI	50	2:27'56"295	22/1'49"625/Q1
16	4	M.チルトン	マルシャMR03・フェラーリ	PI	50	2:28'27"554	13/1'39"800/Q2
	13	P.マルドナド	ロータスE22・ルノー	PI	49	エキゾースト	15/1'44"018/Q2
	6	N.ロズベルグ	メルセデスF1W05	PI	28	ギヤボックス	1/1'35"766/Q3
	9	M.エリクソン	ケータハムCT05・ルノー	PI	11	サスペンション	21/1'49"421/Q1
	21	E.グティエレス	ザウバーC33・フェラーリ	PI	9	アクシデント	14/1'40"912/Q2
	19	F.マッサ	ウイリアムズFW36・メルセデス	PI	0	アクシデント	18/1'45"695/Q1
	7	K.ライコネン	フェラーリF14T	PI	0	アクシデント	20/1'46"684/Q1
ns	34	D.フンカデッラ	フォース・インディアVJM07・メルセデス	PI	--	金曜P1のみ	--/（1'38"083）
ns	36	G.バン・デル・ガルデ	ザウバーC33・フェラーリ	PI	--	金曜P1のみ	--/（1'38"328）
ns	46	R.フラインズ	ケータハムCT05・ルノー	PI	--	金曜P1のみ	--/（1'42"261）
ns	41	S.ウォルフ	ウイリアムズFW36・メルセデス	PI	--	金曜P1のみ	--/（1'44"212）

優勝スピード：125.090km/h　最速ラップ：L.ハミルトン（メルセデス） 1'37"176 218.239km/h 26周目
ラップリーダー：1-18=ロズベルグ、19-24=ハミルトン、25-28=ロズベルグ、29-52=ハミルトン
1周目のライコネンの事故により赤旗中断、59分22秒後に再開、レース・タイムには停止時間を含む
グリッド・ペナルティ：チルトンはギヤボックス交換により5位分降格、グティエレスは前戦のピットからの危険リリースとギヤボックス交換により15位分降格、マルドナドは燃料サンプル違反によりタイム無効

ROUND 10
ドイツGP
7／20

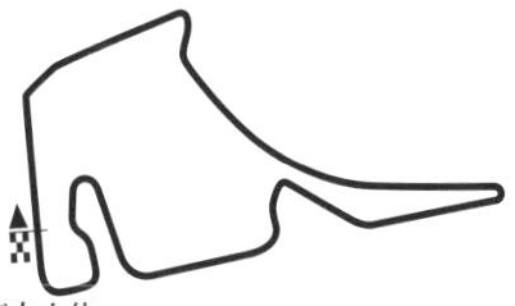

ホッケンハイム；ドイツ
Hockenheim-ring, Hockenheim
天候：曇り　路面状況：ドライ　グリッド：2列スタッガード左上位

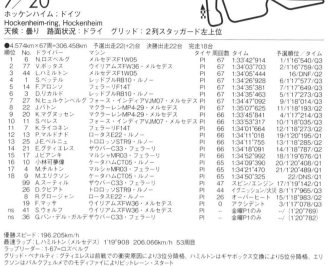

●4.574km×67周=306.458km　予選出走22(+2)台　決勝出走22台　完走18台

順位	No.	ドライバー	マシン	タイヤ	周回数	タイム	予選順位／タイム
1	6	N.ロズベルグ	メルセデスF1W05	PI	67	1:33'42"914	1/1'16"540/Q3
2	77	V.ボッタス	ウイリアムズFW36・メルセデス	PI	67	1:34'03"703	2/1'16"759/Q3
3	44	L.ハミルトン	メルセデスF1W05	PI	67	1:34'05"444	16/DNF/Q2
4	1	S.ベッテル	レッドブルRB10・ルノー	PI	67	1:34'26"928	6/1'17"577/Q3
5	14	F.アロンソ	フェラーリF14T	PI	67	1:34'35"381	7/1'17"649/Q3
6	3	D.リカルド	レッドブルRB10・ルノー	PI	67	1:34'35"463	5/1'17"273/Q3
7	27	N.ヒュルケンベルグ	フォース・インディアVJM07・メルセデス	PI	67	1:34'47"092	9/1'18"014/Q3
8	22	J.バトン	マクラーレンMP4-29・メルセデス	PI	67	1:35'07"625	11/1'18"193/Q2
9	20	K.マグヌッセン	マクラーレンMP4-29・メルセデス	PI	66	1:33'45"841	4/1'17"214/Q3
10	11	S.ペレス	フォース・インディアVJM07・メルセデス	PI	66	1:33'53"317	10/1'18"035/Q3
11	7	K.ライコネン	フェラーリF14T	PI	66	1:34'01"664	12/1'18"273/Q2
12	13	P.マルドナド	ロータスE22・ルノー	PI	66	1:34'11"018	19/1'20"195/Q1
13	25	J-E.ベルニュ	トロロッソSTR9・ルノー	PI	66	1:34'11"755	13/1'18"285/Q2
14	21	E.グティエレス	ザウバーC33・フェラーリ	PI	66	1:34'18"091	14/1'18"787/Q2
15	17	J.ビアンキ	マルシャMR03・フェラーリ	PI	66	1:34'52"992	18/1'19"676/Q1
16	10	小林可夢偉	ケータハムCT05・ルノー	PI	65	1:34'09"390	20/1'20"408/Q1
17	4	M.チルトン	マルシャMR03・フェラーリ	PI	65	1:34'21"470	21/1'20"489/Q1
18	9	M.エリクソン	ケータハムCT05・ルノー	PI	65	1:34'50"325	22/DNS/Q1
	99	A.スーティル	ザウバーC33・フェラーリ	PI	47	スピン/エンジン	17/1'19"142/Q1
	26	D.クビアト	トロロッソSTR9・ルノー	PI	44	イグニッション/火災	8/1'17"965/Q3
	8	R.グロージャン	ロータスE22・ルノー	PI	26	オーバーヒート	15/1'18"983/Q2
	19	F.マッサ	ウイリアムズFW36・メルセデス	PI	0	アクシデント	3/1'17"078/Q3
ns	41	S.ウォルフ	ウイリアムズFW36・メルセデス	PI	--	金曜P1のみ	--/（1'20"769）
ns	36	G.バン・デル・ガルデ	ザウバーC33・フェラーリ	PI	--	金曜P1のみ	--/（1'20"782）

優勝スピード：196.205km/h
最速ラップ：L.ハミルトン（メルセデス） 1'19"908 206.066km/h 53周目
ラップリーダー：1-67=ロズベルグ
グリッド・ペナルティ：グティエレスは前戦での衝突原因により3位分降格、ハミルトンはギヤボックス交換により5位分降格、エリクソンはパルクフェルメでのモディファイによりピットレーン・スタート

ROUND 11
ハンガリーGP
7／27

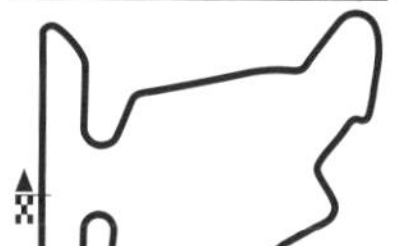

ハンガロリンク；ハンガリー
Hungaroring Mogyorod, Budapest
天候：曇り　路面状況：ウェット→ドライ　グリッド：2列スタッガード左上位

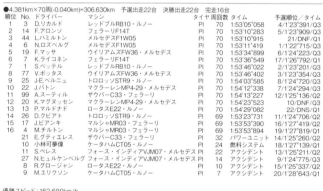

●4.381km×70周(-0.040km)=306.630km　予選出走22台　決勝出走22台　完走16台

順位	No.	ドライバー	マシン	タイヤ	周回数	タイム	予選順位／タイム
1	3	D.リカルド	レッドブルRB10・ルノー	PI	70	1:53'05"058	4/1'23"391/Q3
2	14	F.アロンソ	フェラーリF14T	PI	70	1:53'10"283	5/1'23"909/Q3
3	44	L.ハミルトン	メルセデスF1W05	PI	70	1:53'10"915	21/DNF/Q1
4	6	N.ロズベルグ	メルセデスF1W05	PI	70	1:53'11"419	1/1'22"715/Q3
5	19	F.マッサ	ウイリアムズFW36・メルセデス	PI	70	1:53'34"899	6/1'24"223/Q3
6	7	K.ライコネン	フェラーリF14T	PI	70	1:53'36"549	17/1'26"792/Q1
7	1	S.ベッテル	レッドブルRB10・ルノー	PI	70	1:53'46"022	2/1'23"201/Q3
8	77	V.ボッタス	ウイリアムズFW36・メルセデス	PI	70	1:53'46"402	3/1'23"354/Q3
9	25	J-E.ベルニュ	トロロッソSTR9・ルノー	PI	70	1:54'03"585	8/1'24"720/Q3
10	22	J.バトン	マクラーレンMP4-29・メルセデス	PI	70	1:54'12"338	7/1'24"294/Q3
11	99	A.スーティル	ザウバーC33・フェラーリ	PI	70	1:54'13"227	12/1'25"136/Q2
12	20	K.マグヌッセン	マクラーレンMP4-29・メルセデス	PI	70	1:54'23"523	10/DNF/Q3
13	13	P.マルドナド	ロータスE22・ルノー	PI	70	1:54'29"082	22/DNS/Q1
14	26	D.クビアト	トロロッソSTR9・ルノー	PI	69	1:53'23"731	11/1'24"706/Q2
15	17	J.ビアンキ	マルシャMR03・フェラーリ	PI	69	1:53'53"390	16/1'27"419/Q2
16	4	M.チルトン	マルシャMR03・フェラーリ	PI	69	1:53'53"894	19/1'27"819/Q1
	21	E.グティエレス	ザウバーC33・フェラーリ	PI	32	パワーユニット	14/1'25"260/Q2
	10	小林可夢偉	ケータハムCT05・ルノー	PI	24	燃料システム	18/1'27"139/Q1
	11	S.ペレス	フォース・インディアVJM07・メルセデス	PI	22	アクシデント	13/1'25"211/Q2
	27	N.ヒュルケンベルグ	フォース・インディアVJM07・メルセデス	PI	14	アクシデント	9/1'24"775/Q3
	8	R.グロージャン	ロータスE22・ルノー	PI	10	アクシデント	15/1'25"337/Q2
	9	M.エリクソン	ケータハムCT05・ルノー	PI	7	アクシデント	20/1'28"643/Q1

優勝スピード：162.690km/h
最速ラップ：N.ロズベルグ（メルセデス） 1'25"724 183.981km/h 64周目
ラップリーダー：1-9=ロズベルグ、10-13=リカルド、14=バトン、15-23=リカルド、24-37=アロンソ、38=ハミルトン、39-54=リカルド、55-67=アロンソ、68-70=リカルド
グリッド・ペナルティ：マルドナドはギヤボックス交換により5位分降格、ハミルトンとマグヌッセンはパルクフェルメでのモディファイによりピットレーン・スタート

ROUND 12
ベルギーGP
8／24

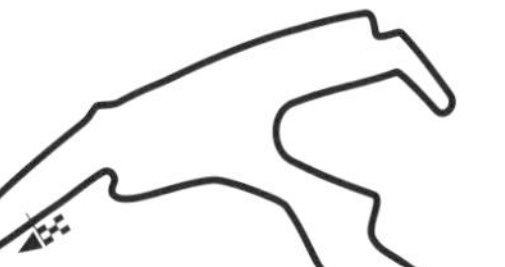

スパ・フランコルシャン；ベルギー
Circuit de Spa-Francorchamps
天候：晴れ　路面状況：ドライ　グリッド：2列スタッガード右上位

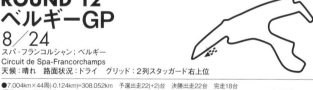

●7.004km×44周(-0.124km)=308.052km　予選出走22(+2)台　決勝出走22台　完走18台

順位	No.	ドライバー	マシン	タイヤ	周回数	タイム	予選順位／タイム
1	3	D.リカルド	レッドブルRB10・ルノー	PI	44	1:24'36"556	5/2'07"911/Q3
2	6	N.ロズベルグ	メルセデスF1W05	PI	44	1:24'39"939	1/2'05"591/Q3
3	77	V.ボッタス	ウイリアムズFW36・メルセデス	PI	44	1:25'04"588	6/2'08"049/Q3
4	7	K.ライコネン	フェラーリF14T	PI	44	1:25'13"371	8/2'08"780/Q3
5	1	S.ベッテル	レッドブルRB10・ルノー	PI	44	1:25'28"752	3/2'07"717/Q3
6	22	J.バトン	マクラーレンMP4-29・メルセデス	PI	44	1:25'31"136	10/2'09"776/Q3
7	14	F.アロンソ	フェラーリF14T	PI	44	1:25'37"718	4/2'07"786/Q3
8	11	S.ペレス	フォース・インディアVJM07・メルセデス	PI	44	1:25'40"849	13/2'10"084/Q2
9	26	D.クビアト	トロロッソSTR9・ルノー	PI	44	1:25'41"903	11/2'09"377/Q2
10	27	N.ヒュルケンベルグ	フォース・インディアVJM07・メルセデス	PI	44	1:25'42"253	18/2'11"267/Q1
11	25	J-E.ベルニュ	トロロッソSTR9・ルノー	PI	44	1:25'48"476	12/2'09"805/Q2
12	20	K.マグヌッセン	マクラーレンMP4-29・メルセデス	PI	44	1:25'30"818+20"	7/2'08"679/Q3
13	19	F.マッサ	ウイリアムズFW36・メルセデス	PI	44	1:25'52"531	9/2'09"178/Q3
14	99	A.スーティル	ザウバーC33・フェラーリ	PI	44	1:25'59"003	14/2'10"238/Q2
15	21	E.グティエレス	ザウバーC33・フェラーリ	PI	44	1:26'07"381	20/2'13"414/Q1
16	4	M.チルトン	マルシャMR03・フェラーリ	PI	43	1:25'38"307	19/2'12"566/Q1
17	9	M.エリクソン	ケータハムCT05・ルノー	PI	43	1:25'38"973	22/2'14"438/Q1
18	17	J.ビアンキ	マルシャMR03・フェラーリ	PI	39	ギヤボックス	16/2'12"470/Q2
	44	L.ハミルトン	メルセデスF1W05	PI	38	アクシデント	2/2'05"819/Q3
	8	R.グロージャン	ロータスE22・ルノー	PI	33	アクシデント	15/2'11"087/Q2
	13	P.マルドナド	ロータスE22・ルノー	PI	1	エキゾースト	17/2'11"261/Q1
	45	A.ロッテラー	ケータハムCT05・ルノー	PI	1	パワーユニット	21/2'13"469/Q1
ns	36	G.バン・デル・ガルデ	ザウバーC33・フェラーリ	PI	--	金曜P1のみ	--/（1'54"335）
ns	42	A.ロッシ	マルシャMR03・フェラーリ	PI	--	金曜P1のみ	--/（1'57"232）

優勝スピード：218.452km/h
最速ラップ：N.ロズベルグ（メルセデス） 1'50"511 228.161km/h 36周目
ラップリーダー：1=ハミルトン、2-7=ロズベルグ、8-11=リカルド、12=ボッタス、13-44=リカルド
ペナルティ：マグヌッセンは他車をコース外に押しやったためドライブスルーに相当する20秒加算

2014

ROUND 13 イタリアGP

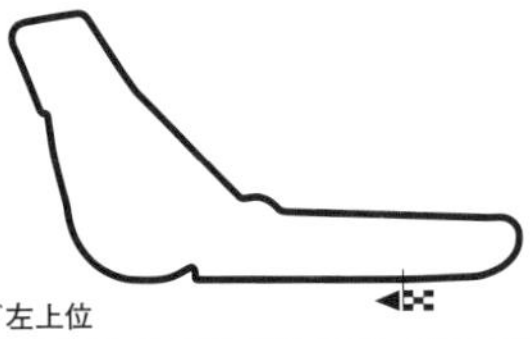

9/7

モンツァ；イタリア
Autodromo Nazionale di Monza
天候：晴れ　路面状況：ドライ　グリッド：2列スタッガード左上位

●5.793km×53周(-0.309km)=306.720km　予選出走22(+4)台　決勝出走22台　完走20台

順位	No.	ドライバー	マシン	タイヤ	周回数	タイム	予選順位／タイム
1	44	L.ハミルトン	メルセデスF1W05	PI	53	1:19'10"236	1/1'24"109/Q3
2	6	N.ロズベルグ	メルセデスF1W05	PI	53	1:19'13"411	2/1'24"383/Q3
3	19	F.マッサ	ウイリアムズFW36・メルセデス	PI	53	1:19'35"262	4/1'24"865/Q3
4	77	V.ボッタス	ウイリアムズFW36・メルセデス	PI	53	1:19'51"022	3/1'24"697/Q3
5	3	D.リカルド	レッドブルRB10・ルノー	PI	53	1:20'00"545	9/1'25"709/Q3
6	1	S.ベッテル	レッドブルRB10・ルノー	PI	53	1:20'10"201	8/1'25"436/Q3
7	11	S.ペレス	フォース・インディアVJM07・メルセデス	PI	53	1:20'12"754	10/1'25"944/Q3
8	22	J.バトン	マクラーレンMP4-29・メルセデス	PI	53	1:20'13"299	6/1'25"379/Q3
9	7	K.ライコネン	フェラーリF14T	PI	53	1:20'13"771	12/1'26"110/Q2
10	20	K.マグヌッセン	マクラーレンMP4-29・メルセデス	PI	53	1:20'11"407+5"	5/1'25"314/Q3
11	26	D.クビアト	トロロッソSTR9・ルノー	PI	53	1:20'21"420	11/1'26"070/Q2
12	27	N.ヒュルケンベルグ	フォース・インディアVJM07・メルセデス	PI	53	1:20'22"842	14/1'26"279/Q2
13	25	J-E.ベルニュ	トロロッソSTR9・ルノー	PI	53	1:20'23"329	13/1'26"157/Q2
14	13	P.マルドナド	ロータスE22・ルノー	PI	52	1:19'12"764	17/1'27"520/Q1
15	99	A.スーティル	ザウバーC33・フェラーリ	PI	52	1:19'24"548	15/1'26"588/Q2
16	8	R.グロージャン	ロータスE22・ルノー	PI	52	1:19'48"754	18/1'27"632/Q1
17	10	小林可夢偉	ケータハムCT05・ルノー	PI	52	1:20'19"283	19/1'27"671/Q1
18	17	J.ビアンキ	マルシャMR03・フェラーリ	PI	52	1:20'32"389	20/1'27"738/Q1
19	9	M.エリクソン	ケータハムCT05・ルノー	PI	51	1:19'25"655	22/1'28"562/Q1
20	21	E.グティエレス	ザウバーC33・フェラーリ	PI	51	1:19'14"772+20"	16/1'26"692/Q2
	14	F.アロンソ	フェラーリF14T	PI	28	パワーユニット	7/1'25"430/Q3
	4	M.チルトン	マルシャMR03・フェラーリ	PI	5	スピン	21/1'28"247/Q1
ns	36	G.バン・デル・ガルデ	ザウバーC33・フェラーリ	PI	--	金曜P1のみ	--/（1'28"429）
ns	34	D.フンカデッラ	フォース・インディアVJM07・メルセデス	PI	--	金曜P1のみ	--/（1'29"192）
ns	30	C.ピック	ロータスE22・ルノー	PI	--	金曜P1のみ	--/（1'30"125）
ns	45	R.メリ	ケータハムCT05・ルノー	PI	--	金曜P1のみ	--/（1'30"704）

優勝スピード：232.449km/h
最速ラップ：L.ハミルトン（メルセデス） 1'28"004 236.975km/h 29周目
ラップリーダー：1-23=ロズベルグ、24-25=ハミルトン、26-28=ロズベルグ、29-53=ハミルトン
ペナルティ：マグヌッセンは他車をコース外に押しやったため5秒加算、グティエレスは他車との衝突原因により20秒加算
グリッド・ペナルティ：クビアトは追加PUエレメント使用により10位分降格、エリクソンは黄旗2本振動無視によりピットレーン・スタート

ROUND 14 シンガポールGP

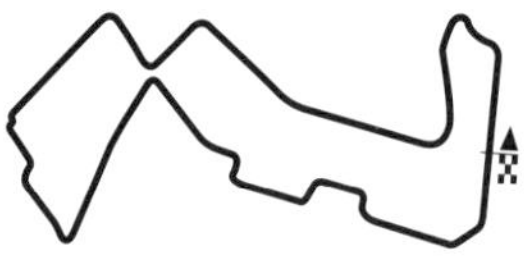

9/21

シンガポール；シンガポール
Marina Bay Street Circuit, Singapore
天候：夜間　路面状況：ドライ　グリッド：2列スタッガード右上位

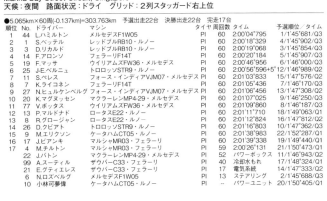

●5.065km×60周(-0.137km)=303.763km　予選出走22台　決勝出走22台　完走17台

順位	No.	ドライバー	マシン	タイヤ	周回数	タイム	予選順位／タイム
1	44	L.ハミルトン	メルセデスF1W05	PI	60	2:00'04"795	1/1'45"681/Q3
2	1	S.ベッテル	レッドブルRB10・ルノー	PI	60	2:00'18"329	4/1'45"902/Q3
3	3	D.リカルド	レッドブルRB10・ルノー	PI	60	2:00'19"068	3/1'45"854/Q3
4	14	F.アロンソ	フェラーリF14T	PI	60	2:00'20"184	5/1'45"907/Q3
5	19	F.マッサ	ウイリアムズFW36・メルセデス	PI	60	2:00'46"956	6/1'46"000/Q3
6	25	J-E.ベルニュ	トロロッソSTR9・ルノー	PI	60	2:00'56"596+5"	12/1'46"989/Q2
7	11	S.ペレス	フォース・インディアVJM07・メルセデス	PI	60	2:01'03"833	15/1'47"576/Q2
8	7	K.ライコネン	フェラーリF14T	PI	60	2:01'05"436	7/1'46"170/Q3
9	27	N.ヒュルケンベルグ	フォース・インディアVJM07・メルセデス	PI	60	2:01'06"456	13/1'47"308/Q2
10	20	K.マグヌッセン	マクラーレンMP4-29・メルセデス	PI	60	2:01'07"025	9/1'46"250/Q3
11	77	V.ボッタス	ウイリアムズFW36・メルセデス	PI	60	2:01'09"860	8/1'46"187/Q3
12	13	P.マルドナド	ロータスE22・ルノー	PI	60	2:01'11"710	18/1'49"063/Q1
13	8	R.グロージャン	ロータスE22・ルノー	PI	60	2:01'12"824	16/1'47"812/Q2
14	26	D.クビアト	トロロッソSTR9・ルノー	PI	60	2:01'16"803	10/1'47"362/Q3
15	9	M.エリクソン	ケータハムCT05・ルノー	PI	60	2:01'38"983	22/1'52"287/Q1
16	17	J.ビアンキ	マルシャMR03・フェラーリ	PI	60	2:01'39"338	19/1'49"440/Q1
17	4	M.チルトン	マルシャMR03・フェラーリ	PI	59	2:00'26"131	21/1'50"473/Q1
	22	J.バトン	マクラーレンMP4-29・メルセデス	PI	52	パワーボックス	11/1'46"943/Q2
	99	A.スーティル	ザウバーC33・フェラーリ	PI	40	冷却水もれ	17/1'48"324/Q1
	21	E.グティエレス	ザウバーC33・フェラーリ	PI	17	電気系統	14/1'47"333/Q2
	6	N.ロズベルグ	メルセデスF1W05	PI	13	ステアリング	2/1'45"688/Q3
	10	小林可夢偉	ケータハムCT05・ルノー	PI	--	パワーユニット	20/1'50"405/Q1

優勝スピード：151.780km/h
最速ラップ：L.ハミルトン（メルセデス） 1'50"417 165.137km/h 39周目
ラップリーダー：1-26=ハミルトン、27=リカルド、28-52=ハミルトン、53=ベッテル、54-60=ハミルトン
ペナルティ：ベルニュはコースを外れてアドバンテージを得たため5秒加算
当初の予定では61周だったが、2時間ルール適用により短縮終了

ROUND 15 日本GP

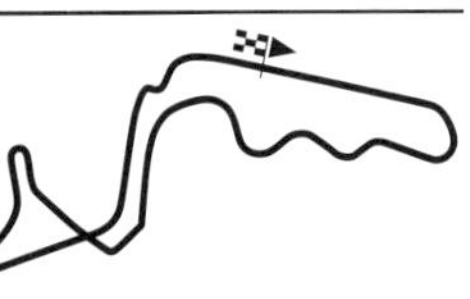

10/5

鈴鹿；日本
Suzuka International Circuit, Suzuka
天候：雨　路面状況：ウェット　グリッド：2列スタッガード左上位

●5.807km×44周(-0.300km)=255.208km　予選出走22(+2)台　決勝出走22台　完走21台

順位	No.	ドライバー	マシン	タイヤ	周回数	タイム	予選順位／タイム
1	44	L.ハミルトン	メルセデスF1W05	PI	44	1:51'43"021	2/1'32"703/Q3
2	6	N.ロズベルグ	メルセデスF1W05H	PI	44	1:51'52"201	1/1'32"506/Q3
3	1	S.ベッテル	レッドブルRB10・ルノー	PI	44	1:52'12"143	9/1'34"432/Q3
4	3	D.リカルド	レッドブルRB10・ルノー	PI	44	1:52'21"839	6/1'34"075/Q3
5	22	J.バトン	マクラーレンMP4-29・メルセデス	PI	44	1:52'50"571	8/1'34"317/Q3
6	77	V.ボッタス	ウイリアムズFW36・メルセデス	PI	44	1:53'36"794	3/1'33"128/Q3
7	19	F.マッサ	ウイリアムズFW36・メルセデス	PI	44	1:53'38"147	4/1'33"527/Q3
8	27	N.ヒュルケンベルグ	フォース・インディアVJM07・メルセデス	PI	44	1:53'38"969	14/1'35"099/Q2
9	25	J-E.ベルニュ	トロロッソSTR9・ルノー	PI	44	1:53'50"659	11/1'34"984/Q2
10	11	S.ペレス	フォース・インディアVJM07・メルセデス	PI	43	1:51'22"646	12/1'35"089/Q2
11	26	D.クビアト	トロロッソSTR9・ルノー	PI	43	1:51'48"409	13/1'35"092/Q2
12	7	K.ライコネン	フェラーリF14T	PI	43	1:51'49"838	10/1'34"548/Q3
13	21	E.グティエレス	ザウバーC33・フェラーリ	PI	43	1:52'14"678	16/1'35"681/Q2
14	20	K.マグヌッセン	マクラーレンMP4-29・メルセデス	PI	43	1:52'22"070	7/1'34"242/Q3
15	8	R.グロージャン	ロータスE22・ルノー	PI	43	1:52'22"780	18/1'35"984/Q1
16	13	P.マルドナド	ロータスE22・ルノー	PI	43	1:52'22"898+20"	17/1'35"917/Q1
17	9	M.エリクソン	ケータハムCT05・ルノー	PI	43	1:52'50"427	19/1'36"813/Q1
18	4	M.チルトン	マルシャMR03・フェラーリ	PI	43	1:53'36"282	22/1'37"481/Q1
19	10	小林可夢偉	ケータハムCT05・ルノー	PI	43	1:53'59"121	21/1'37"015/Q1
20	17	J.ビアンキ	マルシャMR03・フェラーリ	PI	41	アクシデント	20/1'36"943/Q1
21	99	A.スーティル	ザウバーC33・フェラーリ	PI	40	アクシデント	15/1'35"364/Q2
	14	F.アロンソ	フェラーリF14T	PI	2	電気系統	5/1'33"740/Q3
ns	38	M.フェルスタッペン	トロロッソSTR9・ルノー	PI	--	金曜P1のみ	--/（1'38"157）
ns	45	R.メリ	ケータハムCT05・ルノー	PI	--	金曜P1のみ	--/（1'41"472）

優勝スピード：137.064km/h
最速ラップ：L.ハミルトン（メルセデス） 1'51"600 187.322km/h 39周目
ラップリーダー：1-12=ロズベルグ、13-14=ハミルトン、15-28=ロズベルグ、29-44=ハミルトン
当初の予定では53周だったが、ビアンキの事故によりセーフティカー先導中の46周目に赤旗終了、44周終了時の順位により結果決定
ペナルティ：マルドナドはレース中のピットレーン・スピード違反により20秒加算
グリッド・ペナルティ：マルドナドとベルニュは追加PUエレメント使用により10位分降格
ジュール・ビアンキは2015年7月17日に死亡

ROUND 16 ロシアGP

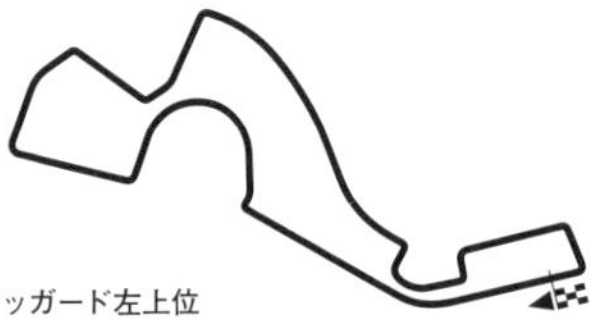

10/12

ソチ；ロシア
Sochi Olympic Park Circuit, Krasnodar Krai
天候：晴れ　路面状況：ドライ　グリッド：2列スタッガード左上位

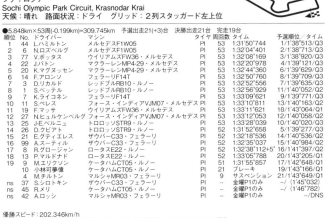

●5.848km×53周(-0.199km)=309.745km　予選出走21(+3)台　決勝出走21台　完走19台

順位	No.	ドライバー	マシン	タイヤ	周回数	タイム	予選順位／タイム
1	44	L.ハミルトン	メルセデスF1W05	PI	53	1:31'50"744	1/1'38"513/Q3
2	6	N.ロズベルグ	メルセデスF1W05	PI	53	1:32'04"401	2/1'38"713/Q3
3	77	V.ボッタス	ウイリアムズFW36・メルセデス	PI	53	1:32'08"169	3/1'38"920/Q3
4	22	J.バトン	マクラーレンMP4-29・メルセデス	PI	53	1:32'20"978	4/1'39"121/Q3
5	20	K.マグヌッセン	マクラーレンMP4-29・メルセデス	PI	53	1:32'44"360	6/1'39"629/Q3
6	14	F.アロンソ	フェラーリF14T	PI	53	1:32'50"760	8/1'39"709/Q3
7	3	D.リカルド	レッドブルRB10・ルノー	PI	53	1:32'52"556	7/1'39"635/Q3
8	1	S.ベッテル	レッドブルRB10・ルノー	PI	53	1:32'56"929	11/1'40"052/Q2
9	7	K.ライコネン	フェラーリF14T	PI	53	1:33'09"621	9/1'39"771/Q3
10	11	S.ペレス	フォース・インディアVJM07・メルセデス	PI	53	1:33'10"811	13/1'40"163/Q2
11	19	F.マッサ	ウイリアムズFW36・メルセデス	PI	53	1:33'11"621	18/1'43"064/Q1
12	27	N.ヒュルケンベルグ	フォース・インディアVJM07・メルセデス	PI	53	1:33'12"053	12/1'40"058/Q2
13	25	J-E.ベルニュ	トロロッソSTR9・ルノー	PI	53	1:33'28"039	10/1'40"020/Q3
14	26	D.クビアト	トロロッソSTR9・ルノー	PI	52	1:31'52"658	5/1'39"277/Q3
15	21	E.グティエレス	ザウバーC33・フェラーリ	PI	52	1:32'18"536	14/1'40"536/Q2
16	99	A.スーティル	ザウバーC33・フェラーリ	PI	52	1:32'35"037	15/1'40"984/Q2
17	8	R.グロージャン	ロータスE22・ルノー	PI	52	1:32'38"112+5"	16/1'41"397/Q2
18	13	P.マルドナド	ロータスE22・ルノー	PI	52	1:33'05"788	20/1'43"205/Q1
19	9	M.エリクソン	ケータハムCT05・ルノー	PI	51	1:31'55"857	17/1'42"648/Q1
	10	小林可夢偉	ケータハムCT05・ルノー	PI	21	ブレーキ	19/1'43"166/Q1
	4	M.チルトン	マルシャMR03・フェラーリ	PI	9	サスペンション	21/1'43"649/Q1
ns	37	S.シロトキン	ザウバーC33・フェラーリ	PI	--	金曜P1のみ	--/（1'45"032）
ns	45	R.メリ	ケータハムCT05・ルノー	PI	--	金曜P1のみ	--/（1'46"782）
ns	42	A.ロッシ	マルシャMR03・フェラーリ	PI	--	金曜P1のみ	--/DNS

優勝スピード：202.346km/h
最速ラップ：V.ボッタス（ウイリアムズ・メルセデス） 1'40"896 208.658km/h 53周目
ラップリーダー：1-53=ハミルトン
ペナルティ：グロージャンは他車との衝突原因を作ったため5秒加算
グリッド・ペナルティ：マグヌッセンとヒュルケンベルグとチルトンとマルドナドはギヤボックス交換により5位分降格、マルドナドは追加PUエレメント使用により10位分降格

ROUND 17 アメリカGP

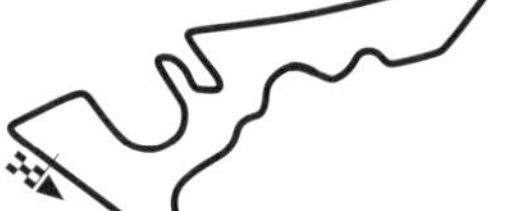

11/2

オースティン；アメリカ合衆国
Circuit of the Americas, Austin, Texas
天候：晴れ　路面状況：ドライ　グリッド：2列スタッガード右上位

●5.513km×56周(-0.323km)=308.405km　予選出走18(+2)台　決勝出走18台　完走15台

順位	No.	ドライバー	マシン	タイヤ	周回数	タイム	予選順位／タイム
1	44	L.ハミルトン	メルセデスF1W05	PI	56	1:40'04"785	2/1'36"443/Q3
2	6	N.ロズベルグ	メルセデスF1W05	PI	56	1:40'09"099	1/1'36"067/Q3
3	3	D.リカルド	レッドブルRB10・ルノー	PI	56	1:40'30"345	5/1'37"244/Q3
4	19	F.マッサ	ウイリアムズFW36・メルセデス	PI	56	1:40'31"709	4/1'37"205/Q3
5	77	V.ボッタス	ウイリアムズFW36・メルセデス	PI	56	1:40'35"777	3/1'36"906/Q3
6	14	F.アロンソ	フェラーリF14T	PI	56	1:41'40"016	6/1'37"610/Q3
7	1	S.ベッテル	レッドブルRB10・ルノー	PI	56	1:41'40"519	17/1'39"621/Q1
8	20	K.マグヌッセン	マクラーレンMP4-29・メルセデス	PI	56	1:41'45"467	8/1'37"706/Q3
9	13	P.マルドナド	ロータスE22・ルノー	PI	56	1:41'52"655	11/1'38"467/Q2
10	25	J-E.ベルニュ	トロロッソSTR9・ルノー	PI	56	1:41'53"648	15/1'39"250/Q1
11	8	R.グロージャン	ロータスE22・ルノー	PI	55	1:40'09"963	18/1'39"679/Q1
12	22	J.バトン	マクラーレンMP4-29・メルセデス	PI	55	1:40'11"110	7/1'37"655/Q3
13	7	K.ライコネン	フェラーリF14T	PI	55	1:40'24"599	9/1'37"804/Q3
14	21	E.グティエレス	ザウバーC33・フェラーリ	PI	55	1:40'25"672	16/1'39"555/Q1
15	26	D.クビアト	トロロッソSTR9・ルノー	PI	55	1:40'32"052	14/1'38"699/Q2
	27	N.ヒュルケンベルグ	フォース・インディアVJM07・メルセデス	PI	16	パワーユニット	13/1'38"598/Q2
	11	S.ペレス	フォース・インディアVJM07・メルセデス	PI	1	アクシデント	12/1'38"554/Q2
	99	A.スーティル	ザウバーC33・フェラーリ	PI	0	アクシデント	10/1'38"810/Q3
ns	40	F.ナッセ	ウイリアムズFW36・メルセデス	PI	--	金曜P1のみ	--/（1'41"545）
ns	38	M.フェルスタッペン	トロロッソSTR9・ルノー	PI	--	金曜P1のみ	--/（1'41"785）

優勝スピード：184.895km/h
最速ラップ：S.ベッテル（レッドブル・ルノー） 1'41"379 195.768km/h 50周目
ラップリーダー：1-15=ロズベルグ、16=ハミルトン、17-23=ロズベルグ、24-33=ハミルトン、34=ロズベルグ、35-56=ハミルトン
グリッド・ペナルティ：バトンはギヤボックス交換により5位分降格、クビアトは追加PUエレメント使用により10位分降格、ベッテルは追加PUエレメント使用によりピットレーン・スタート

ROUND 18 ブラジルGP

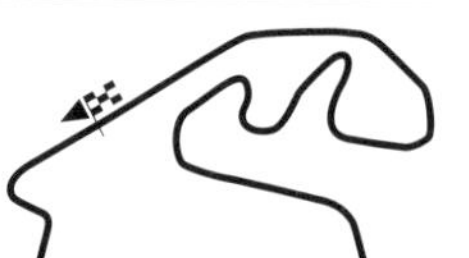

11/9

インテルラゴス；ブラジル
Autodromo Jose Carlos Pace, Interlagos
天候：晴れ　路面状況：ドライ　グリッド：2列スタッガード右上位

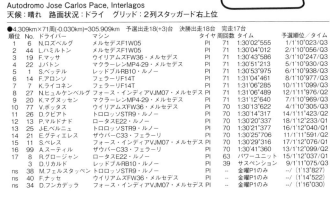

●4.309km×71周(-0.030km)=305.909km　予選出走18(+3)台　決勝出走18台　完走17台

順位	No.	ドライバー	マシン	タイヤ	周回数	タイム	予選順位／タイム
1	6	N.ロズベルグ	メルセデスF1W05	PI	71	1:30'02"555	1/1'10"023/Q3
2	44	L.ハミルトン	メルセデスF1W05	PI	71	1:30'04"012	2/1'10"056/Q3
3	19	F.マッサ	ウイリアムズFW36・メルセデス	PI	71	1:30'43"586	3/1'10"247/Q3
4	22	J.バトン	マクラーレンMP4-29・メルセデス	PI	71	1:30'51"213	5/1'10"930/Q3
5	1	S.ベッテル	レッドブルRB10・ルノー	PI	71	1:30'53"975	6/1'10"938/Q3
6	14	F.アロンソ	フェラーリF14T	PI	71	1:31'04"461	8/1'10"977/Q3
7	7	K.ライコネン	フェラーリF14T	PI	71	1:31'06"285	10/1'11"099/Q3
8	27	N.ヒュルケンベルグ	フォース・インディアVJM07・メルセデス	PI	71	1:31'06"489	12/1'11"976/Q2
9	20	K.マグヌッセン	マクラーレンMP4-29・メルセデス	PI	71	1:31'12"640	7/1'10"969/Q3
10	77	V.ボッタス	ウイリアムズFW36・メルセデス	PI	70	1:30'13"622	4/1'10"305/Q3
11	26	D.クビアト	トロロッソSTR9・ルノー	PI	70	1:30'14"317	14/1'11"423/Q2
12	13	P.マルドナド	ロータスE22・ルノー	PI	70	1:30'20"337	18/1'12"233/Q1
13	25	J-E.ベルニュ	トロロッソSTR9・ルノー	PI	70	1:30'21"377	16/1'12"040/Q1
14	21	E.グティエレス	ザウバーC33・フェラーリ	PI	70	1:30'25"706	11/1'11"591/Q2
15	11	S.ペレス	フォース・インディアVJM07・メルセデス	PI	70	1:30'29"316	17/1'12"076/Q1
16	99	A.スーティル	ザウバーC33・フェラーリ	PI	70	1:30'41"360	13/1'12"099/Q2
17	8	R.グロージャン	ロータスE22・ルノー	PI	63	パワーユニット	15/1'12"037/Q1
	3	D.リカルド	レッドブルRB10・ルノー	PI	39	サスペンション	9/1'11"075/Q3
ns	38	M.フェルスタッペン	トロロッソSTR9・ルノー	PI	--	金曜P1のみ	--/（1'13"827）
ns	40	F.ナッセ	ウイリアムズFW36・メルセデス	PI	--	金曜P1のみ	--/（1'14"522）
ns	34	D.フンカデッラ	フォース・インディアVJM07・メルセデス	PI	--	金曜P1のみ	--/（1'16"030）

優勝スピード：203.842km/h
最速ラップ：L.ハミルトン（メルセデス） 1'13"555 210.895km/h 62周目
ラップリーダー：1-6=ロズベルグ、7-8=ハミルトン、9-13=ヒュルケンベルグ、14-25=ロズベルグ、26-28=ハミルトン、29-49=ロズベルグ、50-51=ハミルトン、52-71=ロズベルグ
グリッド・ペナルティ：クビアトは追加PUエレメント使用により7位分降格、ペレスは前戦の衝突原因により7位分降格

ROUND 19
アブダビGP
11/23

ヤス・マリーナ;アブダビ
Yas Marina Circuit, Abu Dhabi
天候:晴れ→夜間　路面状況:ドライ　グリッド:2列スタッガード右上位

● 5.554km×55周(-0.115km)=305.355km　予選出走20(+2)台　決勝出走20台　完走17台

順位	No.	ドライバー	マシン	タイヤ	周回数	タイム	予選順位/タイム
1	44	L.ハミルトン	メルセデスF1W05	P1	55	1:39'02"619	2/1'40"866/Q3
2	19	F.マッサ	ウイリアムズFW36・メルセデス	P1	55	1:39'05"195	4/1'41"119/Q3
3	77	V.ボッタス	ウイリアムズFW36・メルセデス	P1	55	1:39'31"499	3/1'41"025/Q3
4	3	D.リカルド	レッドブルRB10・ルノー	P1	55	1:39'39"856	5/1'41"267/Q3
5	22	J.バトン	マクラーレンMP4-29・メルセデス	P1	55	1:40'02"953	8/1'41"964/Q3
6	27	N.ヒュルケンベルグ	フォース・インディアVJM07・メルセデス	P1	55	1:40'04"767	14/1'42"384/Q2
7	11	S.ペレス	フォース・インディアVJM07・メルセデス	P1	55	1:40'13"679	13/1'42"239/Q2
8	1	S.ベッテル	レッドブルRB10・ルノー	P1	55	1:40'14"664	6/1'41"893/Q3
9	14	F.アロンソ	フェラーリF14T	P1	55	1:40'28"432	10/1'42"866/Q3
10	7	K.ライコネン	フェラーリF14T	P1	55	1:40'30"439	9/1'42"236/Q3
11	20	K.マグヌッセン	マクラーレンMP4-29・メルセデス	P1	55	1:40'32"995	11/1'42"198/Q2
12	25	J-E.ベルニュ	トロロッソSTR9・ルノー	P1	55	1:40'34"566	12/1'42"207/Q2
13	8	R.グロージャン	ロータスE22・ルノー	P1	54	1:39'12"427	16/1'42"768/Q1
14	6	N.ロズベルグ	メルセデスF1W05	P1	54	1:39'14"344	1/1'40"480/Q3
15	21	E.グティエレス	ザウバーC33・フェラーリ	P1	54	1:39'15"948	17/1'42"819/Q1
16	99	A.スーティル	ザウバーC33・フェラーリ	P1	54	1:39'32"663	15/1'43"074/Q2
17	46	W.スティーブンス	ケータハムCT05・ルノー	P1	54	1:40'49"632	20/1'45"095/Q1
	10	小林可夢偉	ケータハムCT05・ルノー	P1	42	ブレーキ	19/1'44"540/Q1
	13	P.マルドナド	ロータスE22・ルノー	P1	26	エンジン/火災	18/1'42"860/Q1
	26	D.クビアト	トロロッソSTR9・ルノー	P1	14	電気系統	7/1'41"908/Q3
ns	31	E.オコン	ロータスE22・ルノー	P1	--	金曜P1のみ	--/(1'47"066)
ns	37	A.フォング	ザウバーC33・フェラーリ	P1	--	金曜P1のみ	--/(1'48"269)

優勝スピード:184.982km/h
最速ラップ:D.リカルド(レッドブル・ルノー) 1'44"496 191.341km/h 50周目
ラップリーダー:1-10=ハミルトン、11=ロズベルグ、12-13=マッサ、14-31=ハミルトン、32-43=マッサ、44-55=ハミルトン
グリッド・ペナルティ:グロージャンは追加PUエレメント使用により20位分降格、ベッテルとリカルドはフロントウイング違反により最後尾からのスタートのみ許される

2015

ROUND 1
オーストラリアGP
3／15

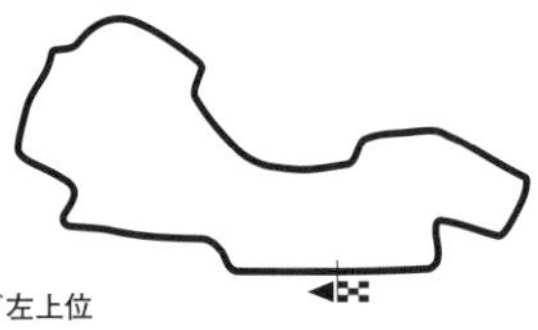

メルボルン；オーストラリア
Albert Park, Melbourne
天候：晴れ　路面状況：ドライ　グリッド：2列スタッガード左上位

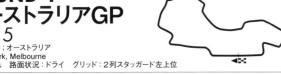

●5.303km×58周=307.574km　予選出走18台　決勝出走17台　完走11台

順位	No.	ドライバー	マシン	タイヤ	周回数	タイム	予選順位／タイム
1	44	L.ハミルトン	メルセデスF1W06	PI	58	1:31'54"067	1/1'26"327/Q3
2	6	N.ロズベルグ	メルセデスF1W06	PI	58	1:31'55"427	2/1'26"921/Q3
3	5	S.ベッテル	フェラーリSF15-T	PI	58	1:32'28"590	4/1'27"757/Q3
4	19	F.マッサ	ウイリアムズFW37・メルセデス	PI	58	1:32'32"263	3/1'27"718/Q3
5	12	F.ナッセ	ザウバーC34・フェラーリ	PI	58	1:33'29"216	11/1'28"800/Q2
6	3	D.リカルド	レッドブルRB11・ルノー	PI	57	1:32'04"816	7/1'28"329/Q3
7	27	N.ヒュルケンベルグ	フォース・インディアVJM08・メルセデス	PI	57	1:32'41"250	14/1'29"208/Q2
8	9	M.エリクソン	ザウバーC34・フェラーリ	PI	57	1:32'56"053	16/1'31"376/Q1
9	55	C.サインツJr.	トロロッソSTR10・ルノー	PI	57	1:33'02"691	8/1'28"510/Q3
10	11	S.ペレス	フォース・インディアVJM08・メルセデス	PI	57	1:33'14"993	15/1'29"209/Q2
11	22	J.バトン	マクラーレンMP4-30・ホンダ	PI	56	1:32'18"287	17/1'31"422/Q1
	7	K.ライコネン	フェラーリSF15-T	PI	40	ホイール緩み	5/1'27"790/Q3
	33	M.フェルスタッペン	トロロッソSTR10・ルノー	PI	32	パワーユニット	12/1'28"868/Q2
	8	R.グロージャン	ロータスE23・メルセデス	PI	0	パワーユニット	9/1'28"560/Q3
	13	P.マルドナド	ロータスE23・メルセデス	PI	0	アクシデント	10/1'29"480/Q3
	26	D.クビアト	レッドブルRB11・ルノー	PI	--	ギヤボックス	13/1'29"070/Q2
	20	K.マグヌッセン	マクラーレンMP4-30・ホンダ	PI	--	パワーユニット	18/1'32"037/Q1
ns	77	V.ボッタス	ウイリアムズFW37・メルセデス	PI	--	予選で負傷	6/1'28"087/Q3

優勝スピード：200.807km/h
最速ラップ：L.ハミルトン（メルセデス）　1'30"945　209.915km/h　50周目
ラップリーダー：1-24=ハミルトン、25-26=ロズベルグ、27-58=ハミルトン

ROUND 2
マレーシアGP
3／29

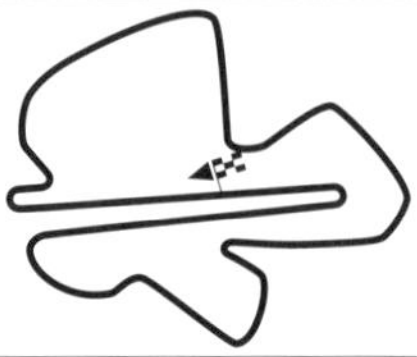

セパン；マレーシア
Sepang International Circuit, Kuala Lumpur
天候：晴れ　路面状況：ドライ　グリッド：2列スタッガード右上位

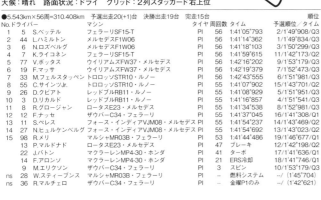

●5.543km×56周=310.408km　予選出走20(+1)台　決勝出走19台　完走15台　順位

	No.	ドライバー	マシン	タイヤ	周回数	タイム	予選順位／タイム
1	5	S.ベッテル	フェラーリSF15-T	PI	56	1:41'05"793	2/1'49"908/Q3
2	44	L.ハミルトン	メルセデスF1W06	PI	56	1:41'14"362	1/1'49"834/Q3
3	6	N.ロズベルグ	メルセデスF1W06	PI	56	1:41'18"103	3/1'50"299/Q3
4	7	K.ライコネン	フェラーリSF15-T	PI	56	1:41'59"615	11/1'42"173/Q2
5	77	V.ボッタス	ウイリアムズFW37・メルセデス	PI	56	1:42'16"202	9/1'53"179/Q3
6	19	F.マッサ	ウイリアムズFW37・メルセデス	PI	56	1:42'19"379	7/1'52"473/Q3
7	33	M.フェルスタッペン	トロロッソSTR10・ルノー	PI	56	1:42'43"555	6/1'51"981/Q3
8	55	C.サインツJr.	トロロッソSTR10・ルノー	PI	55	1:41'07"902	15/1'43"701/Q2
9	26	D.クビアト	レッドブルRB11・ルノー	PI	55	1:41'08"929	5/1'51"951/Q3
10	3	D.リカルド	レッドブルRB11・ルノー	PI	55	1:41'16"857	4/1'51"541/Q3
11	8	R.グロージャン	ロータスE23・メルセデス	PI	55	1:41'34"538	8/1'52"981/Q3
12	12	F.ナッセ	ザウバーC34・フェラーリ	PI	55	1:41'37"045	16/1'41"308/Q1
13	11	S.ペレス	フォース・インディアVJM08・メルセデス	PI	55	1:41'54"237	14/1'43"469/Q2
14	27	N.ヒュルケンベルグ	フォース・インディアVJM08・メルセデス	PI	55	1:41'54"692	13/1'43"023/Q2
15	98	R.メリ	マルシャMR03B・フェラーリ	PI	53	1:41'44"486	19/1'46"677/Q1
	13	P.マルドナド	ロータスE23・メルセデス	PI	47	ブレーキ	12/1'42"198/Q2
	22	J.バトン	マクラーレンMP4-30・ホンダ	PI	41	ターボ	17/1'41"636/Q1
	14	F.アロンソ	マクラーレンMP4-30・ホンダ	PI	21	ERS冷却	18/1'41"746/Q1
	9	M.エリクソン	ザウバーC34・フェラーリ	PI	3	スピン	10/1'53"179/Q3
ns	28	W.スティーブンス	マルシャMR03B・フェラーリ	PI	--	燃料システム	--/（1'45"704）
ns	36	R.マルチェロ	ザウバーC34・フェラーリ	PI	--	金曜P1のみ	--/（1'42"621）

優勝スピード：184.224km/h
最速ラップ：N.ロズベルグ（メルセデス）　1'42"062　195.516km/h　43周目
ラップリーダー：1-3=ハミルトン、4-17=ベッテル、18-23=ハミルトン、24-37=ベッテル、38=ハミルトン、39-56=ベッテル
グリッド・ペナルティ：グロージャンはピットレーンを離れる手順を間違えたため2位分降格

ROUND 3
中国GP
4／12

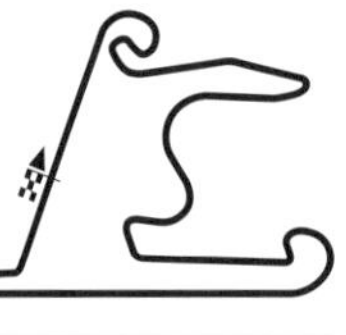

上海；中国
Shanghai International Circuit, Shanghai
天候：晴れ　路面状況：ドライ　グリッド：2列スタッガード左上位

●5.541km×56周(-0.190km)=305.066km　予選出走20(+1)台　決勝出走20台　完走17台

順位	No.	ドライバー	マシン	タイヤ	周回数	タイム	予選順位／タイム
1	44	L.ハミルトン	メルセデスF1W06	PI	56	1:39'42"008	1/1'35"782/Q3
2	6	N.ロズベルグ	メルセデスF1W06	PI	56	1:39'42"722	2/1'35"824/Q3
3	5	S.ベッテル	フェラーリSF15-T	PI	56	1:39'44"996	3/1'36"687/Q3
4	7	K.ライコネン	フェラーリSF15-T	PI	56	1:39'45"843	6/1'37"232/Q3
5	19	F.マッサ	ウイリアムズFW37・メルセデス	PI	56	1:39'50"552	4/1'36"954/Q3
6	77	V.ボッタス	ウイリアムズFW37・メルセデス	PI	56	1:39'51"893	5/1'37"143/Q3
7	8	R.グロージャン	ロータスE23・メルセデス	PI	56	1:40'01"016	8/1'37"905/Q3
8	12	F.ナッセ	ザウバーC34・フェラーリ	PI	56	1:40'04"633	9/1'38"067/Q3
9	3	D.リカルド	レッドブルRB11・ルノー	PI	56	1:40'14"125	7/1'37"540/Q3
10	9	M.エリクソン	ザウバーC34・フェラーリ	PI	55	1:39'44"091	10/1'38"158/Q3
11	11	S.ペレス	フォース・インディアVJM08・メルセデス	PI	55	1:39'47"032	15/1'39"290/Q2
12	14	F.アロンソ	マクラーレンMP4-30・ホンダ	PI	55	1:39'47"779	18/1'39"280/Q1
13	55	C.サインツJr.	トロロッソSTR10・ルノー	PI	55	1:39'51"286	14/1'38"538/Q2
14	22	J.バトン	マクラーレンMP4-30・ホンダ	PI	55	1:39'49"812+5"	17/1'39"276/Q1
15	28	W.スティーブンス	マルシャMR03B・フェラーリ	PI	54	1:39'52"436	19/1'42"091/Q1
16	98	R.メリ	マルシャMR03B・フェラーリ	PI	54	1:39'52"782+5"	20/1'42"842/Q1
17	33	M.フェルスタッペン	トロロッソSTR10・ルノー	PI	52	エンジン	13/1'38"393/Q2
	13	P.マルドナド	ロータスE23・メルセデス	PI	49	アクシデント	11/1'38"134/Q2
	26	D.クビアト	レッドブルRB11・ルノー	PI	15	エンジン	12/1'38"209/Q2
	27	N.ヒュルケンベルグ	フォース・インディアVJM08・メルセデス	PI	9	エンジン	16/1'39"216/Q1
ns	30	J.パーマー	ロータスE23・メルセデス	PI	--	金曜P1のみ	--/（1'41"967）

優勝スピード：183.590km/h
最速ラップ：L.ハミルトン（メルセデス）　1'42"208　191.996km/h　31周目
ラップリーダー：1-13=ハミルトン、14-15=ロズベルグ、16-33=ハミルトン、34=ライコネン、35-56=ハミルトン
ペナルティ：バトンは衝突原因により5秒加算。メリはセーフティカー先導中のタイム違反により5秒加算

ROUND 4
バーレーンGP
4／19

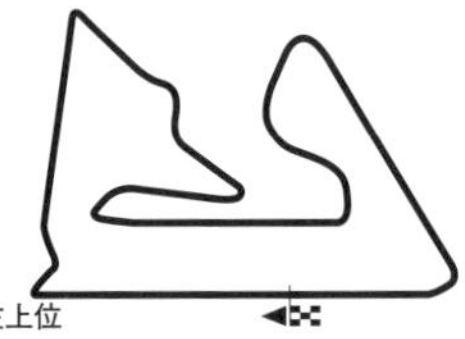

サクヒール；バーレーン
Bahrain International Circuit, Sakhir
天候：夜間　路面状況：ドライ　グリッド：2列スタッガード左上位

●5.412km×57周(-0.246km)=308.238km　予選出走20(+1)台・決勝出走19台・完走17台

順位	No.	ドライバー	マシン	タイヤ	周回数	タイム	予選順位／タイム
1	44	L.ハミルトン	メルセデスF1W06	PI	57	1:35'05"809	1/1'32"571/Q3
2	7	K.ライコネン	フェラーリSF15-T	PI	57	1:35'09"189	4/1'33"227/Q3
3	6	N.ロズベルグ	メルセデスF1W06	PI	57	1:35'11"842	3/1'33"129/Q3
4	77	V.ボッタス	ウイリアムズFW37・メルセデス	PI	57	1:35'48"766	5/1'33"381/Q3
5	5	S.ベッテル	フェラーリSF15-T	PI	57	1:35'49"798	2/1'32"982/Q3
6	3	D.リカルド	レッドブルRB11・ルノー	PI	57	1:36'07"560	7/1'33"832/Q3
7	8	R.グロージャン	ロータスE23・メルセデス	PI	57	1:36'30"572	10/1'34"484/Q3
8	11	S.ペレス	フォース・インディアVJM08・メルセデス	PI	56	1:35'07"373	11/1'34"704/Q2
9	26	D.クビアト	レッドブルRB11・ルノー	PI	56	1:35'14"579	17/1'35"800/Q1
10	19	F.マッサ	ウイリアムズFW37・メルセデス	PI	56	1:35'20"685	6/1'33"744/Q3
11	14	F.アロンソ	マクラーレンMP4-30・ホンダ	PI	56	1:35'24"663	14/1'35"039/Q2
12	12	F.ナッセ	ザウバーC34・フェラーリ	PI	56	1:35'25"783	12/1'34"737/Q2
13	27	N.ヒュルケンベルグ	フォース・インディアVJM08・メルセデス	PI	56	1:35'33"187	8/1'34"450/Q3
14	9	M.エリクソン	ザウバーC34・フェラーリ	PI	56	1:35'34"336	13/1'35"034/Q2
15	13	P.マルドナド	ロータスE23・メルセデス	PI	56	1:36'11"217	16/1'35"677/Q1
16	28	W.スティーブンス	マルシャMR03B・フェラーリ	PI	55	1:36'29"898	18/1'38"713/Q1
17	98	R.メリ	マルシャMR03B・フェラーリ	PI	54	1:35'27"621	19/1'39"722/Q1
	33	M.フェルスタッペン	トロロッソSTR10・ルノー	PI	34	電気系統	15/1'35"103/Q2
	55	C.サインツJr.	トロロッソSTR10・ルノー	PI	29	ホイール緩み	9/1'34"462/Q3
ns	22	J.バトン	マクラーレンMP4-30・ホンダ	PI	--	電気系統	20/出走せず/Q1
ns	30	J.パーマー	ロータスE23・メルセデス	PI	--	金曜P1のみ	--/（1'39"283）

優勝スピード：194.478km/h
最速ラップ：K.ライコネン（フェラーリ）　1'36"311　202.294km/h　42周目
ラップリーダー：1-15=ハミルトン、16-17=ライコネン、18-33=ハミルトン、34=ロズベルグ、35-39=ライコネン、40-57=ハミルトン

ROUND 5
スペインGP
5／10

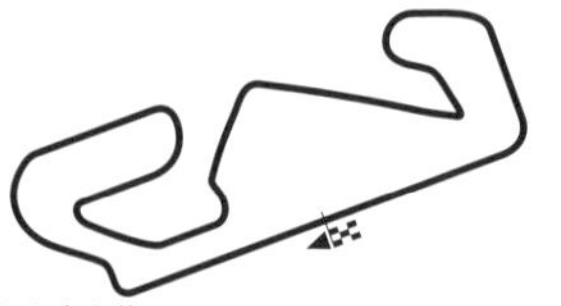

カタルーニャ；スペイン
Circuit de Catalunya, Barcelona
天候：晴れ　路面状況：ドライ　グリッド：2列スタッガード左上位

●4.655km×66周(-0.126km)=307.104km　予選出走20(+3)台　決勝出走20台　完走18台

順位	No.	ドライバー	マシン	タイヤ	周回数	タイム	予選順位／タイム
1	6	N.ロズベルグ	メルセデスF1W06	PI	66	1:41'12"555	1/1'24"681/Q3
2	44	L.ハミルトン	メルセデスF1W06	PI	66	1:41'30"106	2/1'24"948/Q3
3	5	S.ベッテル	フェラーリSF15-T	PI	66	1:41'57"897	3/1'25"458/Q3
4	77	V.ボッタス	ウイリアムズFW37・メルセデス	PI	66	1:42'11"772	4/1'25"694/Q3
5	7	K.ライコネン	フェラーリSF15-T	PI	66	1:42'12"557	7/1'26"414/Q3
6	19	F.マッサ	ウイリアムズFW37・メルセデス	PI	66	1:42'33"869	9/1'26"757/Q3
7	3	D.リカルド	レッドブルRB11・ルノー	PI	65	1:41'40"894	10/1'26"770/Q3
8	8	R.グロージャン	ロータスE23・メルセデス	PI	65	1:42'10"553	11/1'27"375/Q2
9	55	C.サインツJr.	トロロッソSTR10・ルノー	PI	65	1:42'16"264	5/1'26"136/Q3
10	26	D.クビアト	レッドブルRB11・ルノー	PI	65	1:42'17"749	8/1'26"629/Q3
11	33	M.フェルスタッペン	トロロッソSTR10・ルノー	PI	65	1:42'18"843	6/1'26"249/Q3
12	12	F.ナッセ	ザウバーC34・フェラーリ	PI	65	1:42'31"003	15/1'28"005/Q2
13	11	S.ペレス	フォース・インディアVJM08・メルセデス	PI	65	1:42'39"931	18/1'28"442/Q1
14	9	M.エリクソン	ザウバーC34・フェラーリ	PI	65	1:42'40"584	16/1'28"112/Q1
15	27	N.ヒュルケンベルグ	フォース・インディアVJM08・メルセデス	PI	65	1:42'41"185	17/1'28"365/Q1
16	22	J.バトン	マクラーレンMP4-30・ホンダ	PI	65	1:42'41"983	14/1'27"854/Q2
17	28	W.スティーブンス	マルシャMR03B・フェラーリ	PI	63	1:42'35"245	19/1'31"200/Q1
18	98	R.メリ	マルシャMR03B・フェラーリ	PI	62	1:41'39"198	20/1'32"038/Q1
	13	P.マルドナド	ロータスE23・メルセデス	PI	45	ウイング・ダメージ	12/1'27"450/Q2
	14	F.アロンソ	マクラーレンMP4-30・ホンダ	PI	26	ブレーキ	13/1'27"760/Q2
ns	36	R.マルチェロ	ザウバーC34・フェラーリ	PI	--	金曜P1のみ	--/（1'29"630）
ns	30	J.パーマー	ロータスE23・メルセデス	PI	--	金曜P1のみ	--/（1'29"676）
ns	41	S.ウォルフ	ウイリアムズFW37・メルセデス	PI	--	金曜P1のみ	--/（1'29"708）

優勝スピード：182.060km/h
最速ラップ：L.ハミルトン（メルセデス）　1'28"270　189.849km/h　54周目
ラップリーダー：1-15=ロズベルグ、16=ライコネン、17-45=ハミルトン、46-50=ハミルトン、51-66=ロズベルグ

ROUND 6
モナコGP
5／24

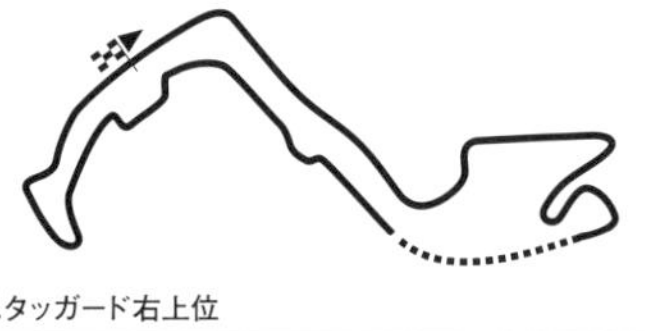

モンテカルロ；モナコ
Circuit de Monaco, Monte Carlo
天候：晴れ　路面状況：ドライ　グリッド：2列スタッガード右上位

●3.337km×78周=260.286km　予選出走20台　決勝出走20台　完走17台

順位	No.	ドライバー	マシン	タイヤ	周回数	タイム	予選順位／タイム
1	6	N.ロズベルグ	メルセデスF1W06	PI	78	1:49'18"420	2/1'15"440/Q3
2	5	S.ベッテル	フェラーリSF15-T	PI	78	1:49'22"906	3/1'15"849/Q3
3	44	L.ハミルトン	メルセデスF1W06	PI	78	1:49'24"473	1/1'15"098/Q3
4	26	D.クビアト	レッドブルRB11・ルノー	PI	78	1:49'30"385	5/1'16"182/Q3
5	3	D.リカルド	レッドブルRB11・ルノー	PI	78	1:49'32"028	4/1'16"041/Q3
6	7	K.ライコネン	フェラーリSF15-T	PI	78	1:49'32"765	6/1'16"427/Q3
7	11	S.ペレス	フォース・インディアVJM08・メルセデス	PI	78	1:49'33"433	7/1'16"808/Q3
8	22	J.バトン	マクラーレンMP4-30・ホンダ	PI	78	1:49'34"483	12/1'17"093/Q2
9	12	F.ナッセ	ザウバーC34・フェラーリ	PI	78	1:49'42"046	16/1'18"101/Q1
10	55	C.サインツJr.	トロロッソSTR10・ルノー	PI	78	1:49'43"476	8/1'16"931/Q3
11	27	N.ヒュルケンベルグ	フォース・インディアVJM08・メルセデス	PI	78	1:49'44"652	13/1'17"193/Q2
12	8	R.グロージャン	ロータスE23・メルセデス	PI	78	1:49'46"835	11/1'17"007/Q2
13	9	M.エリクソン	ザウバーC34・フェラーリ	PI	78	1:49'49"579	18/1'18"513/Q1
14	77	V.ボッタス	ウイリアムズFW37・メルセデス	PI	78	1:50'04"209	17/1'18"434/Q1
15	19	F.マッサ	ウイリアムズFW37・メルセデス	PI	77	1:49'47"570	14/1'17"278/Q2
16	98	R.メリ	マルシャMR03B・フェラーリ	PI	76	1:50'078"	20/1'20"904/Q1
17	28	W.スティーブンス	マルシャMR03B・フェラーリ	PI	76	1:50'09"760	19/1'20"655/Q1
	33	M.フェルスタッペン	トロロッソSTR10・ルノー	PI	62	アクシデント	10/1'16"957/Q3
	14	F.アロンソ	マクラーレンMP4-30・ホンダ	PI	41	ギヤボックス	15/1'26"632/Q2
	13	P.マルドナド	ロータスE23・メルセデス	PI	5	ブレーキ	9/1'16"946/Q3

優勝スピード：142.874km/h
最速ラップ：D.リカルド（レッドブル・ルノー）　1'18"063　153.891km/h　74周目
ラップリーダー：1-64=ハミルトン、65-78=ロズベルグ
グリッド・ペナルティ：グロージャンはギヤボックス交換により5位分降格。サインツJr.は重量チェック無視によりピットレーン・スタート

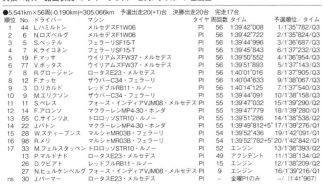

ROUND 7
カナダGP
6/7

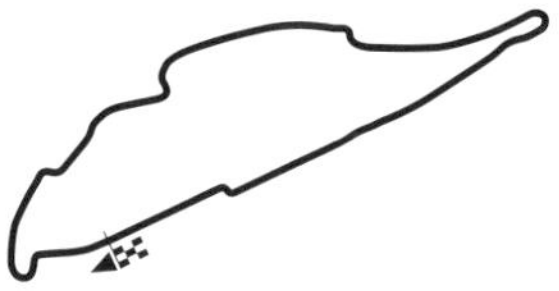

モントリオール；カナダ
Circuit Gilles Villeneuve, Montreal
天候：晴れ　路面状況：ドライ　グリッド：2列スタッガード左上位

●4.361km×70周=305.270km　予選出走20台　決勝出走20台　完走17台

順位	No.	ドライバー	マシン	タイヤ	周回数	タイム	予選順位／タイム
1	44	L.ハミルトン	メルセデスF1W06	PI	70	1:31'53"145	1/1'14"393/Q3
2	6	N.ロズベルグ	メルセデスF1W06	PI	70	1:31'55"430	2/1'14"702/Q3
3	77	V.ボッタス	ウイリアムズFW37・メルセデス	PI	70	1:32'33"811	4/1'15"102/Q3
4	7	K.ライコネン	フェラーリSF15-T	PI	70	1:32'38"770	3/1'15"014/Q3
5	5	S.ベッテル	フェラーリSF15-T	PI	70	1:32'43"048	16/1'17"344/Q1
6	19	F.マッサ	ウイリアムズFW37・メルセデス	PI	70	1:32'49"526	17/1'17"886/Q1
7	13	P.マルドナド	ロータスE23・メルセデス	PI	70	1:32'59"809	6/1'15"329/Q3
8	27	N.ヒュルケンベルグ	フォース・インディアVJM08・メルセデス	PI	69	1:31'58"732	7/1'15"614/Q3
9	26	D.クビアト	レッドブルRB11・ルノー	PI	69	1:32'06"051	8/1'16"079/Q3
10	8	R.グロージャン	ロータスE23・メルセデス	PI	69	1:32'07"916+5"	5/1'15"194/Q3
11	11	S.ペレス	フォース・インディアVJM08・メルセデス	PI	69	1:32'27"871	10/1'16"338/Q3
12	55	C.サインツJr.	トロロッソSTR10・ルノー	PI	69	1:32'28"144	11/1'16"042/Q2
13	3	D.リカルド	レッドブルRB11・ルノー	PI	69	1:32'39"283	9/1'16"114/Q3
14	9	M.エリクソン	ザウバーC34・フェラーリ	PI	69	1:32'45"005	13/1'16"262/Q2
15	33	M.フェルスタッペン	トロロッソSTR10・ルノー	PI	69	1:32'46"158	12/1'16"245/Q2
16	12	F.ナッセ	ザウバーC34・フェラーリ	PI	68	1:31'54"769	15/1'16"620/Q2
17	28	W.スティーブンス	マルシャMR03B・フェラーリ	PI	66	1:32'18"573	19/1'19"157/Q1
	98	R.メリ	マルシャMR03B・フェラーリ	PI	57	ハーフシャフト	18/1'19"133/Q1
	22	J.バトン	マクラーレンMP4-30・ホンダ	PI	54	排気系統	20/出走せず/Q1
	14	F.アロンソ	マクラーレンMP4-30・ホンダ	PI	44	排気系統	14/1'16"276/Q2

優勝スピード：199.336km/h
最速ラップ：K.ライコネン（フェラーリ）　1'16"987　203.925km/h　42周目
ラップリーダー：1-28=ハミルトン、29=ロズベルグ、30-70=ハミルトン
ペナルティ：グロージャンは他車との衝突によりレース・タイムに5秒加算
グリッド・ペナルティ：フェルスタッペンは前戦での衝突原因による5位分降格と今回の追加PUエレメント使用による10位分降格。ベッテルは赤旗時の追越しにより5位分降格。バトンは追加PUエレメント使用により15位分降格

ROUND 8
オーストリアGP
6/21

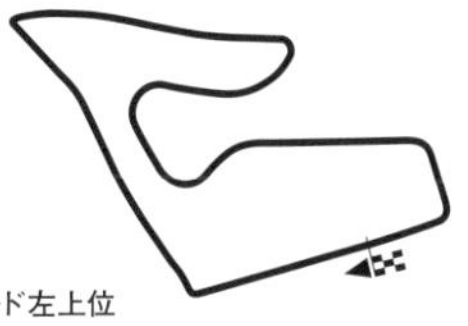

シュピールベルグ；オーストリア
Red Bull Ring, Spielberg
天候：曇り→晴れ　路面状況：ドライ　グリッド：2列スタッガード左上位

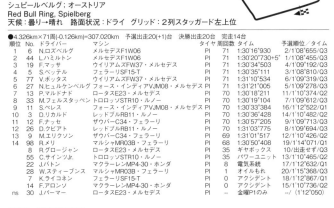

●4.326km×71周(-0.126km)=307.020km　予選出走20(+1)台　決勝出走20台　完走14台

順位	No.	ドライバー	マシン	タイヤ	周回数	タイム	予選順位／タイム
1	6	N.ロズベルグ	メルセデスF1W06	PI	71	1:30'16"930	2/1'08"655/Q3
2	44	L.ハミルトン	メルセデスF1W06	PI	71	1:30'20"730+5"	1/1'08"455/Q3
3	19	F.マッサ	ウイリアムズFW37・メルセデス	PI	71	1:30'34"503	4/1'09"192/Q3
4	5	S.ベッテル	フェラーリSF15-T	PI	71	1:30'35"111	3/1'08"810/Q3
5	77	V.ボッタス	ウイリアムズFW37・メルセデス	PI	71	1:31'10"534	6/1'09"319/Q3
6	27	N.ヒュルケンベルグ	フォース・インディアVJM08・メルセデス	PI	71	1:31'21"005	5/1'09"278/Q3
7	13	P.マルドナド	ロータスE23・メルセデス	PI	70	1:30'18"211	11/1'10"374/Q2
8	33	M.フェルスタッペン	トロロッソSTR10・ルノー	PI	70	1:30'19"104	7/1'09"612/Q3
9	11	S.ペレス	フォース・インディアVJM08・メルセデス	PI	70	1:30'33"384	16/1'12"522/Q1
10	3	D.リカルド	レッドブルRB11・ルノー	PI	70	1:30'36"428	14/1'10"482/Q2
11	12	F.ナッセ	ザウバーC34・フェラーリ	PI	70	1:30'57"205	9/1'09"713/Q3
12	26	D.クビアト	レッドブルRB11・ルノー	PI	70	1:31'03"775	8/1'09"694/Q3
13	9	M.エリクソン	ザウバーC34・フェラーリ	PI	69	1:31'01"517	12/1'10"426/Q2
14	98	R.メリ	マルシャMR03B・フェラーリ	PI	68	1:30'50"408	19/1'14"071/Q1
	8	R.グロージャン	ロータスE23・メルセデス	PI	35	ギヤボックス	10/出走せず/Q3
	55	C.サインツJr.	トロロッソSTR10・ルノー	PI	35	パワーユニット	13/1'10"465/Q2
	22	J.バトン	マクラーレンMP4-30・ホンダ	PI	8	電気系統	17/1'12"632/Q1
	28	W.スティーブンス	マルシャMR03B・フェラーリ	PI	1	オイルもれ	20/1'15"368/Q3
	7	K.ライコネン	フェラーリSF15-T	PI	0	アクシデント	18/1'12"867/Q1
	14	F.アロンソ	マクラーレンMP4-30・ホンダ	PI	0	アクシデント	15/1'10"736/Q2
ns	30	J.パーマー	ロータスE23・メルセデス	PI	--	金曜P1のみ	--/（1'12"050）

優勝スピード：204.040km/h
最速ラップ：N.ロズベルグ（メルセデス）　1'11"235　218.622km/h　35周目
ラップリーダー：1-32=ロズベルグ、33-35=ハミルトン、36=ベッテル、37-71=ロズベルグ
ペナルティ：ハミルトンはピット出口のライン・カットにより決勝タイムに5秒加算。サインツJr.はピットレーン・スピード違反により5秒加算
グリッド・ペナルティ：クビアトとリカルドは追加PUエレメント使用により10位分降格。バトンは追加PUエレメント使用により25位分降格。アロンソは追加PUエレメント使用とギヤボックス交換により25位分降格

ROUND 9
イギリスGP
7/5

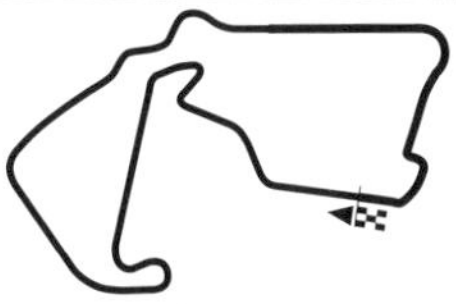

シルバーストン；イギリス
Silverstone Grand Prix Circuit
天候：晴れ一時雨　路面状況：ドライ一時ウエット　グリッド：2列スタッガード左上位

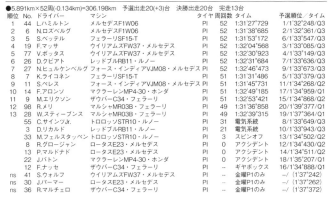

●5.891km×52周(-0.134km)=306.198km　予選出走20(+3)台　決勝出走20台　完走13台

順位	No.	ドライバー	マシン	タイヤ	周回数	タイム	予選順位／タイム
1	44	L.ハミルトン	メルセデスF1W06	PI	52	1:31'27"729	1/1'32"248/Q3
2	6	N.ロズベルグ	メルセデスF1W06	PI	52	1:31'38"685	2/1'32"361/Q3
3	5	S.ベッテル	フェラーリSF15-T	PI	52	1:31'53"172	6/1'33"547/Q3
4	19	F.マッサ	ウイリアムズFW37・メルセデス	PI	52	1:32'04"568	3/1'33"085/Q3
5	77	V.ボッタス	ウイリアムズFW37・メルセデス	PI	52	1:32'30"923	4/1'33"149/Q3
6	26	D.クビアト	レッドブルRB11・ルノー	PI	52	1:32'31"684	7/1'33"636/Q3
7	27	N.ヒュルケンベルグ	フォース・インディアVJM08・メルセデス	PI	52	1:32'46"473	9/1'33"673/Q3
8	7	K.ライコネン	フェラーリSF15-T	PI	51	1:31'31"486	5/1'33"379/Q3
9	11	S.ペレス	フォース・インディアVJM08・メルセデス	PI	51	1:31'45"731	11/1'34"268/Q2
10	14	F.アロンソ	マクラーレンMP4-30・ホンダ	PI	51	1:32'49"185	17/1'34"959/Q1
11	9	M.エリクソン	ザウバーC34・フェラーリ	PI	51	1:32'53"421	15/1'34"868/Q2
12	98	R.メリ	マルシャMR03B・フェラーリ	PI	49	1:31'36"858	20/1'39"377/Q1
13	28	W.スティーブンス	マルシャMR03B・フェラーリ	PI	49	1:32'39"315	19/1'37"364/Q1
	55	C.サインツJr.	トロロッソSTR10・ルノー	PI	31	電気系統	8/1'33"649/Q3
	3	D.リカルド	レッドブルRB11・ルノー	PI	21	電気系統	10/1'33"943/Q3
	33	M.フェルスタッペン	トロロッソSTR10・ルノー	PI	3	スピンオフ	13/1'34"502/Q2
	8	R.グロージャン	ロータスE23・メルセデス	PI	0	アクシデント	12/1'34"430/Q2
	13	P.マルドナド	ロータスE23・メルセデス	PI	0	アクシデント	14/1'34"511/Q2
	22	J.バトン	マクラーレンMP4-30・ホンダ	PI	0	アクシデント	18/1'35"207/Q1
	12	F.ナッセ	ザウバーC34・フェラーリ	PI	--	ギヤボックス	16/1'34"888/Q1
ns	41	S.ウォルフ	ウイリアムズFW37・メルセデス	PI	--	金曜P1のみ	--/（1'37"242）
ns	30	J.パーマー	ロータスE23・メルセデス	PI	--	金曜P1のみ	--/（1'37"262）
ns	36	R.マルチェロ	ザウバーC34・フェラーリ	PI	--	金曜P1のみ	--/（1'37"372）

優勝スピード：200.868km/h
最速ラップ：L.ハミルトン（メルセデス）　1'37"093　218.425km/h　29周目
ラップリーダー：1-18=マッサ、19=ハミルトン、20=マッサ、21=ボッタス、22-43=ハミルトン、44=ロズベルグ、45-52=ハミルトン

ROUND 10
ハンガリーGP
7/26

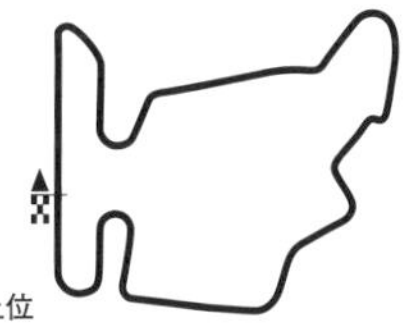

ハンガロリンク；ハンガリー
Hungaroring Mogyorod, Budapest
天候：晴れ　路面状況：ドライ　グリッド：2列スタッガード左上位

●4.381km×69周(-0.040km)=302.249km　予選出走20(+2)台　決勝出走20台　完走16台

順位	No.	ドライバー	マシン	タイヤ	周回数	タイム	予選順位／タイム
1	5	S.ベッテル	フェラーリSF15-T	PI	69	1:46'09"985	3/1'22"739/Q3
2	26	D.クビアト	レッドブルRB11・ルノー	PI	69	1:46'15"733+10"	7/1'23"332/Q3
3	3	D.リカルド	レッドブルRB11・ルノー	PI	69	1:46'35"069	4/1'22"774/Q3
4	33	M.フェルスタッペン	トロロッソSTR10・ルノー	PI	69	1:46'54"236	9/1'23"679/Q3
5	14	F.アロンソ	マクラーレンMP4-30・ホンダ	PI	69	1:46'59"064	15/DNS/Q2
6	44	L.ハミルトン	メルセデスF1W06	PI	69	1:47'02"010	1/1'22"020/Q3
7	8	R.グロージャン	ロータスE23・メルセデス	PI	69	1:47'08"563	10/1'24"181/Q3
8	6	N.ロズベルグ	メルセデスF1W06	PI	69	1:47'08"861	2/1'22"595/Q3
9	22	J.バトン	マクラーレンMP4-30・ホンダ	PI	69	1:47'17"013	16/1'24"739/Q1
10	9	M.エリクソン	ザウバーC34・フェラーリ	PI	69	1:47'19"115	17/1'24"843/Q1
11	12	F.ナッセ	ザウバーC34・フェラーリ	PI	69	1:47'23"443	18/1'24"997/Q1
12	19	F.マッサ	ウイリアムズFW37・メルセデス	PI	69	1:47'24"263	8/1'23"537/Q3
13	77	V.ボッタス	ウイリアムズFW37・メルセデス	PI	69	1:47'30"213	6/1'23"222/Q3
14	13	P.マルドナド	ロータスE23・メルセデス	PI	69	1:47'25"127+10"	14/1'24"609/Q2
15	98	R.メリ	マルシャMR03B・フェラーリ	PI	67	1:46'38"057	19/1'27"416/Q1
16	28	W.スティーブンス	マルシャMR03B・フェラーリ	PI	65	バイブレーション	20/1'27"949/Q1
	55	C.サインツJr.	トロロッソSTR10・ルノー	PI	60	パワーユニット	12/1'23"869/Q2
	7	K.ライコネン	フェラーリSF15-T	PI	55	パワーユニット	5/1'23"020/Q3
	11	S.ペレス	フォース・インディアVJM08・メルセデス	PI	53	ブレーキ	13/1'24"461/Q2
	27	N.ヒュルケンベルグ	フォース・インディアVJM08・メルセデス	PI	41	アクシデント	11/1'23"826/Q2
ns	42	F.ライマー	マルシャMR03・フェラーリ	PI	--	金曜P1のみ	--/（1'30"631）
ns	30	J.パーマー	ロータスE23・メルセデス	PI	--	金曜P1のみ	--/（1'37"087）

優勝スピード：170.816km/h　最速ラップ：D.リカルド（レッドブル・ルノー）　1'24"821　185.939km/h　68周目
ラップリーダー：1-21=ベッテル、22=ライコネン、23-69=ベッテル
ペナルティ：クビアトはコース幅を脱してアドバンテージを得たためレース・タイムに10秒加算。マルドナドはセーフティカーの追越しにより10秒加算。ライコネンはピットレーン・スピード違反により5秒加算
当初の予定は70周だったが、マッサが正しいグリッドに就かずやり直しとなったため1周減る

ROUND 11
ベルギーGP
8/23

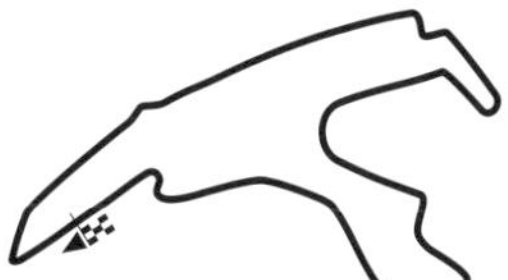

スパ・フランコルシャン；ベルギー
Circuit de Spa-Francorchamps
天候：晴れ→曇り　路面状況：ドライ　グリッド：2列スタッガード右上位

●7.004km×43周(-0.124km)=301.048km　予選出走20(+1)台　決勝出走20台　完走16台

順位	No.	ドライバー	マシン	タイヤ	周回数	タイム	予選順位／タイム
1	44	L.ハミルトン	メルセデスF1W06	PI	43	1:23'40"387	1/1'47"197/Q3
2	6	N.ロズベルグ	メルセデスF1W06	PI	43	1:23'42"445	2/1'47"655/Q3
3	8	R.グロージャン	ロータスE23・メルセデス	PI	43	1:24'18"375	4/1'48"561/Q3
4	26	D.クビアト	レッドブルRB11・ルノー	PI	43	1:24'26"079	12/1'49"228/Q2
5	11	S.ペレス	フォース・インディアVJM08・メルセデス	PI	43	1:24'34"384	5/1'48"599/Q3
6	19	F.マッサ	ウイリアムズFW37・メルセデス	PI	43	1:24'35"670	7/1'48"685/Q3
7	7	K.ライコネン	フェラーリSF15-T	PI	43	1:24'36"090	14/計測できず/Q2
8	33	M.フェルスタッペン	トロロッソSTR10・ルノー	PI	43	1:24'36"463	15/計測できず/Q2
9	77	V.ボッタス	ウイリアムズFW37・メルセデス	PI	43	1:24'41"427	3/1'48"537/Q3
10	9	M.エリクソン	ザウバーC34・フェラーリ	PI	43	1:25'11"621	13/1'49"586/Q2
11	12	F.ナッセ	ザウバーC34・フェラーリ	PI	43	1:25'22"698	16/1'49"952/Q1
12	5	S.ベッテル	フェラーリSF15-T	PI	42	タイヤ・バースト	9/1'48"825/Q3
13	14	F.アロンソ	マクラーレンMP4-30・ホンダ	PI	42	1:23'53"865	18/1'51"420/Q1
14	22	J.バトン	マクラーレンMP4-30・ホンダ	PI	42	1:24'37"783	17/1'50"978/Q1
15	98	R.メリ	マルシャMR03B・フェラーリ	PI	42	1:25'17"437	20/1'53"099/Q1
16	28	W.スティーブンス	マルシャMR03B・フェラーリ	PI	42	1:25'28"388	19/1'52"948/Q1
	55	C.サインツJr.	トロロッソSTR10・ルノー	PI	32	パワーユニット	10/1'49"771/Q3
	3	D.リカルド	レッドブルRB11・ルノー	PI	19	電気系統	6/1'48"639/Q3
	13	P.マルドナド	ロータスE23・メルセデス	PI	2	トランスミッション	8/1'48"754/Q3
	27	N.ヒュルケンベルグ	フォース・インディアVJM08・メルセデス	PI	--	パワーユニット	11/1'49"121/Q2
ns	30	J.パーマー	ロータスE23・メルセデス	PI	--	金曜P1のみ	--/（1'53"799）

優勝スピード：215.874km/h
最速ラップ：N.ロズベルグ（メルセデス）　1'52"416　224.295km/h　34周目
ラップリーダー：1-30=ハミルトン、31=ロズベルグ、32-43=ハミルトン
グリッド・ペナルティ：グロージャンとライコネンはギヤボックス交換により5位分降格。フェルスタッペンは追加PUエレメント使用により10位分降格。バトンは追加PUエレメント使用により50位分降格。アロンソは追加PUエレメント使用により55位分降格
当初の予定は44周だったが、ヒュルケンベルグが原因のスタートやり直しにより1周減る

ROUND 12
イタリアGP
9/6

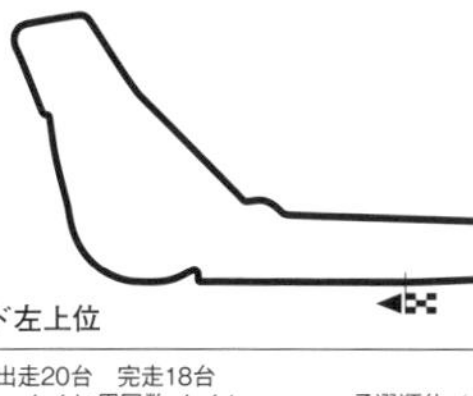

モンツァ；イタリア
Autodromo Nazionale di Monza
天候：晴れ　路面状況：ドライ　グリッド：2列スタッガード左上位

●5.793km×53周(-0.309km)=306.720km　予選出走20(+1)台　決勝出走20台　完走18台

順位	No.	ドライバー	マシン	タイヤ	周回数	タイム	予選順位／タイム
1	44	L.ハミルトン	メルセデスF1W06	PI	53	1:18'00"688	1/1'23"397/Q3
2	5	S.ベッテル	フェラーリSF15-T	PI	53	1:18'25"730	3/1'23"685/Q3
3	19	F.マッサ	ウイリアムズFW37・メルセデス	PI	53	1:18'48"323	5/1'23"940/Q3
4	77	V.ボッタス	ウイリアムズFW37・メルセデス	PI	53	1:18'48"684	6/1'24"127/Q3
5	7	K.ライコネン	フェラーリSF15-T	PI	53	1:19'09"548	2/1'23"631/Q3
6	11	S.ペレス	フォース・インディアVJM08・メルセデス	PI	53	1:19'13"471	7/1'24"626/Q3
7	27	N.ヒュルケンベルグ	フォース・インディアVJM08・メルセデス	PI	52	1:18'03"505	9/1'25"317/Q3
8	3	D.リカルド	レッドブルRB11・ルノー	PI	52	1:18'04"008	15/出走せず/Q2
9	9	M.エリクソン	ザウバーC34・フェラーリ	PI	52	1:18'04"250	10/1'26"214/Q3
10	26	D.クビアト	レッドブルRB11・ルノー	PI	52	1:18'11"576	14/1'25"796/Q2
11	55	C.サインツJr.	トロロッソSTR10・ルノー	PI	52	1:18'15"250	13/1'25"618/Q2
12	33	M.フェルスタッペン	トロロッソSTR10・ルノー	PI	52	1:18'31"117	20/出走せず/Q1
13	12	F.ナッセ	ザウバーC34・フェラーリ	PI	52	1:18'52"603	12/1'24"898/Q2
14	22	J.バトン	マクラーレンMP4-30・ホンダ	PI	52	1:19'15"105	16/1'26"058/Q1
15	28	W.スティーブンス	マルシャMR03B・フェラーリ	PI	51	1:19'03"683	18/1'27"731/Q1
16	98	R.メリ	マルシャMR03B・フェラーリ	PI	51	1:19'16"777	19/1'27"912/Q1
17	6	N.ロズベルグ	メルセデスF1W06	PI	50	エンジン/火災	4/1'23"703/Q3
18	14	F.アロンソ	マクラーレンMP4-30・ホンダ	PI	47	電気系統	17/1'26"154/Q3
	8	R.グロージャン	ロータスE23・メルセデス	PI	1	アクシデント/サスペンション	8/1'25"054/Q3
	13	P.マルドナド	ロータスE23・メルセデス	PI	1	アクシデント/サスペンション	11/1'24"525/Q2
ns	30	J.パーマー	ロータスE23・メルセデス	PI	--	金曜P1のみ	--/（1'27"669）

優勝スピード：235.903km/h
最速ラップ：L.ハミルトン（メルセデス）　1'26"672　240.617km/h　48周目
ラップリーダー：1-53=ハミルトン
グリッド・ペナルティ：エリクソンは他車を妨げたため3位分降格。サインツは追加PUエレメント使用により35位分降格。クビアトは追加PUエレメント使用とギヤボックス交換により35位分降格。リカルドは追加PUエレメント使用により50位分降格。バトンは追加PUエレメント使用により5位分降格。アロンソは追加PUエレメント使用により10位分降格。フェルスタッペンは追加PUエレメント使用とFIAシール剥がしにより30位分降格

2015

ROUND 13
シンガポールGP
9／20

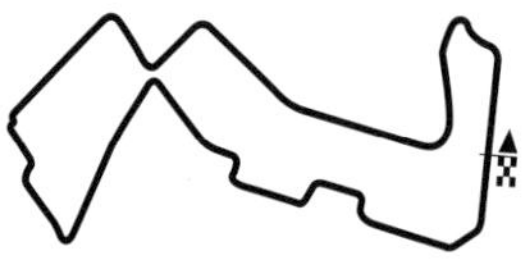

シンガポール；シンガポール
Marina Bay Street Circuit, Singapore
天候：夜間　路面状況：ドライ　グリッド：2列スタッガード右上位

●5.065km×61周(-0.137km)=308.828km　予選出走20台　決勝出走20台　完走15台

順位	No.	ドライバー	マシン	タイヤ	周回数	タイム	予選順位／タイム
1	5	S.ベッテル	フェラーリSF15-T	PI	61	2:01'22"118	1/1'43"885/Q3
2	3	D.リカルド	レッドブルRB11・ルノー	PI	61	2:01'23"596	2/1'44"428/Q3
3	7	K.ライコネン	フェラーリSF15-T	PI	61	2:01'39"272	3/1'44"667/Q3
4	6	N.ロズベルグ	メルセデスF1W06	PI	61	2:01'46"838	6/1'45"415/Q3
5	77	V.ボッタス	ウイリアムズFW37・メルセデス	PI	61	2:01'56"322	7/1'45"676/Q3
6	26	D.クビアト	レッドブルRB11・ルノー	PI	61	2:01'57"626	4/1'44"745/Q3
7	11	S.ペレス	フォース・インディアVJM08・メルセデス	PI	61	2:02'12"954	13/1'46"385/Q2
8	33	M.フェルスタッペン	トロロッソSTR10・ルノー	PI	61	2:02'13"568	8/1'45"798/Q3
9	55	C.サインツJr.	トロロッソSTR10・ルノー	PI	61	2:02'14"978	14/1'46"894/Q2
10	12	F.ナッセ	ザウバーC34・フェラーリ	PI	61	2:02'52"163	16/1'46"965/Q1
11	9	M.エリクソン	ザウバーC34・フェラーリ	PI	61	2:02'59"625	17/1'47"088/Q1
12	13	P.マルドナド	ロータスE23・メルセデス	PI	61	2:02'59"836	18/1'47"323/Q1
13	8	R.グロージャン	ロータスE23・メルセデス	PI	59	ギヤボックス	12/1'46"328/Q2
14	53	A.ロッシ	マルシャMR03B・フェラーリ	PI	59	2:01'40"915	20/1'51"523/Q1
15	28	W.スティーブンス	マルシャMR03B・フェラーリ	PI	59	2:01'55"721	19/1'51"021/Q1
	22	J.バトン	マクラーレンMP4-30・ホンダ	PI	52	ギヤボックス	15/1'47"019/Q2
	14	F.アロンソ	マクラーレンMP4-30・ホンダ	PI	33	ギヤボックス	12/1'46"328/Q2
	44	L.ハミルトン	メルセデスF1W06	PI	32	パワーユニット	5/1'45"300/Q3
	19	F.マッサ	ウイリアムズFW37・メルセデス	PI	30	パワーユニット	9/1'46"077/Q3
	27	N.ヒュルケンベルグ	フォース・インディアVJM08・メルセデス	PI	12	アクシデント	11/1'46"305/Q2

優勝スピード：152.672km/h
最速ラップ：D.リカルド（レッドブル・ルノー）　1'50"041　165.701km/h　52周目
ラップリーダー：1-61=ベッテル
グリッド・ペナルティ：ロッシとスティーブンズはギヤボックス交換により5位分降格

ROUND 14
日本GP
9／27

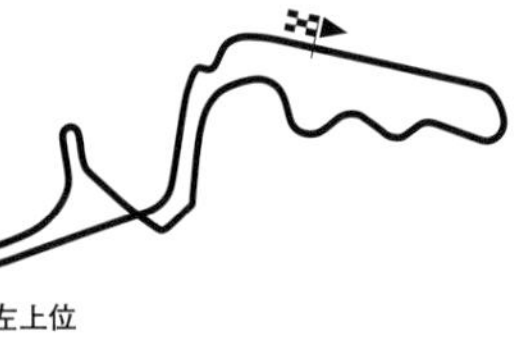

鈴鹿；日本
Suzuka International Circuit, Suzuka
天候：晴れ　路面状況：ドライ　グリッド：2列スタッガード左上位

●5.807km×53周(-0.300km)=307.471km　予選出走20(+1)台　決勝出走20台　完走20台

順位	No.	ドライバー	マシン	タイヤ	周回数	タイム	予選順位／タイム
1	44	L.ハミルトン	メルセデスF1W06	PI	53	1:28'06"508	2/1'32"660/Q3
2	6	N.ロズベルグ	メルセデスF1W06	PI	53	1:28'25"472	1/1'32"584/Q3
3	5	S.ベッテル	フェラーリSF15-T	PI	53	1:28'27"358	4/1'33"245/Q3
4	7	K.ライコネン	フェラーリSF15-T	PI	53	1:28'40"276	6/1'33"347/Q3
5	77	V.ボッタス	ウイリアムズFW37・メルセデス	PI	53	1:28'43"254	3/1'33"024/Q3
6	27	N.ヒュルケンベルグ	フォース・インディアVJM08・メルセデス	PI	53	1:29'02"067	11/1'34"390/Q2
7	8	R.グロージャン	ロータスE23・メルセデス	PI	53	1:29'18"806	8/1'33"967/Q3
8	13	P.マルドナド	ロータスE23・メルセデス	PI	53	1:29'20"083	13/1'34"497/Q2
9	33	M.フェルスタッペン	トロロッソSTR10・ルノー	PI	53	1:29'41"823	15/出走せず/Q2
10	55	C.サインツJr.	トロロッソSTR10・ルノー	PI	52	1:28'18"282	12/1'34"453/Q2
11	14	F.アロンソ	マクラーレンMP4-30・ホンダ	PI	52	1:28'31"223	14/1'34"785/Q2
12	11	S.ペレス	フォース・インディアVJM08・メルセデス	PI	52	1:28'35"478	9/計測できず/Q3
13	26	D.クビアト	レッドブルRB11・ルノー	PI	52	1:28'41"523	10/計測できず/Q3
14	9	M.エリクソン	ザウバーC34・フェラーリ	PI	52	1:28'51"522	17/1'35"673/Q1
15	3	D.リカルド	レッドブルRB11・ルノー	PI	52	1:28'53"042	7/1'33"497/Q3
16	22	J.バトン	マクラーレンMP4-30・ホンダ	PI	52	1:28'58"032	16/1'35"664/Q1
17	19	F.マッサ	ウイリアムズFW37・メルセデス	PI	51	1:28'47"939	5/1'33"337/Q3
18	53	A.ロッシ	マルシャMR03B・フェラーリ	PI	51	1:29'22"167	20/1'47"114/Q1
19	28	W.スティーブンス	マルシャMR03B・フェラーリ	PI	50	1:28'20"471	19/1'38"783/Q1
20	12	F.ナッセ	ザウバーC34・フェラーリ	PI	49	ステアリング	18/1'35"760/Q1
ns	30	J.パーマー	ロータスE23・メルセデス	PI	--	金曜P1のみ	--/（計測できず）

優勝スピード：209.381km/h
最速ラップ：L.ハミルトン（メルセデス）　1'36"145　217.434km/h　33周目
ラップリーダー：1-53=ハミルトン
グリッド・ペナルティ：クビアトはパルクフェルメでのモディファイと追加PUエレメント使用によりピットレーン・スタート。ヒュルケンベルグは前戦での衝突原因により3位分降格。フェルスタッペンはレーシングラインでの停車により3位分降格

ROUND 15
ロシアGP
10／11

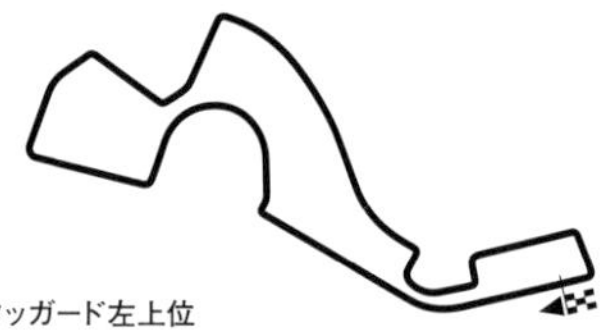

ソチ；ロシア
Sochi Olympic Park Circuit, Krasnodar Krai
天候：曇り　路面状況：ドライ　グリッド：2列スタッガード左上位

●5.848km×53周(-0.199km)=309.745km　予選出走20(+1)台　決勝出走20台　完走15台

順位	No.	ドライバー	マシン	タイヤ	周回数	タイム	予選順位／タイム
1	44	L.ハミルトン	メルセデスF1W06	PI	53	1:37'11"024	2/1'37"433/Q3
2	5	S.ベッテル	フェラーリSF15-T	PI	53	1:37'16"908	4/1'37"965/Q3
3	11	S.ペレス	フォース・インディアVJM08・メルセデス	PI	53	1:37'39"942	7/1'38"691/Q3
4	19	F.マッサ	ウイリアムズFW37・メルセデス	PI	53	1:37'49"855	15/1'39"895/Q2
5	26	D.クビアト	レッドブルRB11・ルノー	PI	53	1:37'58"590	11/1'39"214/Q2
6	12	F.ナッセ	ザウバーC34・フェラーリ	PI	53	1:38'07"323	12/1'39"323/Q2
7	13	P.マルドナド	ロータスE23・メルセデス	PI	53	1:38'12"112	14/1'39"811/Q2
8	7	K.ライコネン	フェラーリSF15-T	PI	53	1:37'53"382+30"	5/1'38"348/Q3
9	22	J.バトン	マクラーレンMP4-30・ホンダ	PI	53	1:38'30"491	13/1'39"763/Q2
10	33	M.フェルスタッペン	トロロッソSTR10・ルノー	PI	53	1:38'39"448	9/1'38"924/Q3
11	14	F.アロンソ	マクラーレンMP4-30・ホンダ	PI	53	1:38'37"234+5"	16/1'40"144/Q1
12	77	V.ボッタス	ウイリアムズFW37・メルセデス	PI	52	アクシデント	3/1'37"912/Q3
13	98	R.メリ	マルシャMR03B・フェラーリ	PI	52	1:38'23"688	19/1'43"804/Q1
14	28	W.スティーブンス	マルシャMR03B・フェラーリ	PI	51	1:37'18"702	18/1'43"693/Q1
15	3	D.リカルド	レッドブルRB11・ルノー	PI	47	サスペンション	10/1'39"728/Q3
	55	C.サインツJr.	トロロッソSTR10・ルノー	PI	45	ブレーキ/アクシデント	20/出走せず/Q1
	8	R.グロージャン	ロータスE23・メルセデス	PI	11	アクシデント	8/1'38"787/Q3
	6	N.ロズベルグ	メルセデスF1W06	PI	7	スロットル	1/1'37"113/Q3
	27	N.ヒュルケンベルグ	フォース・インディアVJM08・メルセデス	PI	0	アクシデント	6/1'38"659/Q3
	9	M.エリクソン	ザウバーC34・フェラーリ	PI	0	アクシデント	17/1'40"660/Q1
ns	30	J.パーマー	ロータスE23・メルセデス	PI	--	金曜P1のみ	--（1'49"094）

優勝スピード：191.232km/h
最速ラップ：S.ベッテル（フェラーリ）　1'40"071　210.378km/h　51周目
ラップリーダー：1-6=ロズベルグ、7-53=ハミルトン
ペナルティ：ライコネンは他車との衝突原因により30秒加算、アロンソはトラックリミットを尊重せず5秒加算。サインツJr.はピット入口ラインカットにより5秒加算
グリッド・ペナルティ：アロンソは追加PUエレメント使用により35位分降格。メリは追加PUエレメント使用により20位分降格。サインツは追加PUエレメント使用とギヤボックス交換により20位分降格

ROUND 16
アメリカGP
10／25

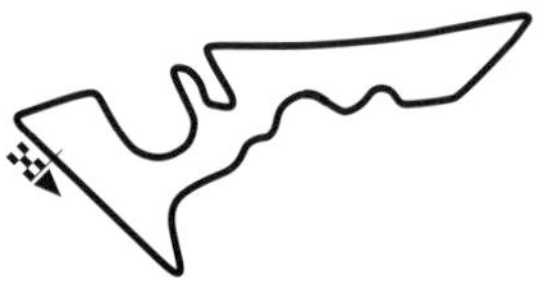

オースティン；アメリカ合衆国
Circuit of the Americas, Austin, Texas
天候：雨→曇り　路面状況：ウエット→ドライ　グリッド：2列スタッガード右上位

●5.513km×56周(-0.323km)=308.405km　予選出走20(+2)台　決勝出走20台　完走12台

順位	No.	ドライバー	マシン	タイヤ	周回数	タイム	予選順位／タイム
1	44	L.ハミルトン	メルセデスF1W06	PI	56	1:50'52"703	2/1'56"929/Q2
2	6	N.ロズベルグ	メルセデスF1W06	PI	56	1:50'55"553	1/1'56"824/Q2
3	5	S.ベッテル	フェラーリSF15-T	PI	56	1:50'56"084	5/1'58"596/Q2
4	33	M.フェルスタッペン	トロロッソSTR10・ルノー	PI	56	1:51'15"062	10/2'00"199/Q2
5	11	S.ペレス	フォース・インディアVJM08・メルセデス	PI	56	1:51'17"116	6/1'59"210/Q2
6	22	J.バトン	マクラーレンMP4-30・ホンダ	PI	56	1:51'20"761	14/2'01"193/Q2
7	55	C.サインツJr.	トロロッソSTR10・ルノー	PI	56	1:51'18"322+5"	20/2'07"304/Q1
8	13	P.マルドナド	ロータスE23・メルセデス	PI	56	1:51'24"976	15/2'01"604/Q2
9	12	F.ナッセ	ザウバーC34・フェラーリ	PI	56	1:51'32"960	17/2'03"194/Q1
10	3	D.リカルド	レッドブルRB11・ルノー	PI	56	1:51'46"074	3/1'57"969/Q2
11	14	F.アロンソ	マクラーレンMP4-30・ホンダ	PI	56	1:51'47"519	11/2'00"265/Q2
12	53	A.ロッシ	マルシャMR03B・フェラーリ	PI	56	1:52'07"980	18/2'04"176/Q1
	26	D.クビアト	レッドブルRB11・ルノー	PI	41	アクシデント	4/1'58"434/Q2
	27	N.ヒュルケンベルグ	フォース・インディアVJM08・メルセデス	PI	35	ウイング/アクシデント	7/1'59"333/Q2
	9	M.エリクソン	ザウバーC34・フェラーリ	PI	25	電気系統	16/2'02"212/Q1
	7	K.ライコネン	フェラーリSF15-T	PI	25	ブレーキ/アクシデント	8/1'59"703/Q2
	19	F.マッサ	ウイリアムズFW37・メルセデス	PI	23	アクシデント	9/1'59"999/Q2
	8	R.グロージャン	ロータスE23・メルセデス	PI	10	ブレーキ	13/2'00"595/Q2
	77	V.ボッタス	ウイリアムズFW37・メルセデス	PI	5	アクシデント	12/2'00"334/Q2
	28	W.スティーブンス	マルシャMR03B・フェラーリ	PI	1	アクシデント	19/2'04"526/Q1
ns	36	R.マルチェロ	ザウバーC34・フェラーリ	PI	--	金曜P1のみ	--/（1'59"431）
ns	30	J.パーマー	ロータスE23・メルセデス	PI	--	金曜P2のみ	--/（出走せず）

優勝スピード：166.888km/h
最速ラップ：N.ロズベルグ（メルセデス）　1'40"666　197.154km/h　49周目
ラップリーダー：1-14=ハミルトン、15-21=リカルド、22-38=ロズベルグ、39-43=ハミルトン、44-47=ロズベルグ、48-56=ハミルトン
ペナルティ：サインツJr.はピットレーン・スピード違反により5秒加算
グリッド・ペナルティ：ベッテルとライコネンは追加PUエレメント使用により10位分降格。ボッタスはギヤボックス交換により5位分降格。スティーブンズは追加PUエレメント使用により20位分降格

ROUND 17
メキシコGP
11／1

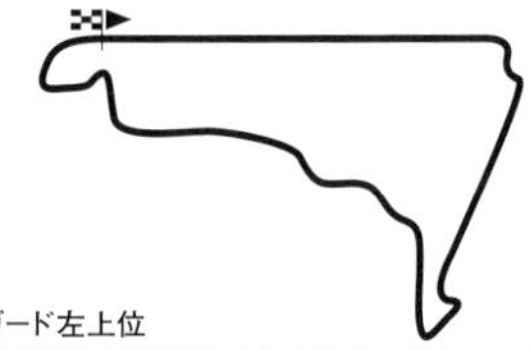

メキシコ・シティ；メキシコ
Autodromo Hermanos Rodriguez, Mexico City
天候：晴れ　路面状況：ドライ　グリッド：2列スタッガード左上位

●4.304km×71周(-0.230km)=305.354km　予選出走20(+1)台　決勝出走20台　完走16台

順位	No.	ドライバー	マシン	タイヤ	周回数	タイム	予選順位／タイム
1	6	N.ロズベルグ	メルセデスF1W06	PI	71	1:42'35"038	1/1'19"480/Q3
2	44	L.ハミルトン	メルセデスF1W06	PI	71	1:42'36"992	2/1'19"668/Q3
3	77	V.ボッタス	ウイリアムズFW37・メルセデス	PI	71	1:42'49"630	6/1'20"448/Q3
4	26	D.クビアト	レッドブルRB11・ルノー	PI	71	1:42'51"610	4/1'20"398/Q3
5	3	D.リカルド	レッドブルRB11・ルノー	PI	71	1:42'54"720	5/1'20"399/Q3
6	19	F.マッサ	ウイリアムズFW37・メルセデス	PI	71	1:42'56"531	7/1'20"567/Q3
7	27	N.ヒュルケンベルグ	フォース・インディアVJM08・メルセデス	PI	71	1:43'00"898	10/1'20"788/Q3
8	11	S.ペレス	フォース・インディアVJM08・メルセデス	PI	71	1:43'09"381	9/1'20"716/Q3
9	33	M.フェルスタッペン	トロロッソSTR10・ルノー	PI	71	1:43'10"267	8/1'20"710/Q3
10	8	R.グロージャン	ロータスE23・メルセデス	PI	71	1:43'12"972	12/1'21"038/Q2
11	13	P.マルドナド	ロータスE23・メルセデス	PI	71	1:43'13"576	13/1'21"261/Q2
12	9	M.エリクソン	ザウバーC34・フェラーリ	PI	71	1:43'21"218	14/1'21"544/Q2
13	55	C.サインツJr.	トロロッソSTR10・ルノー	PI	71	1:43'23"810	11/1'20"942/Q2
14	22	J.バトン	マクラーレンMP4-30・ホンダ	PI	71	1:43'24"252	20/出走せず/Q1
15	53	A.ロッシ	マルシャMR03B・フェラーリ	PI	69	1:42'45"895	18/1'24"136/Q1
16	28	W.スティーブンス	マルシャMR03B・フェラーリ	PI	69	1:42'56"267	19/1'24"386/Q1
	12	F.ナッセ	ザウバーC34・フェラーリ	PI	57	ブレーキ	17/1'21"788/Q1
	5	S.ベッテル	フェラーリSF15-T	PI	50	アクシデント	3/1'19"850/Q3
	7	K.ライコネン	フェラーリSF15-T	PI	21	アクシデント	15/1'22"494/Q2
	14	F.アロンソ	マクラーレンMP4-30・ホンダ	PI	1	パワーユニット	16/1'21"779/Q1
ns	30	J.パーマー	ロータスE23・メルセデス	PI	--	金曜P1のみ	--/（1'28"711）PU

優勝スピード：178.597km/h
最速ラップ：N.ロズベルグ（メルセデス）　1'20"521　192.426km/h　67周目
ラップリーダー：1-25=ロズベルグ、26-28=ハミルトン、29-45=ロズベルグ、46-48=ハミルトン、49-71=ロズベルグ
グリッド・ペナルティ：ライコネンは追加PUエレメント使用とギヤボックス交換により35位分降格。アロンソは追加PUエレメント使用とギヤボックス交換により15位分降格。バトンは追加PUエレメント使用により70位分降格

ROUND 18
ブラジルGP
11／15

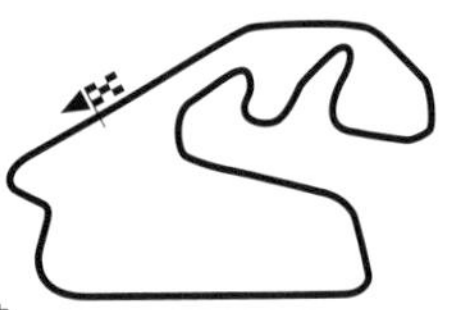

インテルラゴス；ブラジル
Autodromo Jose Carlos Pace, Interlagos
天候：曇り　路面状況：ドライ　グリッド：2列スタッガード右上位

●4.309km×71周(-0.030km)=305.909km　予選出走20(+1)台　決勝出走20台　完走18台

順位	No.	ドライバー	マシン	タイヤ	周回数	タイム	予選順位／タイム
1	6	N.ロズベルグ	メルセデスF1W06	PI	71	1:31'09"090	1/1'11"282/Q3
2	44	L.ハミルトン	メルセデスF1W06	PI	71	1:31'16"846	2/1'11"360/Q3
3	5	S.ベッテル	フェラーリSF15-T	PI	71	1:31'23"334	3/1'11"804/Q3
4	7	K.ライコネン	フェラーリSF15-T	PI	71	1:31'56"633	5/1'12"144/Q3
5	77	V.ボッタス	ウイリアムズFW37・メルセデス	PI	70	1:31'11"130	4/1'12"085/Q3
6	27	N.ヒュルケンベルグ	フォース・インディアVJM08・メルセデス	PI	70	1:31'27"419	6/1'12"265/Q3
7	26	D.クビアト	レッドブルRB11・ルノー	PI	70	1:31'30"526	7/1'12"322/Q3
dq	19	F.マッサ	ウイリアムズFW37・メルセデス	PI	70	1:31'35"634	8/1'12"415/Q3
8	8	R.グロージャン	ロータスE23・メルセデス	PI	70	1:31'47"513	15/1'13"913/Q2
9	33	M.フェルスタッペン	トロロッソSTR10・ルノー	PI	70	1:31'58"287	10/1'12"739/Q3
10	13	P.マルドナド	ロータスE23・メルセデス	PI	70	1:32'00"039	16/1'13"385/Q1
11	3	D.リカルド	レッドブルRB11・ルノー	PI	70	1:32'01"580	9/1'12"417/Q3
12	11	S.ペレス	フォース・インディアVJM08・メルセデス	PI	70	1:32'09"531	13/1'13"147/Q2
13	12	F.ナッセ	ザウバーC34・フェラーリ	PI	70	1:32'11"007	11/1'12"989/Q2
14	22	J.バトン	マクラーレンMP4-30・ホンダ	PI	70	1:32'11"570	17/1'13"425/Q1
15	14	F.アロンソ	マクラーレンMP4-30・ホンダ	PI	70	1:32'20"881	20/計測できず/Q1
16	9	M.エリクソン	ザウバーC34・フェラーリ	PI	69	1:31'20"380	14/1'13"233/Q2
17	28	W.スティーブンス	マルシャMR03B・フェラーリ	PI	67	1:31'23"184	19/1'16"283/Q1
18	53	A.ロッシ	マルシャMR03B・フェラーリ	PI	67	1:31'33"724	18/1'16"151/Q1
	55	C.サインツJr.	トロロッソSTR10・ルノー	PI	0	電気系統	12/1'13"045/Q2
ns	30	J.パーマー	ロータスE23・メルセデス	PI	--	金曜P1のみ	--/（1'15"352）

優勝スピード：201.362km/h
最速ラップ：L.ハミルトン（メルセデス）　1'14"832　207.296km/h　51周目
ラップリーダー：1-12=ロズベルグ、13-14=ハミルトン、15-32=ロズベルグ、33-34=ハミルトン、35-47=ロズベルグ、48-49=ハミルトン、50-71=ロズベルグ
ペナルティ：マッサはレース前の右後ろタイヤの温度測定に応じなかったため失格
グリッド・ペナルティ：ボッタスは赤旗時の追越しにより3位分降格。リカルドは追加PUエレメント使用により20位分降格。ナッセは他車を妨げたため3位分降格。アロンソは追加PUエレメント使用により25位分降格

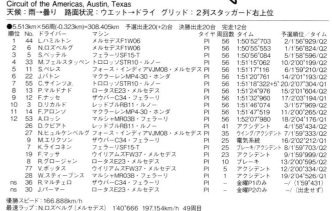

ROUND 19
アブダビGP
11/29

ヤス・マリーナ；アブダビ
Yas Marina Circuit, Abu Dhabi
天候：晴れ→夜間　路面状況：ドライ　グリッド：2列スタッガード右上位

●5.554km×55周(-0.115km)=305.355km　予選出走20(+1)台　決勝出走20台　完走19台

順位	No.	ドライバー	マシン	タイヤ	周回数	タイム	予選順位／タイム
1	6	N.ロズベルグ	メルセデスF1W06	Pl	55	1:38'30"175	1/1'40"237/Q3
2	44	L.ハミルトン	メルセデスF1W06	Pl	55	1:38'38"446	2/1'40"614/Q3
3	7	K.ライコネン	フェラーリSF15-T	Pl	55	1:38'49"605	3/1'41"051/Q3
4	5	S.ベッテル	フェラーリSF15-T	Pl	55	1:39'13"910	16/1'42"941/Q1
5	11	S.ペレス	フォース・インディアVJM08・メルセデス	Pl	55	1:39'34"127	4/1'41"184/Q3
6	3	D.リカルド	レッドブルRB11・ルノー	Pl	55	1:39'35"185	5/1'41"444/Q3
7	27	N.ヒュルケンベルグ	フォース・インディアVJM08・メルセデス	Pl	55	1:40'03"793	7/1'41"686/Q3
8	19	F.マッサ	ウイリアムズFW37・メルセデス	Pl	55	1:40'07"926	8/1'41"759/Q3
9	8	R.グロージャン	ロータスE23・メルセデス	Pl	55	1:40'08"376	15/計測できず/Q2
10	26	D.クビアト	レッドブルRB11・ルノー	Pl	55	1:40'12"546	9/1'41"933/Q3
11	55	C.サインツJr.	トロロッソSTR10・ルノー	Pl	55	1:40'13"700	10/1'42"708/Q3
12	22	J.バトン	マクラーレンMP4-30・ホンダ	Pl	54	1:38'59"779	12/1'42"668/Q2
13	77	V.ボッタス	ウイリアムズFW37・メルセデス	Pl	54	1:39'00"250	6/1'41"656/Q3
14	9	M.エリクソン	ザウバーC34・フェラーリ	Pl	54	1:39'02"160	18/1'43"838/Q1
15	12	F.ナッセ	ザウバーC34・フェラーリ	Pl	54	1:39'06"102	14/1'43"614/Q2
16	33	M.フェルスタッペン	トロロッソSTR10・ルノー	Pl	54	1:38'44"064+25"11/1'42"521/Q2	
17	14	F.アロンソ	マクラーレンMP4-30・ホンダ	Pl	53	1:39'17"721	17/1'43"187/Q1
18	28	W.スティーブンス	マルシャMR03B・フェラーリ	Pl	53	1:39'54"204	19/1'46"297/Q1
19	98	R.メリ	マルシャMR03B・フェラーリ	Pl	52	1:39'11"622	20/1'47"434/Q1
	13	P.マルドナド	ロータスE23・メルセデス	Pl	0	アクシデント	13/1'42"807/Q1
ns	30	J.パーマー	ロータスE23・メルセデス	Pl	--	金曜P1のみ	--/（1'46"501）

優勝スピード：185.997km/h　最速ラップ：L.ハミルトン（メルセデス）　1'44"517　191.302km/h　44周目
ラップリーダー：1-10=ロズベルグ、11=ハミルトン、12-30=ロズベルグ、31-41=ハミルトン、42-55=ロズベルグ
ペナルティ：フェルスタッペンはコースを外れてのアドバンテージを得たことによる5秒と青旗無視による20秒加算
グリッド・ペナルティ：メリはパルクフェルメでのモディファイによりピットレーン・スタート。グロージャンはギヤボックス交換により5位分降格。スティーブンズは追加PUエレメント使用により5位分降格。

INDEX
2011———2015

右表の＊印は出走、fは金曜のみ参加を表す。

DRIVER	11	12	13	14	15
A					
Alguersuari, Jaime	*	–	–	–	–
Alonso, Fernando	*	*	*	*	*
B					
Barrichello, Rubens	*	–	–	–	–
Bianchi, Jules	–	f	*	*	–
Bottas, Valtteri	–	f	*	*	*
Buemi, Sebastien	*	–	–	–	–
Button, Jenson	*	*	*	*	*
C					
Calado, James	–	–	f	–	–
Chandhok, Karun	*	–	–	–	–
Charouz, Jan	f	–	–	–	–
Chilton, Max	–	f	*	*	–
Clos, Dani	–	f	–	–	–
D					
d'Ambrosio, Jerome	*	*	–	–	–
E					
Ericsson, Marcus	–	–	–	*	*
F					
Fong, Adderly	–	–	–	f	–
Frijns, Robin	–	–	–	f	–
G					
van der Garde, Gied	–	f	*	f	–
Glock, Timo	*	*	–	–	–
Gonzalez, Rodolfo	–	–	f	–	–
Grosjean, Romain	f	*	*	*	*
Gutierrez, Esteban	–	f	*	*	–
H					
Hamilton, Lewis	*	*	*	*	*
Heidfeld, Nick	*	–	–	–	–
Hulkenberg, Nico	f	*	*	*	*
J					
Juncadella, Daniel	–	–	–	f	–
K					
Karthikeyan, Narain	*	*	–	–	–
Kobayashi, Kamui	*	*	–	*	–
Kovalainen, Heikki	*	*	*	–	–
Kvyat, Daniil	–	–	f	*	*
L					
Leimer, Fabio	–	–	–	–	f
Liuzzi, Vitantonio	*	–	–	–	–
Lotterer, Andre	–	–	–	*	–
M					
Ma, Qing Hua	–	f	f	–	–
Magnussen, Kevin	–	–	–	*	*
Maldonado, Pastor	*	*	*	*	*
Marciello, Raffaele	–	–	–	–	f
Massa, Felipe	*	*	*	*	*
Merhi, Roberto	–	–	–	f	*
N					
Nasr, Felipe	–	–	–	f	*
O					
Ocon, Esteban	–	–	–	f	–
P					
Palmer, Jolyon	–	–	–	–	f
Perez, Sergio	*	*	*	*	*
Petrov, Vitaly	*	*	–	–	–
Pic, Charles	–	*	*	f	–
R					
Raikkonen, Kimi	–	*	*	*	*
Razia, Luiz	f	–	–	–	–
di Resta, Paul	*	*	*	–	–
Ricciardo, Daniel	f	*	*	*	*
de la Rosa, Pedro	*	*	–	–	–
Rosberg, Nico	*	*	*	*	*
Rossi, Alexander	–	f	f	f	*

「F1全史　2011—2015」の表記について
●その年、ワークスあるいはそれに準ずる者によって使用されたシャシーはすべて型式を表記し、写真入りで掲載した。
●チームの紹介順は、前年のコンストラクターズ・ランキング順とした。
●ドライバーの年齢は、その年の開幕戦当時のもの。
●レースリザルトの「予選順位」は予選結果であり、グリッド順ではない。
　なお、グリッド順は各年のランキング内にある。

国籍コード
AUS　オーストラリア
AUT　オーストリア
BEL　ベルギー
BRA　ブラジル
BRN　バーレーン
CAN　カナダ
CHN　中国
CZE　チェコ
DNK　デンマーク
ESP　スペイン
FIN　フィンランド
FRA　フランス
GBR　イギリス
GER　ドイツ
HKG　香港
HUN　ハンガリー
IND　インド
ITA　イタリア
JPN　日本
KOR　韓国
MCO　モナコ
MEX　メキシコ
MYS　マレーシア
NLD　オランダ
RUS　ロシア
SIN　シンガポール
SUI　スイス
SWE　スウェーデン
TUR　トルコ
UAE　アラブ首長国連邦
USA　アメリカ合衆国
VEN　ベネズエラ

S

	11	12	13	14	15
Sainz Jr., Carlos	–	–	–	–	*
Schumacher, Michael	*	*	–	–	–
Senna, Bruno	*	*	–	–	–
Sirotkin, Sergey	–	–	–	f	–
Stevens, Will	–	–	–	*	*
Sutil, Adrian	*	–	*	*	–

T

	11	12	13	14	15
Trulli, Jarno	–	–	–	–	–

V

	11	12	13	14	15
Valsecchi, Davide	f	–	–	–	–
Vergne, Jean-Eric	f	*	*	*	–
Verstappen, Max	–	–	–	f	*
Vettel, Sebastian	*	*	*	*	*

W

	11	12	13	14	15
Webber, Mark	*	*	*	–	–
Wickens, Rob	f	–	–	–	–
Wolff, Susie	–	–	–	f	f

CHASSIS	11	12	13	14	15
C					
Caterham CT01	–	*	–	–	–
Caterham CT03	–	–	*	–	–
Caterham CT05	–	–	–	*	–
F					
Ferrari 150°Italia	*	–	–	–	–
Ferrari F138	–	–	*	–	–
Ferrari F14T	–	–	–	*	–
Ferrari F2012	–	*	–	–	–
Ferrari SF15-T	–	–	–	–	*
Force India VJM04	*	–	–	–	–
Force India VJM05	–	*	–	–	–
Force India VJM06	–	–	*	–	–
Force India VJM07	–	–	–	*	–
Force India VJM08	–	–	–	–	*
H					
HRT F111	*	–	–	–	–
HRT F112	–	*	–	–	–
L					
Lotus E20	–	*	–	–	–
Lotus E21	–	–	*	–	–
Lotus E22	–	–	–	*	-
Lotus E23	–	–	–	–	*
Lotus T128	*	–	–	–	–
M					
Marussia MR01	–	*	–	–	–
Marussia MR02	–	–	*	–	–
Marussia MR03	–	–	–	*	-
Marussia MR03B	–	–	–	–	*
McLaren MP4-26A	*	–	–	–	–
McLaren MP4-27A	–	*	–	–	–
McLaren MP4-28A	–	–	*	–	–
McLaren MP4-29	–	–	–	*	–
McLaren MP4-30	–	–	–	–	*
Mercedes F1 W03	–	*	–	–	–
Mercedes F1 W04	–	–	*	–	–
Mercedes F1 W05	–	–	–	*	–
Mercedes F1 W06	–	–	–	–	*
Mercedes GP W02	*	–	–	–	–
R					
Red Bull RB7	*	–	–	–	–
Red Bull RB8	–	*	–	–	–
Red Bull RB9	–	–	*	–	–
Red Bull RB10	–	–	–	*	–
Red Bull RB11	–	–	–	–	*
Renault R31	*	–	–	–	–
S					
Sauber C30	*	–	–	–	–
Sauber C31	–	*	–	–	–
Sauber C32	–	–	*	–	–
Sauber C33	–	–	–	*	–
Sauber C34	–	–	–	–	*

T

	11	12	13	14	15
Toro Rosso STR6	*	–	–	–	–
Toro Rosso STR7	–	*	–	–	–
Toro Rosso STR8	–	–	*	–	–
Toro Rosso STR9	–	–	–	*	–
Toro Rosso STR10	–	–	–	–	*

V

	11	12	13	14	15
Virgin MVR02	*	–	–	–	–

W

	11	12	13	14	15
Williams FW33	*	–	–	–	–
Williams FW34	–	*	–	–	–
Williams FW35	–	–	*	–	–
Williams FW36	–	–	–	*	–
Williams FW37	–	–	–	–	*

ENGINE	11	12	13	14	15
C					
Cosworth	*	*	*	–	–
F					
Ferrai	*	*	*	*	*
H					
Honda	–	–	–	–	*
M					
Mercedes-Benz	*	*	*	*	*
R					
Renault	*	*	*	*	*

CIRCUIT	11	12	13	14	15
A					
Austin	–	*	*	*	*
B					
Barcelona	*	*	*	*	*
Budapest	*	*	*	*	*
H					
Hockenheim	–	*	–	*	
I					
Interlagos	*	*	*	*	*
Istanbul	*	–	–	–	–
K					
Kuala Lumpur	*	*	*	*	*
M					
Melbourne	*	*	*	*	*
Mexico City	–	–	–	–	*
Monte Carlo	*	*	*	*	*
Montreal	*	*	*	*	*
Monza	*	*	*	*	*
N					
New Delhi	*	*	*	–	–
Nurburgring	*	–	*	–	–
S					
Sakhir	–	*	*	*	*
Shanghai	*	*	*	*	*
Silverstone	*	*	*	*	*
Singapore	*	*	*	*	*
Sochi	–	–	–	*	*
Spa-Francorchamps	*	*	*	*	*
Spielberg	–	–	–	*	*
Suzuka	*	*	*	*	*
V					
Valencia	*	*	–	–	–
Y					
Yeongam	*	*	*	–	–
Valencia	*	*	–	–	–

F1全史 2011—2015
［一強時代到来とホンダF1復帰］

監修・制作	—————	F1速報編集部（CINQ）
文	—————	柴田久仁夫
		尾張正博
データ監修	—————	林 信次
写真	—————	金子 博
		松本浩明
		三橋仁明
		XPB Images
		LAT Images
		SAN'S
編集長	—————	河野亜希子（CINQ）
編集	—————	石原洋道（CINQ）
		平松秀樹
		横谷和明
		木内和彦
		村山佐知子（CINQ）
デザイン	—————	後藤恵二
		鍛代達也（CINQ）
翻訳	—————	関仁美
		千葉小夜子（CINQ）
DTP	—————	箕作裕子
プロデューサー	—————	福江剛司（CINQ）

2018年7月12日　初版　第1刷発行
発行人：星野 邦久　編集人：高橋 浩司
発行元：株式会社三栄書房
　　　　〒160-8461　東京都新宿区新宿6-27-30 新宿イーストサイドスクエア7F
　　　　TEL.03-6897-4611（販売部）
　　　　TEL.048-988-6011（受注センター）
編集：合同会社サンク
　　　〒213-0002　神奈川県川崎市高津区二子5-5-21-202
　　　TEL.044-850-5115（編集部）

Published on 12th July 2018
Published by "SAN-EI SHOBO Publishing co.,ltd"
Shinjuku East-side Square 7F, 6-27-30 Shinjuku,
Shinjuku-ku, Tokyo 160-8461 Japan
Phone:+81-(0)44-850-5115 Editorial Office
Publisher:Kunihisa Hoshino
Editor:Koji Takahashi

ISBN978-4-7796-3656-1

定価はカバーに表示してあります。落丁・乱丁本はおとりかえいたします
© SAN-EI SHOBO Publishing co.,ltd. Printed in Japan 大日本印刷株式会社

本書の記事・写真の無断転載を禁じます
All rights reserved. Reproduction of any article or illustration without the written permission
of the publisher is strictly prohibited.

HONDA
Press Information

Honda to Participate in the FIA Formula One World C

TOKYO, Japan, May 16, 2013 - Honda Motor Co., Ltd. today announced its d
in the FIA[*1] Formula One (F1) World Championship from the 2015 season ur
with McLaren, the UK-based F1 corporation.

Honda will be in charge of the development, manufacture and supply of the pow
the engine and energy recovery system, while McLaren will be in charge of the de
manufacture of the chassis, as well as the management of the new team, McLaren

From 2014, new F1 regulations require the introduction of a 1.6 litre di
turbocharged V6 engine with energy recovery systems. The opportunity to further de
powertrain technologies through the challenge of racing is central to Honda's
participate in F1. Throughout its history, Honda has passionately pursued improvem
efficiency of the internal combustion engine and in more recent years, the develo
pioneering energy management technologies such as hybrid systems. Participation in
these new regulations will encourage even further technological progress in both thes
Furthermore, a new generation of Honda engineers can learn the challenges and the t
operating at the pinnacle of motorsport.

Commenting on this exciting development, Takanobu Ito, President and CEO of
Honda Motor Co., Ltd. said:
"Ever since its establishment, Honda has been a company which grows by taking
challenges in racing. Honda has a long history of advancing our technologies and nurturi
our people by participating in the world's most prestigious automobile racing series. The ne
F1 regulations with their significant environmental focus will inspire even greater developmen
of our own advanced technologies and this is central to our participation in F1. We have the
greatest respect for the FIA's decision to introduce these new regulations that are both highly
challenging but also attractive to manufacturers that pursue environmental technologies and to
Formula One Group[*2], which has developed F1 into a high value, top car racing category
supported by enthusiastic fans. We would like to express our sincere gratitude to Mr. Jean Todt,
the President of FIA and to Mr. Bernie Ecclestone, the CEO of Formula One Group who
showed great understanding and cooperation to help realize our participation in F1 racing. The
corporate slogan of Honda is "The Power of Dreams". This slogan represents our strong desire
to pursue and realize our dreams together with our customers and fans. Together with McLaren,
one of the most distinguished F1 constructors, Honda will mark a new beginning in our
challenges in F1."

Also, Martin Whitmarsh, CEO of McLaren Group Limited said;
"The names of McLaren and Honda are synonymous with success ;
everyone who works for both companies, the weight of c
heavily on our shoulders. But it's a mark of the
want once again to take McLaren ∺
Together we have a great l